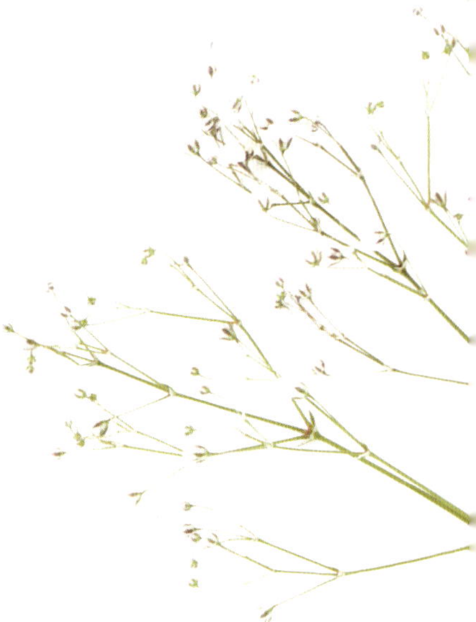

Romantische
NATUR

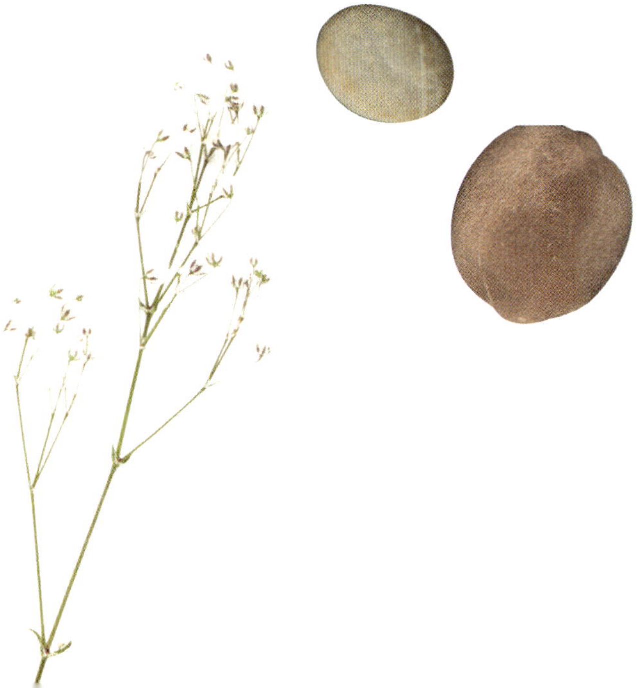

Romantische
NATUR

TRAUMLANDSCHAFTEN IN ACRYL MALEN

Verena Ruhland
@verena_ruh

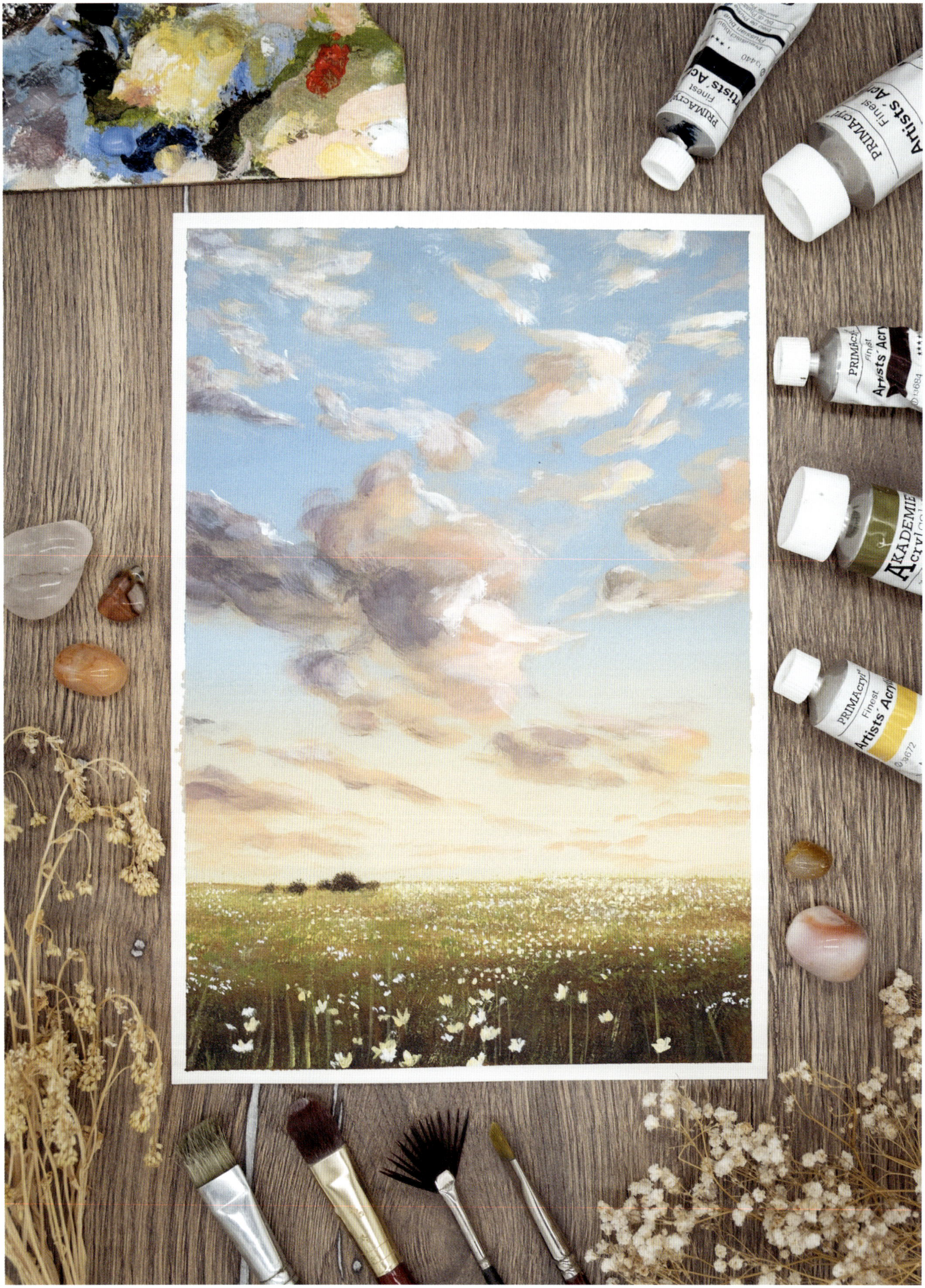
PRIMAcryl
Finest
Artists' Acry
AKADEMIE
Acryl

INHALT

VORWORT

Die Natur und Landschaften haben mich schon immer fasziniert und ich kann mich immer kaum an einer schönen Aussicht sattsehen. In diesem Buch möchte ich dir meinen Weg zeigen, die Natur malerisch einzufangen und nach deinen Vorlieben zu interpretieren. Ich verwende dazu Acrylfarben, mein liebstes Medium. Sie trocknen wunderbar schnell – so kann ich ein Bild in einem Rutsch fertigmalen, wenn mich das Malfieber und die Inspiration packt!

In den folgenden Kapiteln zeige ich dir wie bei einem Baukasten verschiedene Module der Landschaftsmalerei, die du dann individuell kombinieren kannst, um eigene Werke zu kreieren. Ich arbeite mich dabei vom Hintergrund in den Bildvordergrund, das entspricht auch meiner Malreihenfolge. Du wirst lernen, wie du Wolken, Wiesen und Blumen, Bäume und Büsche malst und wie du Atmosphäre in deinen Bildern schaffst. Du wirst Methoden kennenlernen, den Blick derjenigen durch dein Bild zu führen, die es betrachten. Außerdem möchte ich dich gern mit nach draußen nehmen, um „pleinair“, also vor Ort in der Natur, zu malen.

Ich hoffe, ich kann dich auf den nächsten Seiten mit meiner Begeisterung für die Landschaftsmalerei anstecken und dir auf diesem Weg vieles Neues mitgeben.

Verena

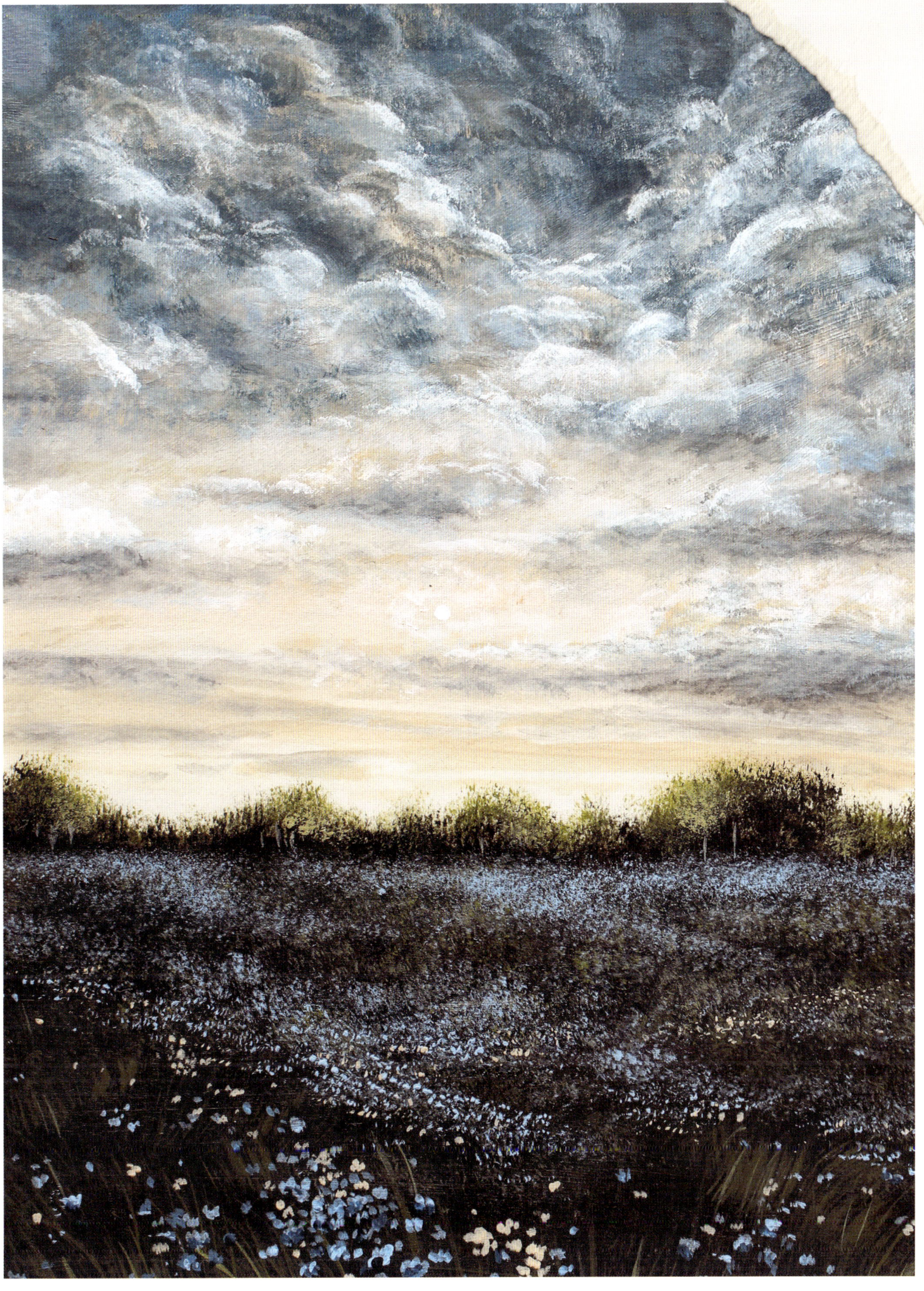

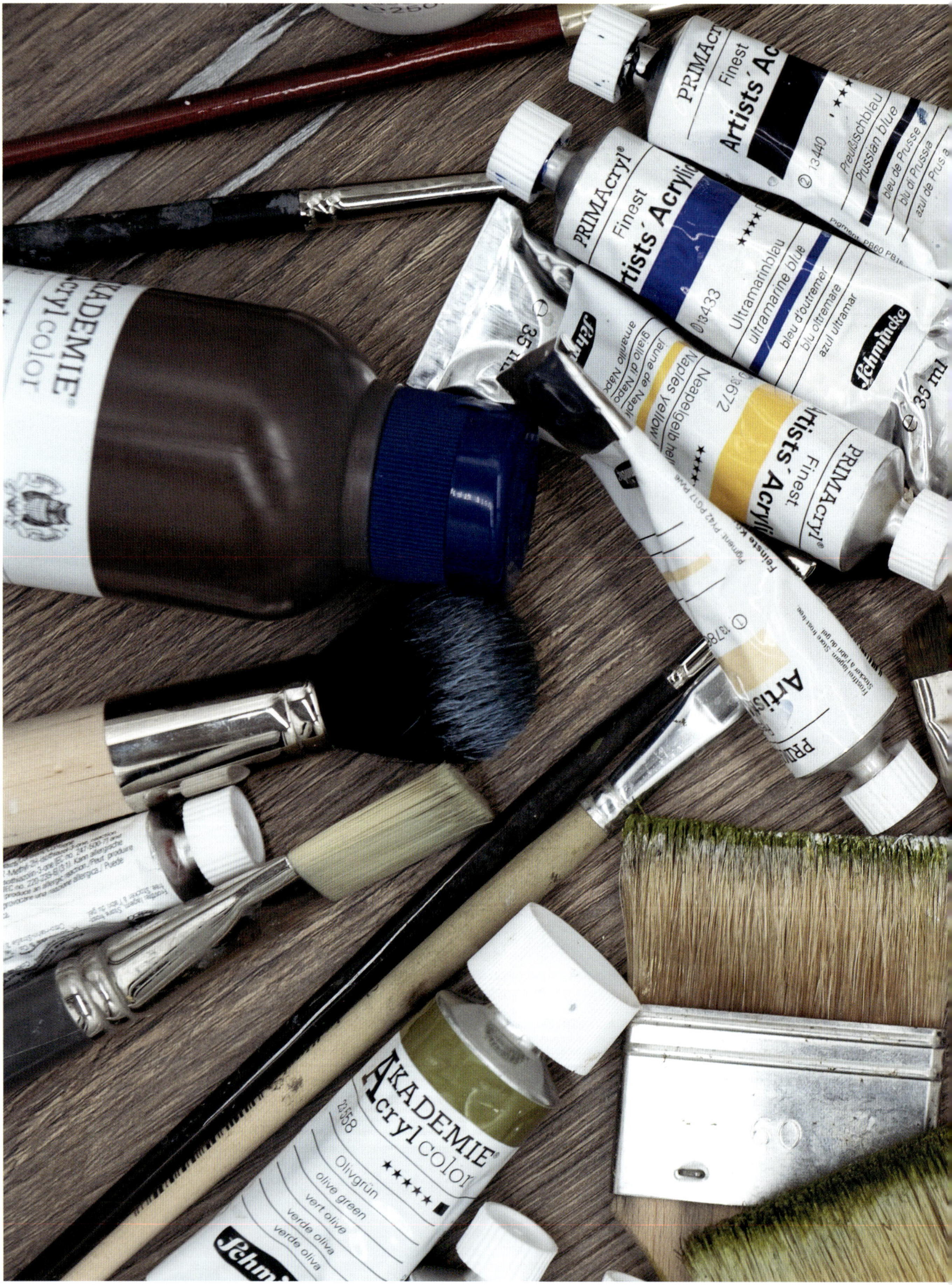
PRIMAcryl®
Finest
Artists´ Acrylic
Preußischblau
Prussian blue
bleu de Prusse
blu di Prussia
Ultramarinblau
ultramarine blue
bleu d'outremer
blu oltremare
azul ultramar
Schmincke
35 ml
Neapelgelb hell
Naples yellow
AKADEMIE
Acryl color
Olivgrün
olive green
vert olive
verde oliva
verde oliva

MATERIAL

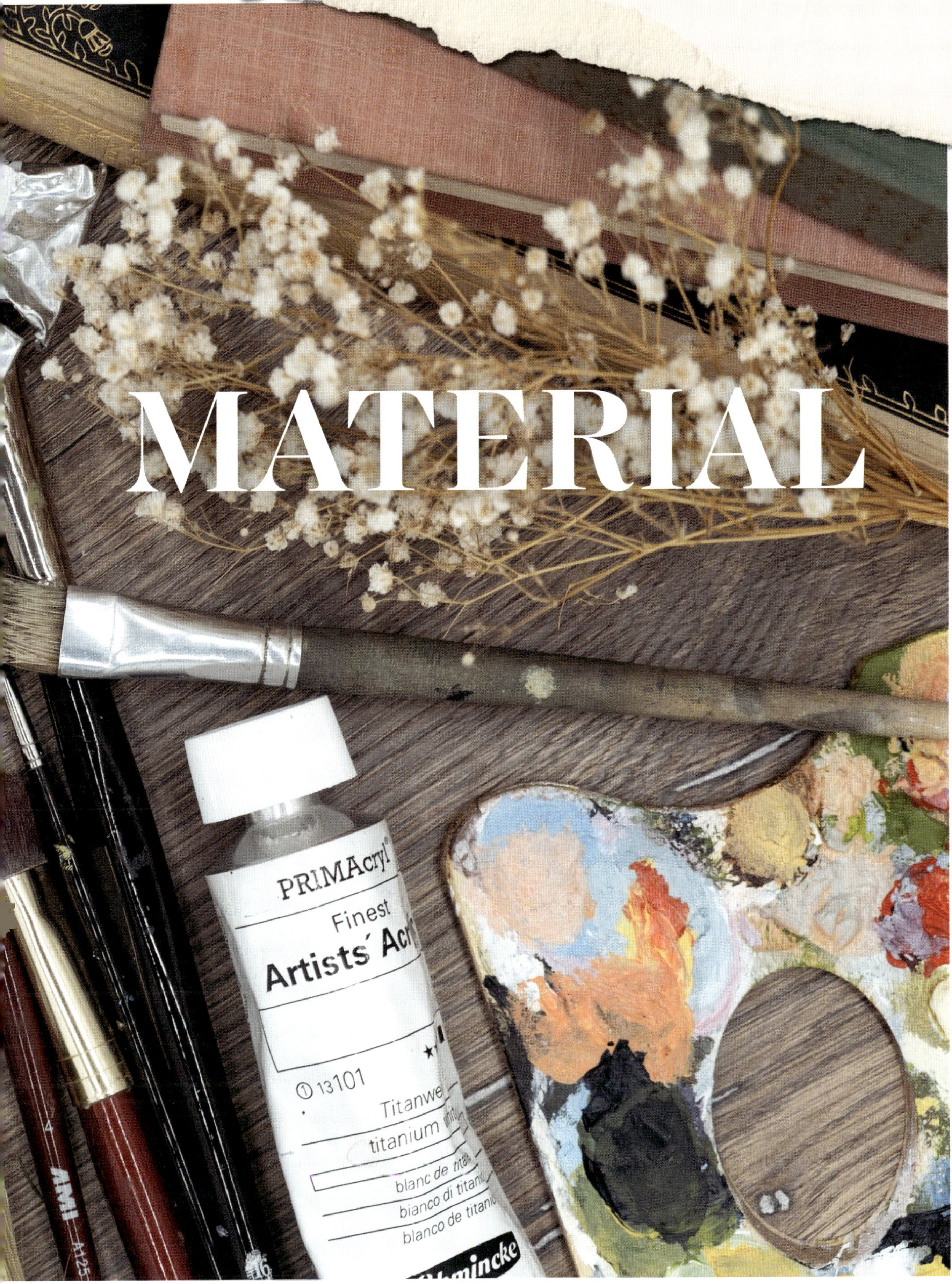

MALEN MIT ACRYL

ZUM MALEN MIT ACRYLFARBEN BRAUCHST DU EIGENTLICH NICHT VIEL.

Der Vorteil von Acrylfarbe ist, dass sie auf fast jeder Art von Malgrund funktioniert, deckend ist und schnell trocknet. Solange sie noch feucht ist, ist sie wasserlöslich. Einmal getrocknet, lassen sich Acrylfarben allerdings nicht wieder reaktivieren. Sie bestehen aus Farbpigmenten und einem Bindemittel aus Acryldispersion, daher der Name. Das Bindemittel ist milchig weiß und trocknet transparent auf, deshalb erscheinen Acrylfarben nach dem Trocknen auch dunkler.

ACRYLFARBE – IHRE QUALITÄTEN

Acrylfarben gibt es in Tuben oder Flaschen. Sie werden in unterschiedlichen Größen und Qualitäten angeboten. Viele Hersteller haben eine Qualität für Einsteiger:innen, eine für ambitionierte Hobbykünstler:innen und eine für den professionellen Kunstbereich im Angebot.

Ich verwende vorrangig Acrylfarben der Marke Schmincke in der Künstlerqualität aus der Reihe PrimAcryl. Bei einzelnen Farbtönen greife ich auch zur Akademiequalität – zum Beispiel bei Farben, die ich zum Grundieren verwende, oder wenn es einzelne Farbtöne nur in der Akademiequalität gibt wie eine meiner Lieblingsfarben, den Olivgrünton von Schmincke.

Auch die Tuben- oder Gebindegrößen variieren bei mir. Farben, die ich häufig verwende, lege ich mir in größeren Verpackungseinheiten zu, wie etwa Mischweiß, Titanweiß und Umbra gebrannt.

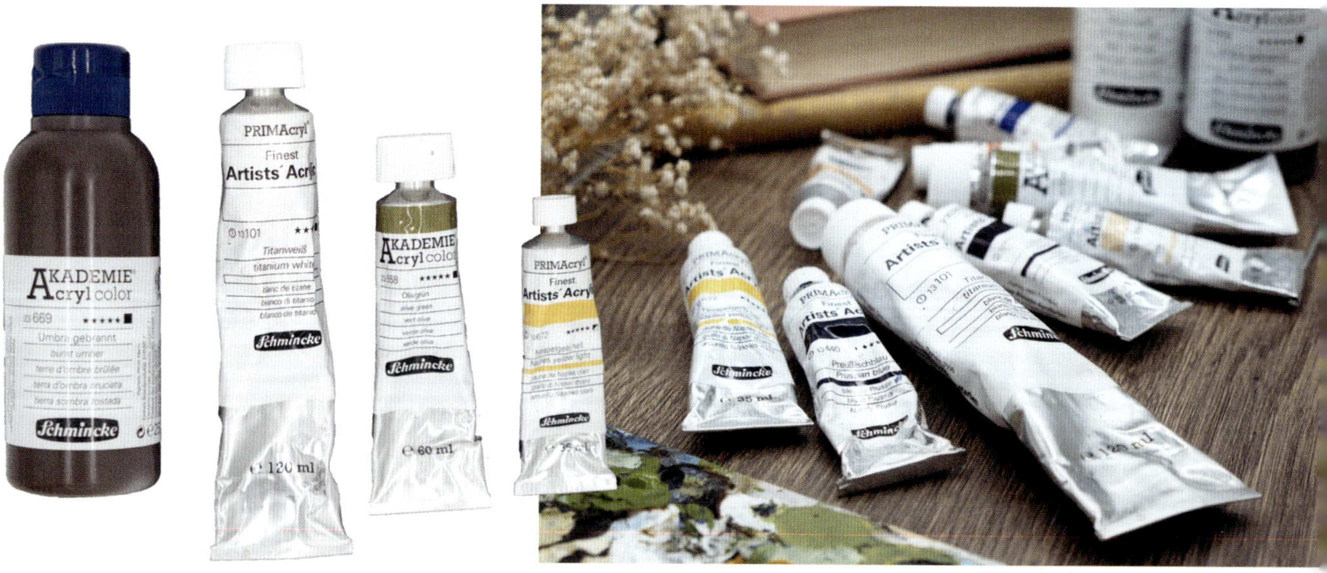

ACRYLFARBE – IHRE EIGENSCHAFTEN

AUF DEN ACRYLFARBTUBEN UND -FLASCHEN DER MEISTEN HERSTELLER SIND HINWEISE ZUR JEWEILIGEN FARBE AUFGEDRUCKT. DU KANNST IHNEN HINWEISE ZUR FARBBEZEICHNUNG, ZUR LICHTECHTHEIT, ZUR DECKKRAFT UND ZU DEN ENTHALTENEN PIGMENTEN ENTNEHMEN.

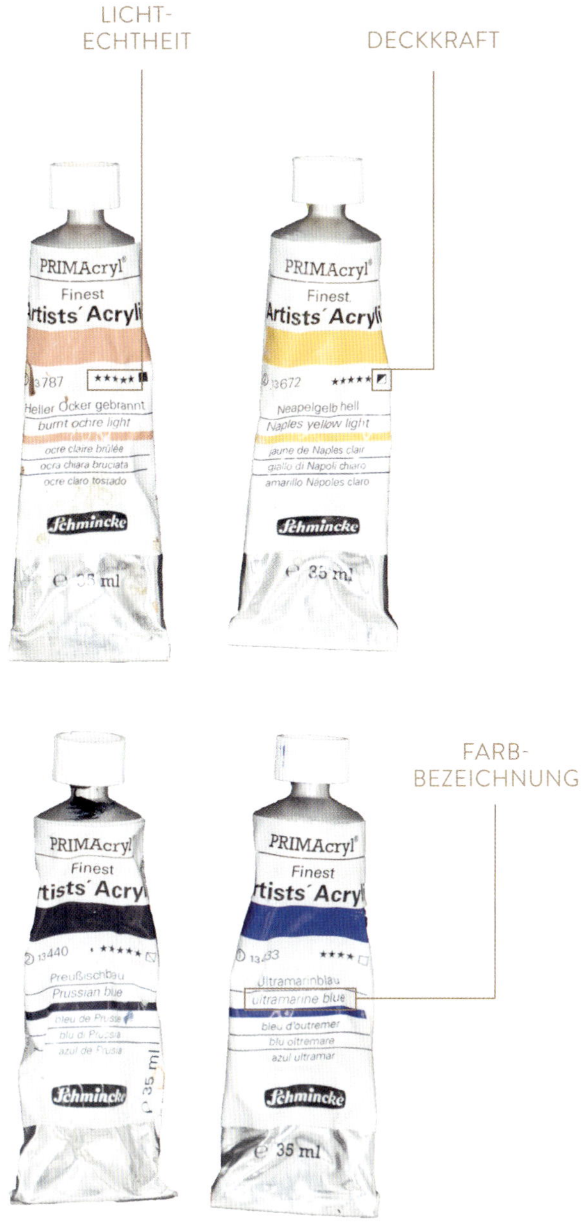

Lichtechtheit: Die Lichtechtheit gibt an, wie beständig die Farbe bei längerer Lichteinwirkung ist. Je höher die Lichtechtheit, desto länger bleibt die Farbe in ihrer Brillanz bestehen, ohne zu verblassen, zu vergilben oder nachzudunkeln.

Deckkraft: Die Deckkraft gibt an, ob und wie stark der Untergrund durch die aufgetragene Farbe hindurchscheint.

Farbbezeichnung: Die Farbbezeichnung gibt den Namen der Farbe an.

Pigmente: Diese Angabe zeigt, welche Pigmente in der Farbe verwendet wurden. Dadurch kannst du Farben unabhängig von der Farbbezeichnung gut miteinander vergleichen sowie herstellerübergreifend Farben beurteilen.

Von links nach rechts:
hohe Deckkraft zu niedriger Deckkraft.

TIPP

Behalte beim Malen im Hinterkopf, dass Acrylfarbe dunkler wird, wenn sie trocknet.

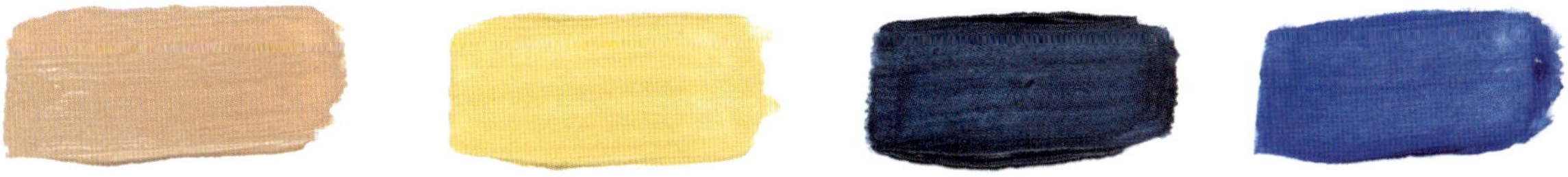

FARBEN MISCHEN

WENN DU NOCH KEINE ODER NUR WENIGE ACRYLFARBEN BESITZT, EMPFEHLE ICH DIR, ZUMINDEST DIE DREI PRIMÄRFARBEN BLAU, GELB UND ROT SOWIE EINEN BRAUNTON UND TITANWEISS IN EINER GUTEN QUALITÄT ANZUSCHAFFEN. DAMIT KOMMT MAN NÄMLICH SCHON GANZ SCHÖN WEIT, WENN MAN DAS PRINZIP DES FARBENMISCHENS VERSTANDEN HAT.

Zum Mischen der Farben verwende ich Mischpaletten aus Holz oder Acrylglas und ein Palettmesser. Du kannst deine Farben aber auch auf Backpapier, einem Stück Kunststoff oder einem Porzellan-/Keramikteller mischen.

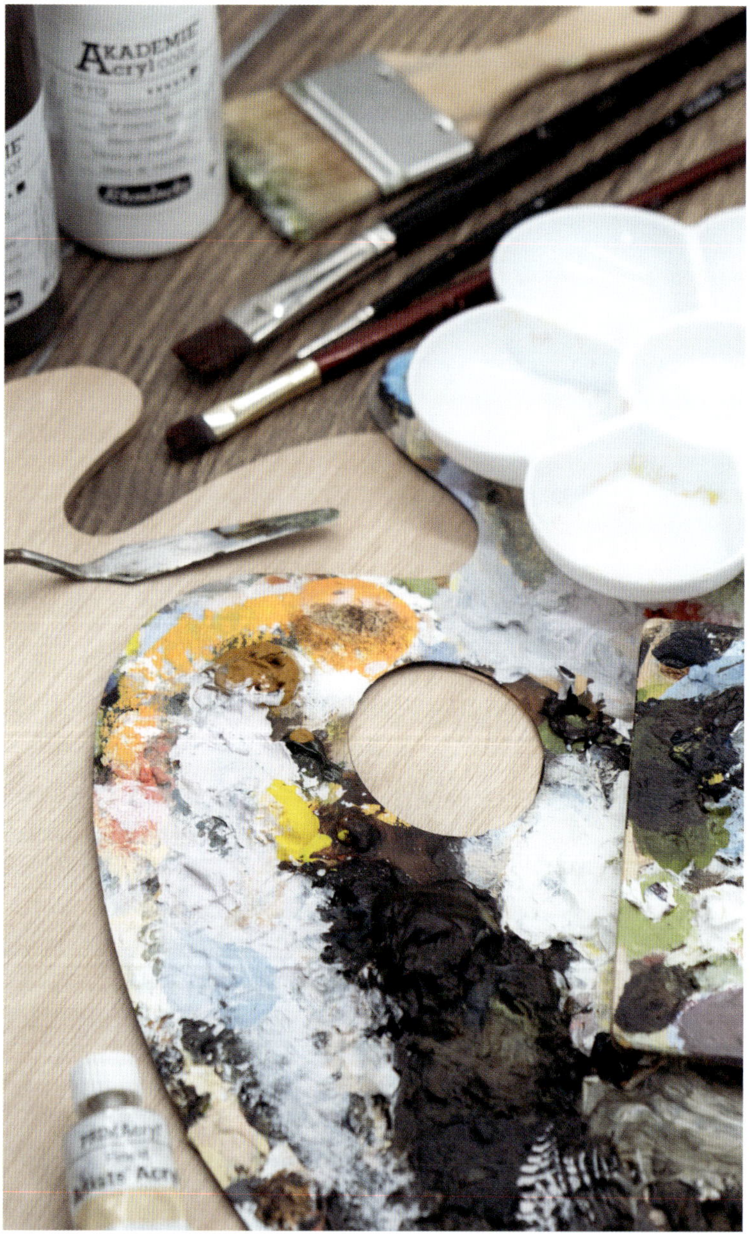

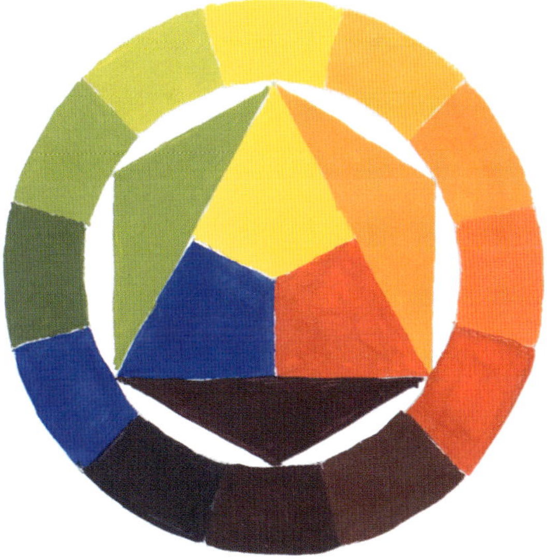

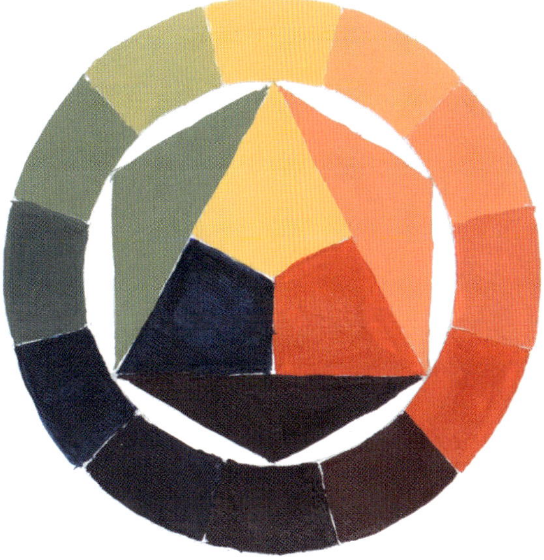

Der Farbkreis nach Johannes Itten kann dir beim Mischen helfen. Der Farbkreis besagt, dass sich im Prinzip aus den Primärfarben Blau, Gelb und Rot alle weiteren Farben mischen lassen. Mischt man je zwei Primärfarben, entstehen die Sekundärfarben Grün, Orange und Violett. Daraus lassen sich, auch mit Weiß, unzählige weitere Farbnuancen erzielen.

Die Primärfarben des hier abgebildeten Farbkreises sind Kadmiumgelb, Ultramarinblau und Karminrot. Der Farbkreis, auf dessen Basis ich in den meisten Fällen meine Farbmischungen erstelle, besteht aus Neapelgelb dunkel, Karminrot und Preußischblau. Dadurch erhalte ich etwas abgetöntere, nicht ganz so gesättigte Farben.

EXKURS:

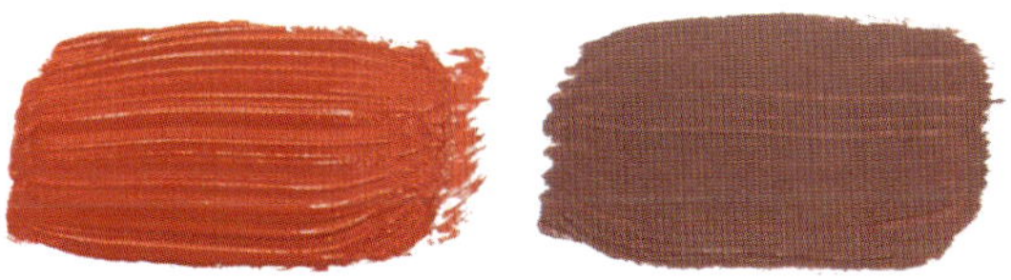

Farbsättigung = Farbbrillanz
Die Sättigung gibt an, wie bunt und rein eine Farbe erscheint. Hier zu sehen: ein satter Rotton und ein gedämpfter Rotton.

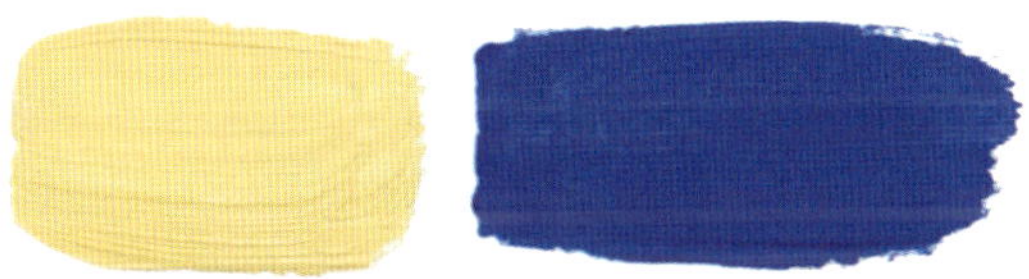

Tonwert = Farbhelligkeit
Der Tonwert ist die relative Helligkeit oder Dunkelheit einer Farbe. Zwischen dem dunkelsten und dem hellsten Tonwert liegen viele Abstufungen.

TIPP

Farben, die sich im Farbkreis gegenüberliegen, werden Komplementärfarben genannt.
Wenn du diese mischst, erhältst du neutrale Grautöne. Außerdem kannst du einen gesättigten Farbton mit seiner Komplementärfarbe entsättigen.
Komplementärfarben unterstützen sich gegenseitig in ihrer Farbwirkung, wenn sie zusammen eingesetzt werden – zum Beispiel Rot und Grün nebeneinander.

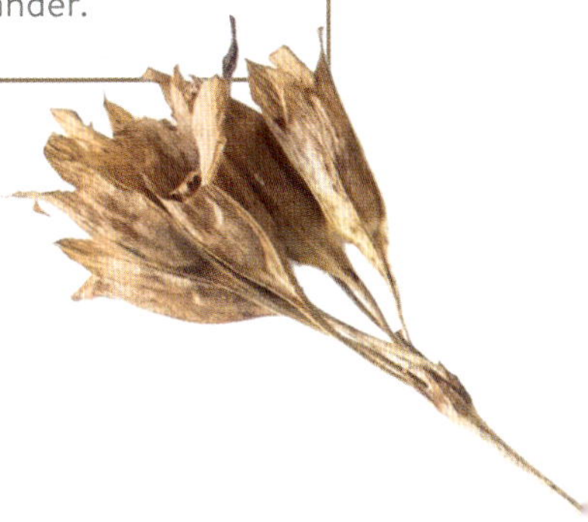

MALUNTERGRÜNDE

ACRYLFARBEN LASSEN SICH AUF ALLEN MALUNTERGRÜNDEN VERWENDEN – EGAL OB PAPIER, PAPPE, MALPLATTEN ODER AUF LEINWÄNDEN.

Ich verwende am liebsten dickes Aquarellpapier oder Malplatten. Aquarellpapier wellt sich nicht so stark wie normales Papier, wenn man mit Wasser arbeitet, zudem ist es etwas dicker. Am liebsten nutze ich Papier mit einem satinierten Finish. Das heißt, es wurde im Herstellungsprozess heiß gepresst und erhält damit eine glatte Oberfläche.

Malplatten gibt es entweder mit glatter Oberfläche oder es ist mit Maltuch beklebt, dann hat es eine leichte Struktur – ähnlich einer Leinwand. Malplatten erhält man in unzähligen verschiedenen Formaten, sodass man klein- und großformatige Werke auf ihnen anfertigen kann.

Natürlich eignen sich auch Keilrahmen sehr gut, um mit Acrylfarben darauf zu arbeiten. Keilrahmen gibt es ebenso in einer Vielzahl an Formaten und Größenausführungen.

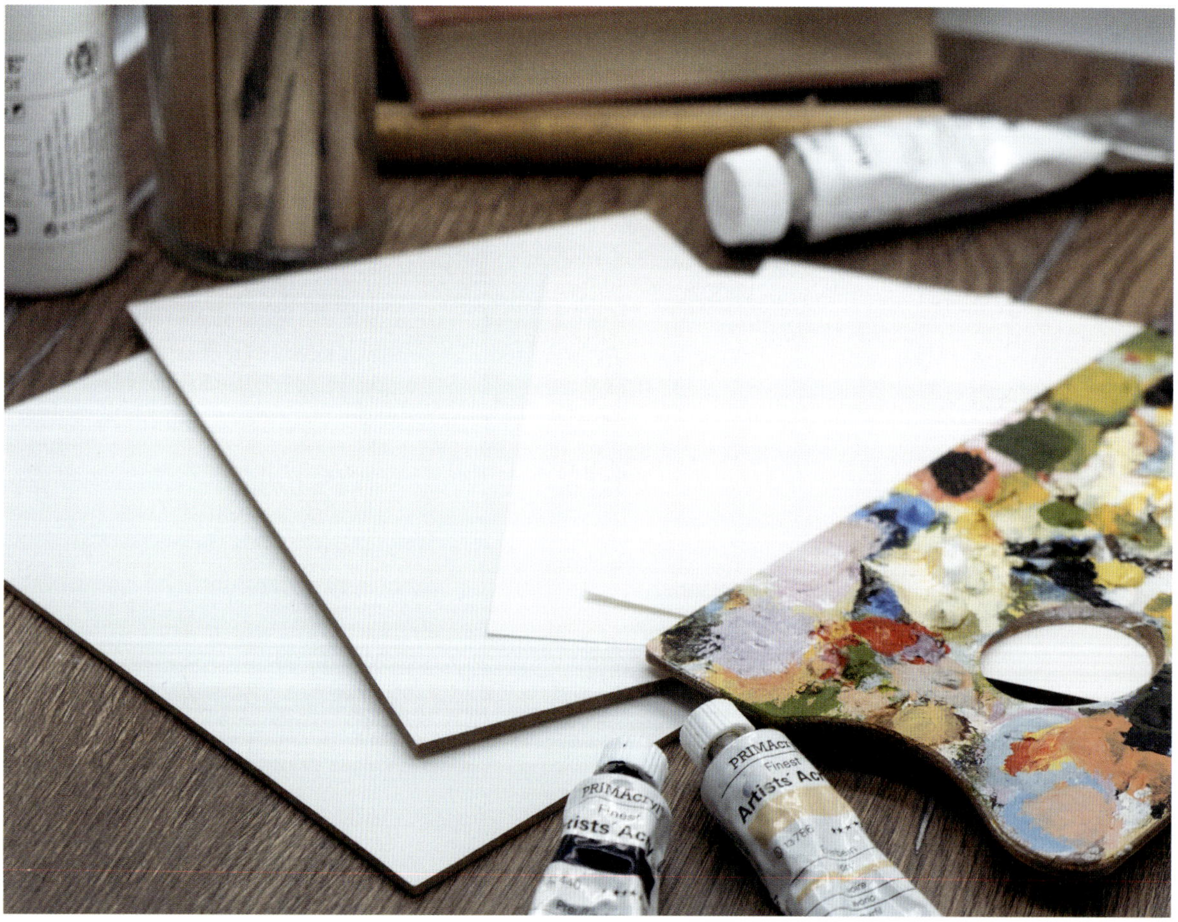

PINSEL

PINSEL KOMMEN IN ALLEN GRÖSSEN, FORMEN UND MATERIALIEN DAHER – MIT SYNTHETIK- ODER ECHTHAAR, ALS FLACH-, RUND- ODER SCHRÄGPINSEL. DER PINSEL IST EIN WERKZEUG – DU ERLEICHTERST DIR DAS ARBEITEN DAMIT, WENN DU DEN PINSEL ALS VERLÄNGERUNG DEINER HAND VERSTEHST. DAS BEDEUTET, DASS DU IHN NICHT ZU NAH AN DER ZWINGE HALTEN SOLLTEST, DAMIT DU LOCKER AUS DEM HANDGELENK MALEN KANNST. AUF DIESE WEISE WIRKT DER PINSELSTRICH DYNAMISCHER.

Die Pinsel, die ich am häufigsten verwende, siehst du hier abgebildet. Vor allem ohne Borstenpinsel geht bei mir nichts, das wirst du später in den How-to-Einheiten noch sehen. Ansonsten nutze ich natürlich Flachpinsel für größere Flächen sowie Rund- und Schrägpinsel für Details. Für einige spezielle Effekte kommen bei mir noch Kapsel- und Fächerpinsel zum Einsatz.

Die Pinselgröße wähle ich dabei dem Format entsprechend aus, in dem ich malen möchte. Je größer das Bild werden soll, desto größer sind die Pinsel, die ich verwende.

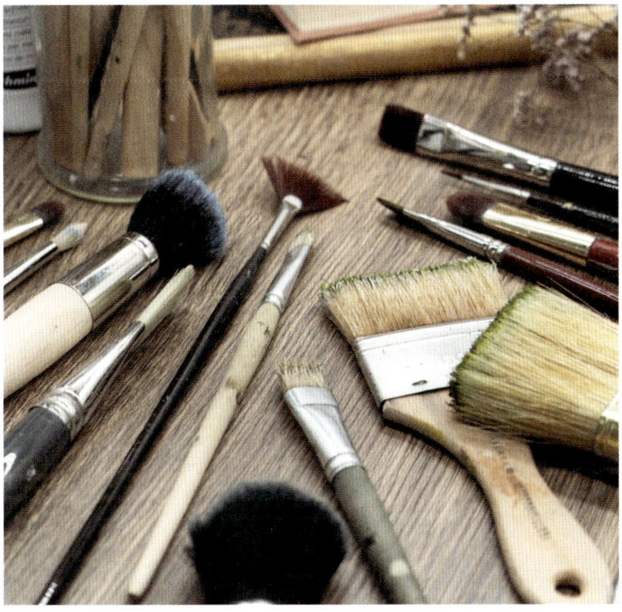

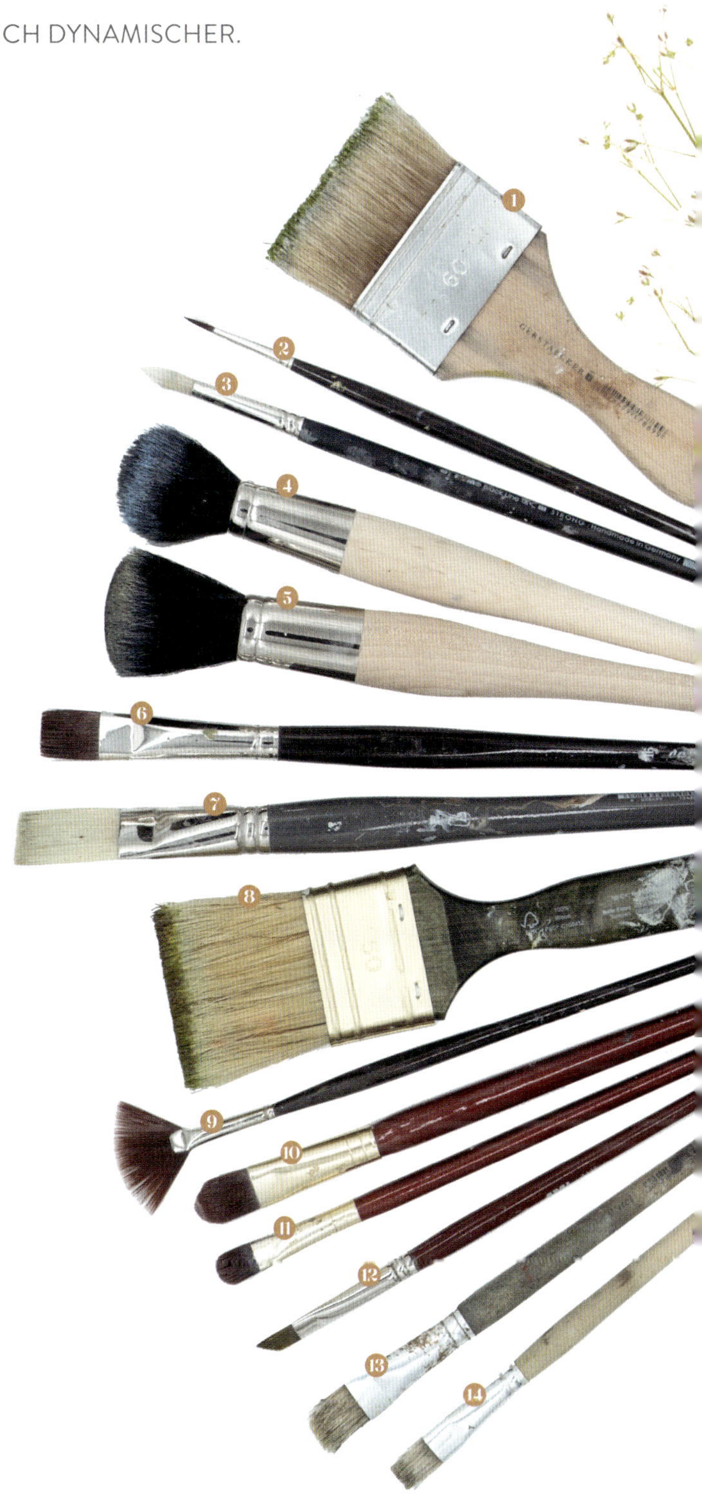

1 GROSSER, FLACHER BORSTENPINSEL | 2 3 SCHMALE RUNDPINSEL | 4 5 KAPSELPINSEL | 6 7 FLACHPINSEL | 8 GROSSER, FLACHER BORSTENPINSEL | 9 FÄCHERPINSEL | 10 11 KATZENZUNGENPINSEL | 12 SCHRÄGPINSEL | 13 14 FLACHE BORSTENPINSEL

ARBEITSPLATZ

MALEN KANN MAN ÜBERALL, SOLANGE MAN ETWAS PLATZ UND GUTE LICHTVERHÄLTNISSE HAT. DABEI IST ES EGAL, OB DU AN EINEM TISCH ODER AN DER STAFFELEI SITZT.

Ich male am liebsten an der Staffelei, weil ich dabei frontal auf das Bild schauen kann und auch gern im Stehen arbeite. Vor dem Malen lege ich auf einem kleinen Beistelltisch meine Werkzeuge bereit, so sind sie immer in Reichweite.

TIPP

Um auf Papier an der Staffelei zu arbeiten, klebe ich den Papierbogen mit Kreppband auf eine MDF-Platte, die ich anschließend auf die Staffelei lehne.

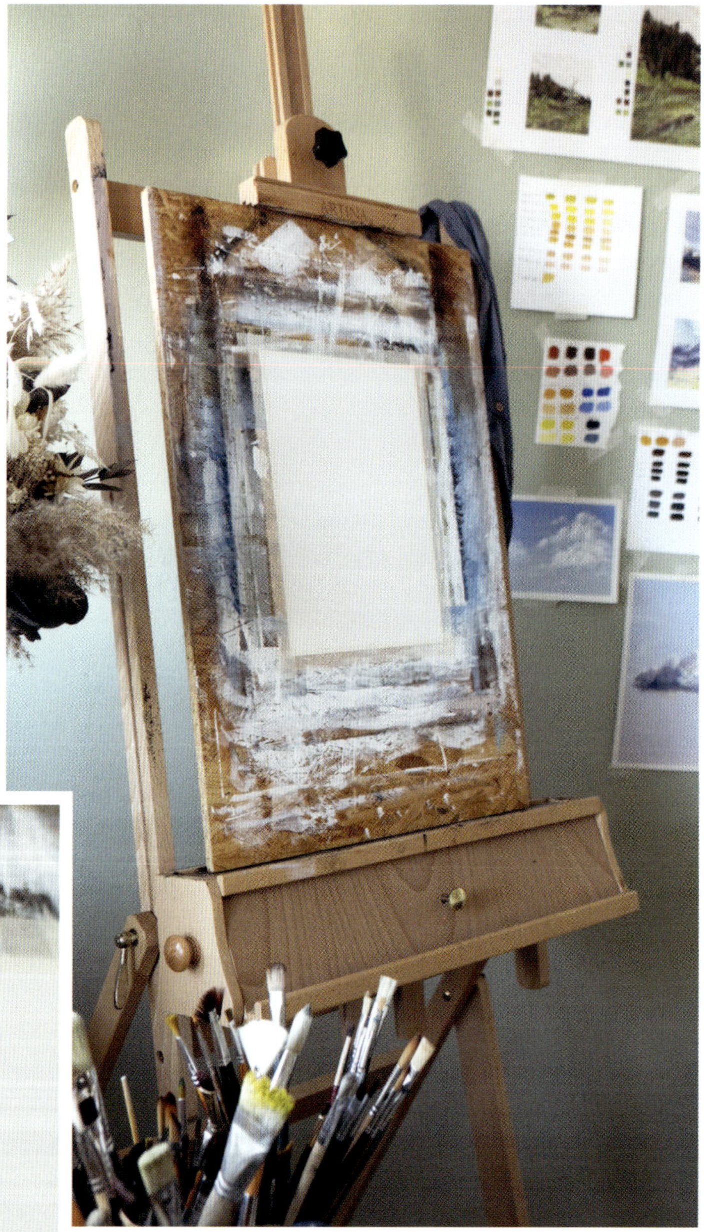

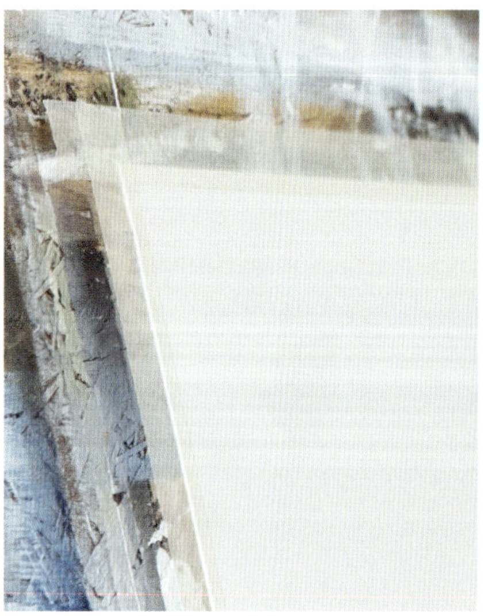

ZUSÄTZLICHE MATERIALIEN

NEBEN DEN AUFGEFÜHRTEN MATERIALIEN HABE ICH AUCH IMMER EINEN LAPPEN ZUM ABWISCHEN UND ABTROCKNEN DER PINSEL PARAT. MIT EINER KLEINEN SPRÜHFLASCHE FEUCHTE ICH MEINE MISCHPALETTE IN REGELMÄSSIGEN ABSTÄNDEN AN, DAMIT DIE FARBEN DARAUF NICHT ZU SCHNELL ANTROCKNEN.

Zudem verwende ich Pinselseife, mit der ich meine Pinsel nach dem Malen auswasche. Für eingetrocknete Farbe zwischen den Borsten nutze ich Pinselreiniger mit Orangenterpen.

Um meine Bilder nach der Fertigstellung zu versiegeln, verwende ich ein Acrylfirnis.

TIPP

Stelle dir beim Malen am besten zwei Wassergefäße bereit: eines, um den dreckigen Pinsel auszuwaschen und eines, aus welchem du frisches Wasser aufnimmst.

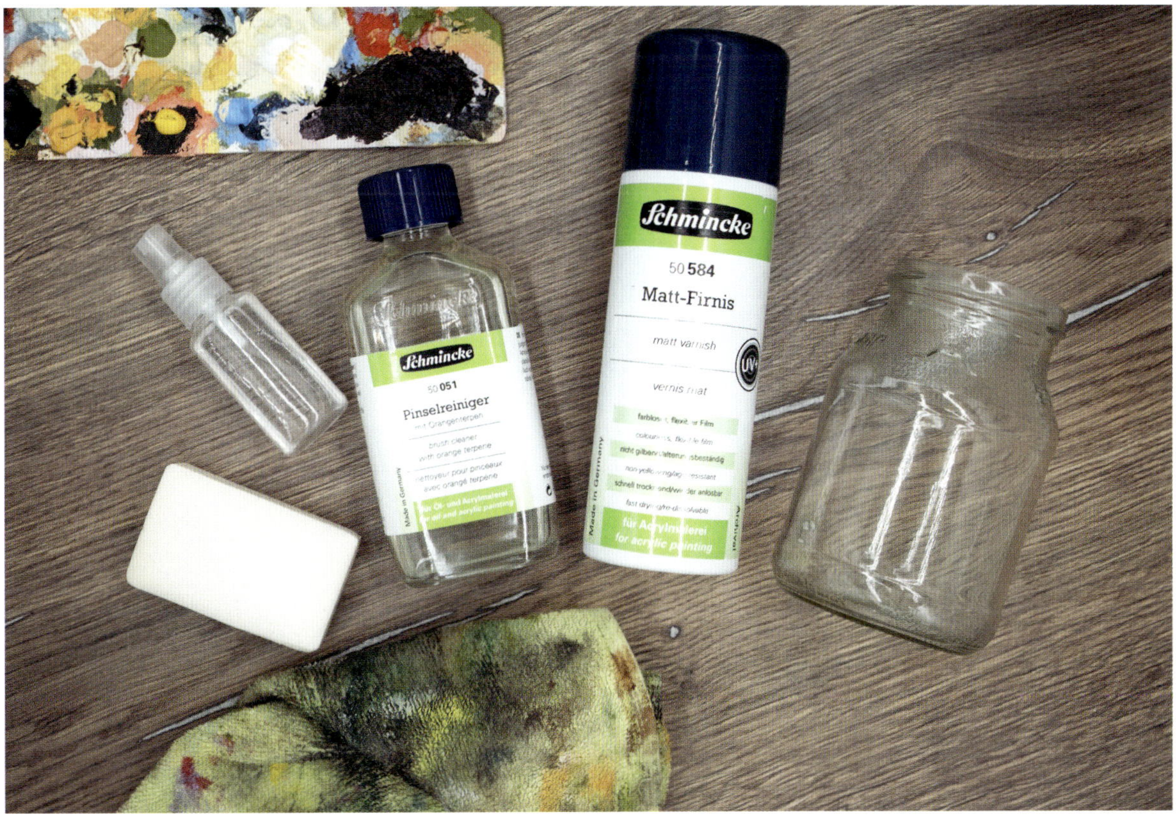

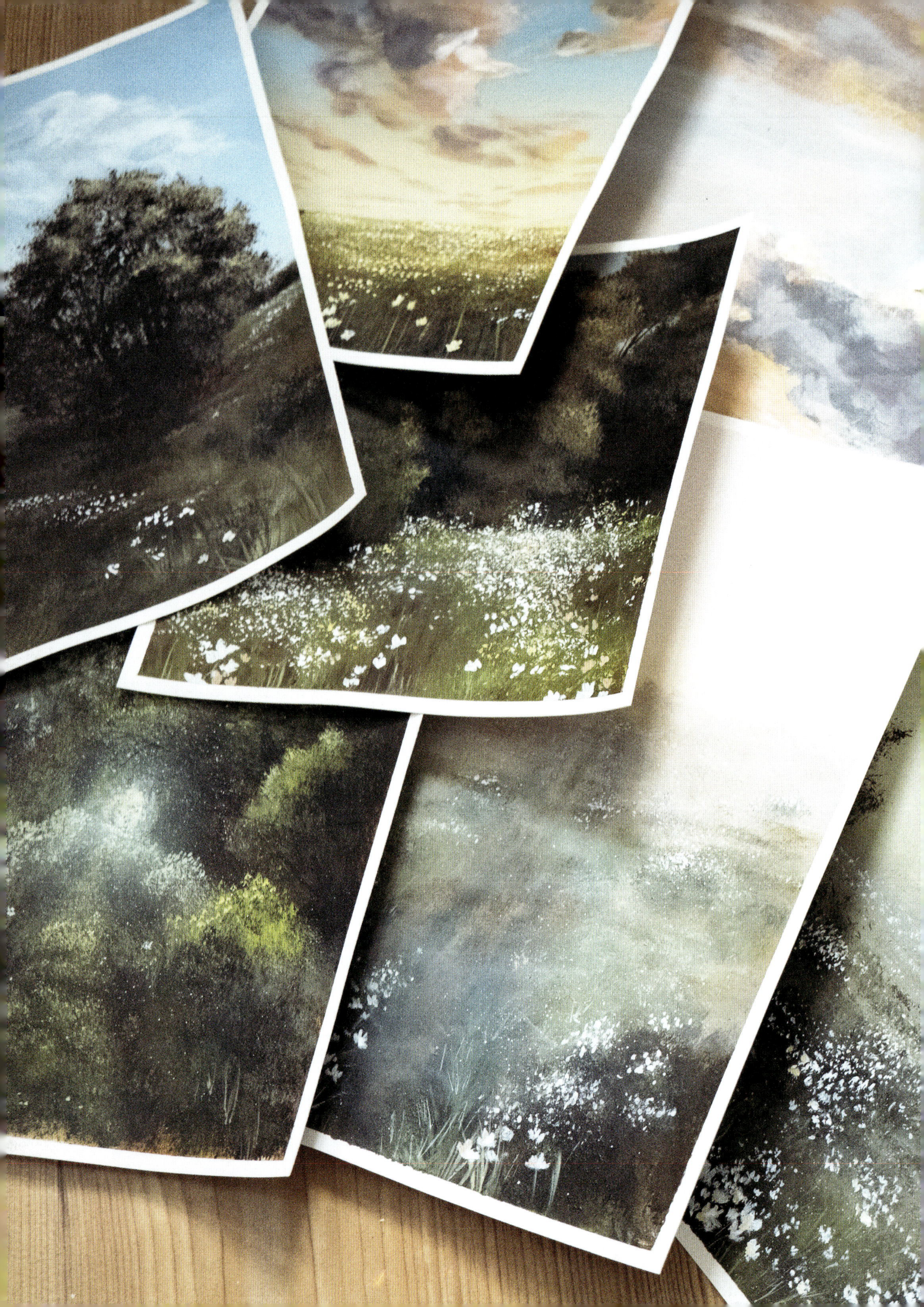

Motive

Auf den folgenden Seiten zeige ich dir, wie ich meine liebsten Motive in der Landschaftsmalerei – Wolken, Wiesen, Bäume und Büsche – umsetze und Atmosphäre in meinen Bildern schaffe.

Die verwendeten Farben und Pinsel stelle ich dir bei jedem Motiv einzeln vor. Du brauchst nicht zwingend die gleichen Materialien zu verwenden, meine Angaben sind lediglich eine Hilfestellung für dich.

Als Maluntergrund verwende ich hier festes Aquarellpapier mit einem satinierten Finish im Format DIN A4. Zum Einsatz kommen schmale bis mittelgroße Pinsel, wobei die Pinselgröße dabei von der Größe des fertigen Bildes abhängt: Möchtest du ein kleines Bild malen, wählst du deine Pinselgröße dementsprechend kleiner, das gleiche gilt umgekehrt für ein großes Format.

HOW TO: Wolken

In diesem Kapitel zeige ich dir meine Herangehensweise an das Thema Wolken. Bei meinen Motiven nehmen Himmel und Wolken meist den Hintergrund ein, auf dem ich dann malerisch aufbaue. Natürlich sind Wolken am Himmel nicht für jedes Landschaftsbild elementar wichtig und viele Bilder kommen sogar ganz ohne sie aus, aber man sollte sie nicht unterschätzen. Auch eine reine Wolkenlandschaften kann sehr schön und stimmungsvoll wirken. Für die folgenden Motive brauchst du nur zwei Arten von Pinseln – wir wollen ja entspannt einsteigen!

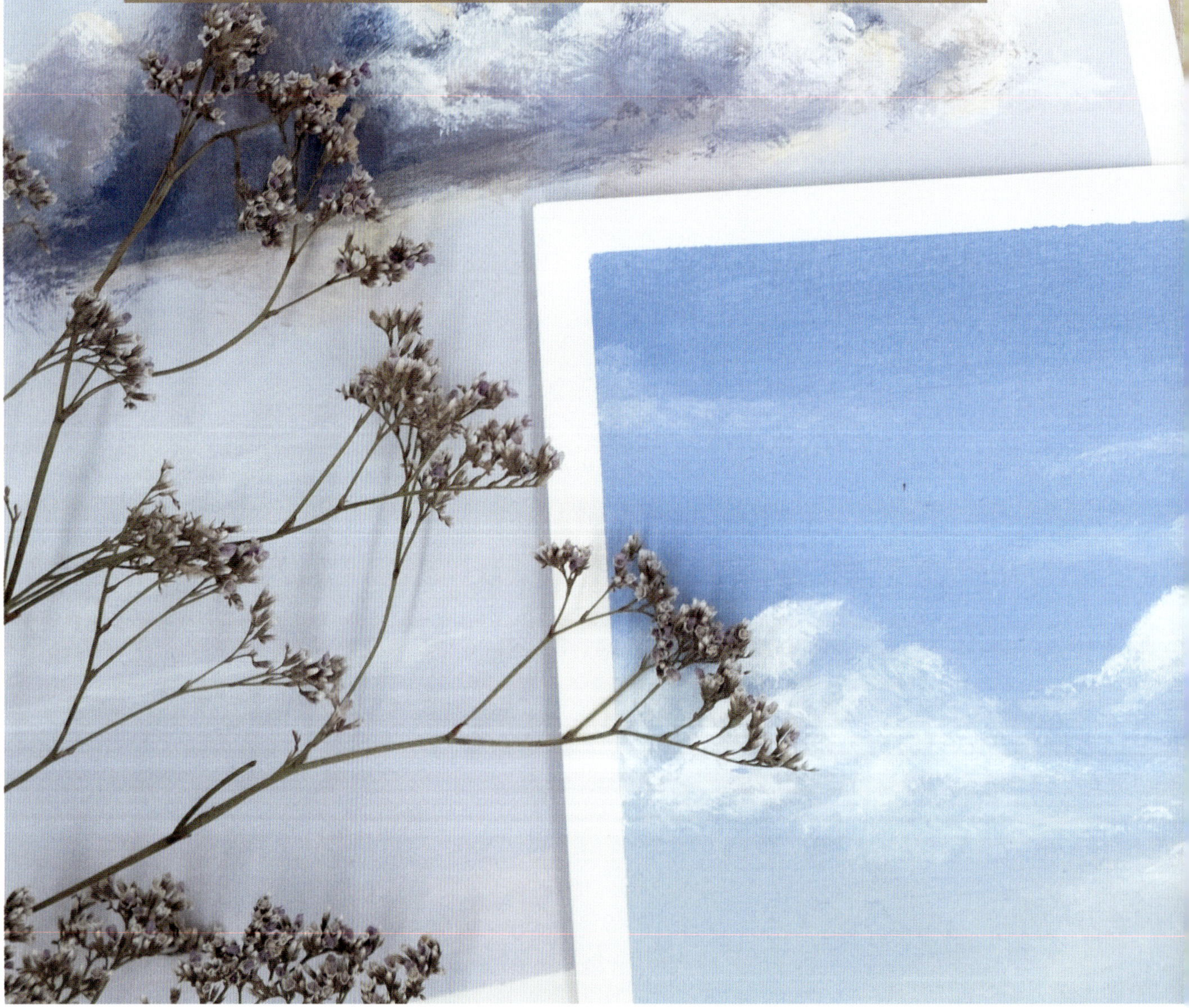

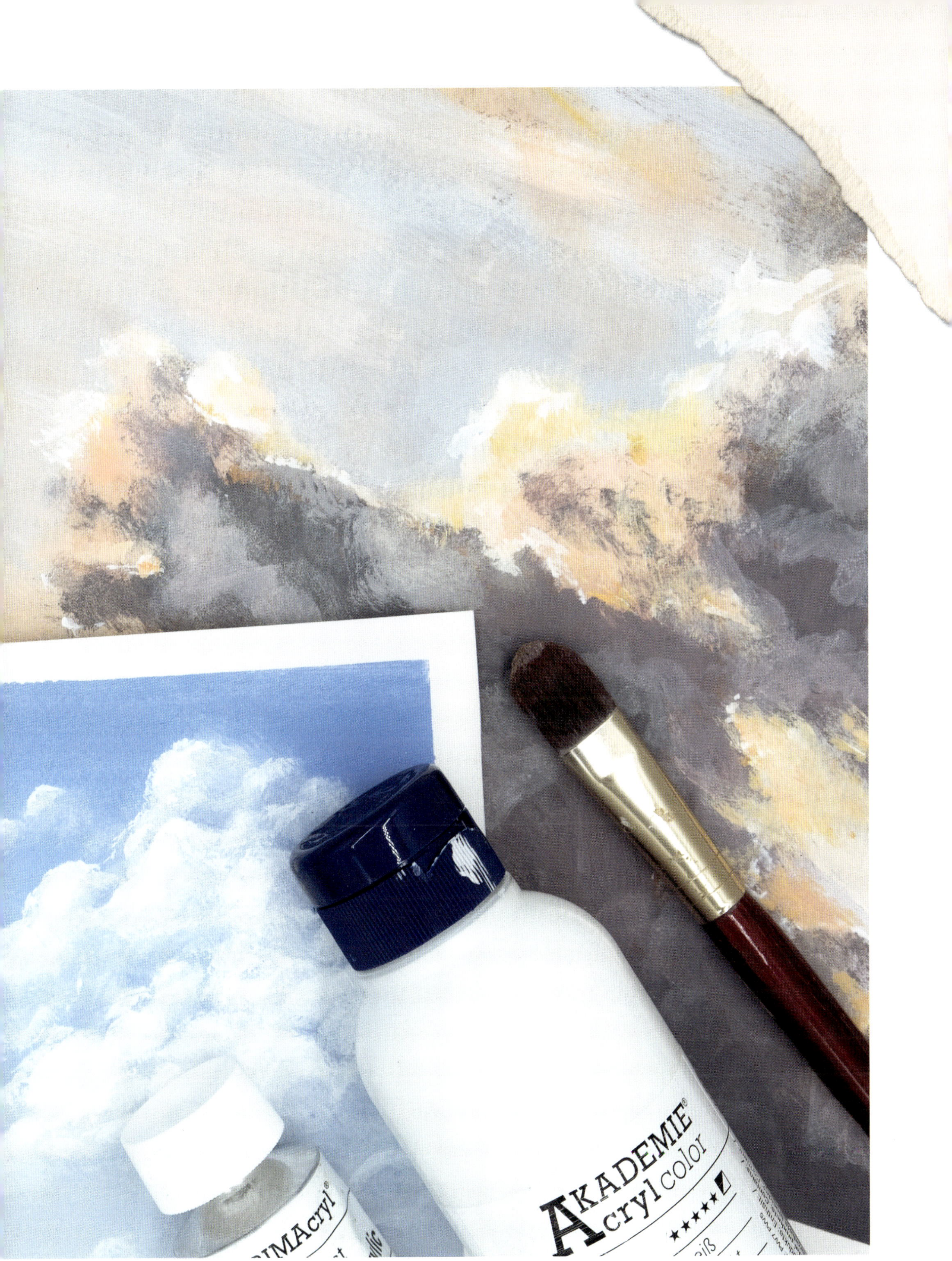
AKADEMIE®
Acryl color

Sanfte WOLKEN

ICH ZEIGE DIR ZUERST SCHRITT FÜR SCHRITT, WIE DU ZARTE, SANFTE WOLKEN MALEN KANNST, DIE SICH IN JEDEM LANDSCHAFTSGEMÄLDE GUT MACHEN.

MATERIAL

PINSEL

- Flachpinsel Größe 16
- Katzenzungenpinsel Größe 16; das ist ein Flachpinsel mit abgerundeter Kante, er erinnert in seiner Form an die Zunge einer Katze – daher der Name.

FARBEN

- Ultramarinblau
- Titanweiß (stark deckendes Weiß)
- Mischweiß (weniger deckendes Weiß)

MISCHFARBEN

- Hellblau in verschiedenen Abstufungen, gemischt aus Ultramarinblau und Titanweiß

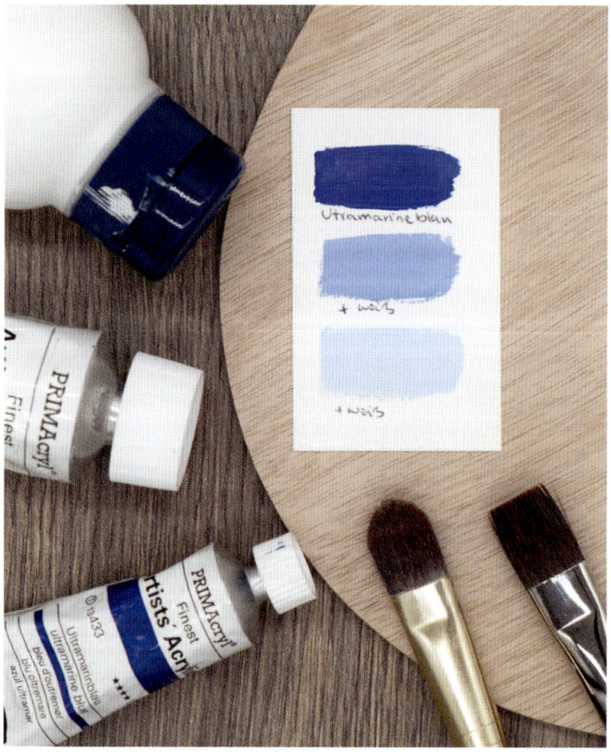

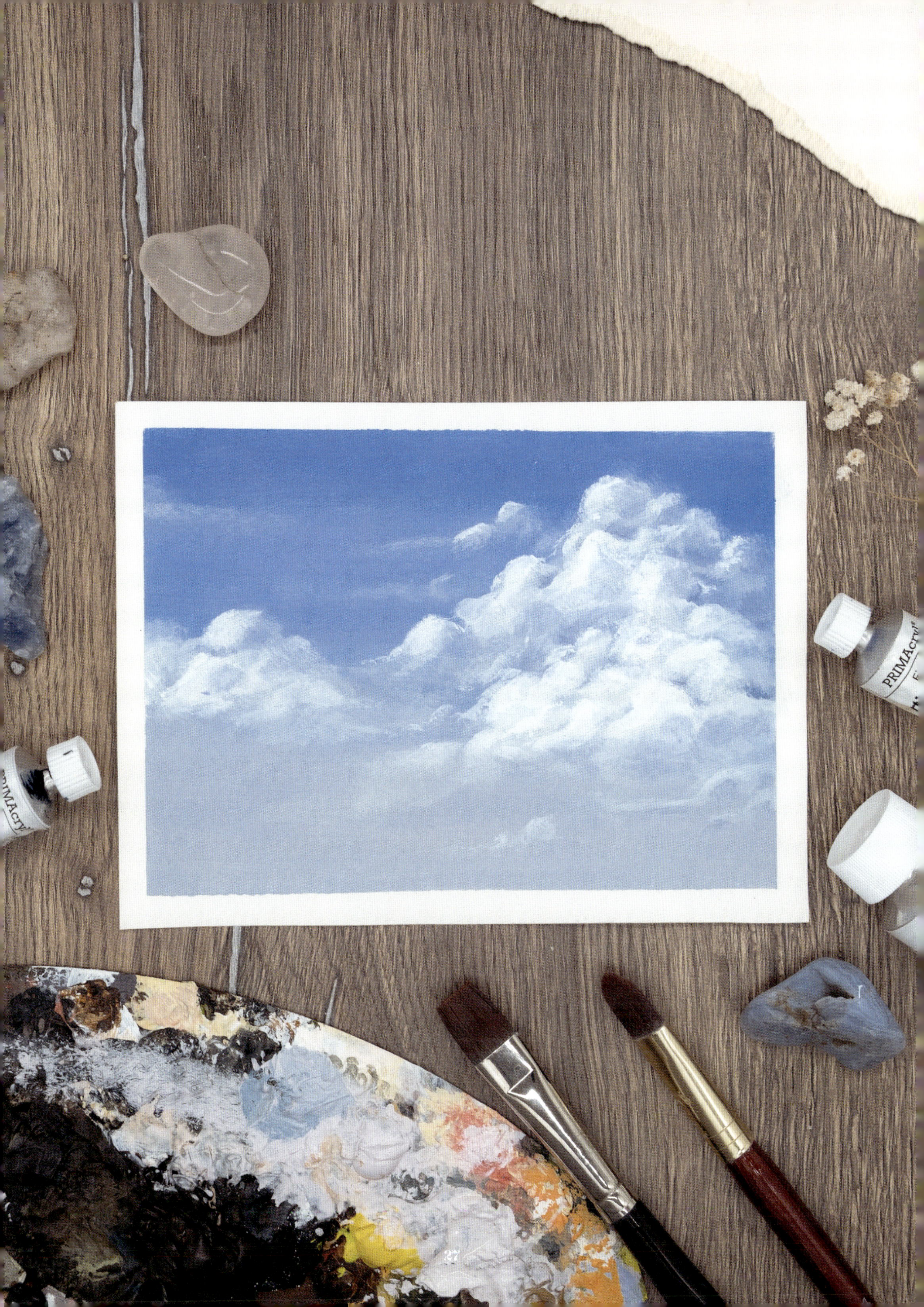

SCHRITT 1:

Beginne mit einem leichten Farbverlauf von oben nach unten, indem du Farbe mit dem feuchten Flachpinsel auf deinen Malgrund aufträgst. Um Abstufungen im Farbton zu erzielen, mischst du etwas Mischweiß in den Blauton und malst vom oberen Bildrand nach unten. Achte darauf, den Pinsel in horizontalen, zügigen Bewegungen zu führen. Nach unten wird der Farbverlauf heller.

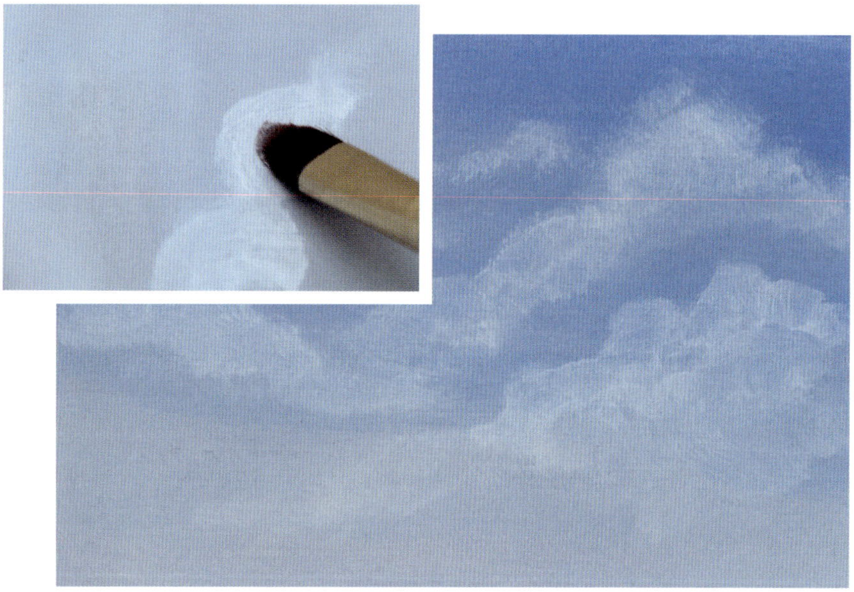

SCHRITT 2:

Wenn der Himmel getrocknet ist, nimmst du mit dem trockenen Katzenzungenpinsel ein wenig Mischweiß auf. Streife den Pinsel nach der Farbaufnahme noch einmal an einem alten Tuch ab, sodass nur wenig Pigment am Pinselhaar haftet. Male dann die Form der Wolken in wischenden Bewegungen auf den Himmel, wobei du das Pigment richtig in den Untergrund einarbeitest. Ich arbeite hier gern mit Druck und mache mir die runde Form des Pinsels zunutze, wenn ich die Bögen der Wolkenformen male.

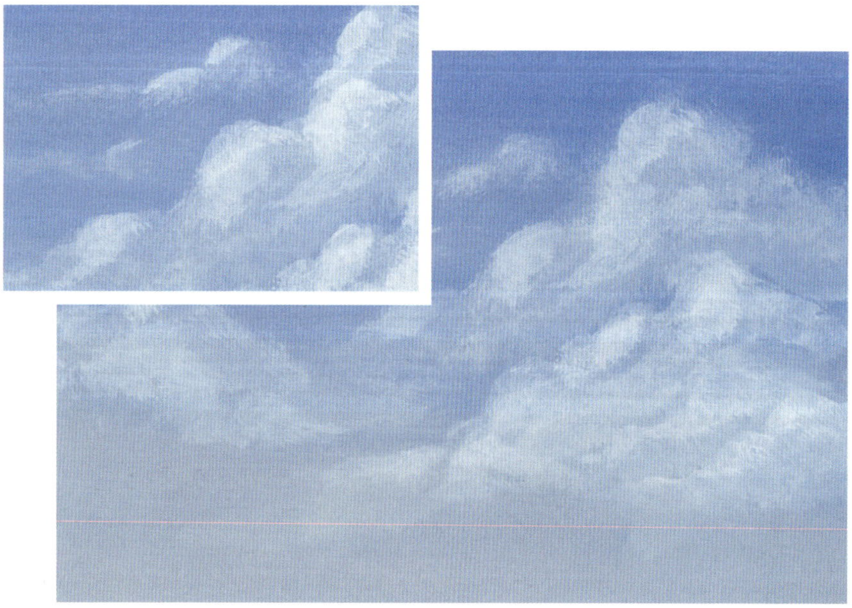

SCHRITT 3:

Wiederhole Schritt 2 und baue so nach und nach die Form der Wolke auf. Trage nach oben hin mehr Farbschichten übereinander auf, während die Wolken nach unten hin farblich in den Hintergrund übergehen können. Auf diese Weise entsteht Dreidimensionalität in deinem Bild.

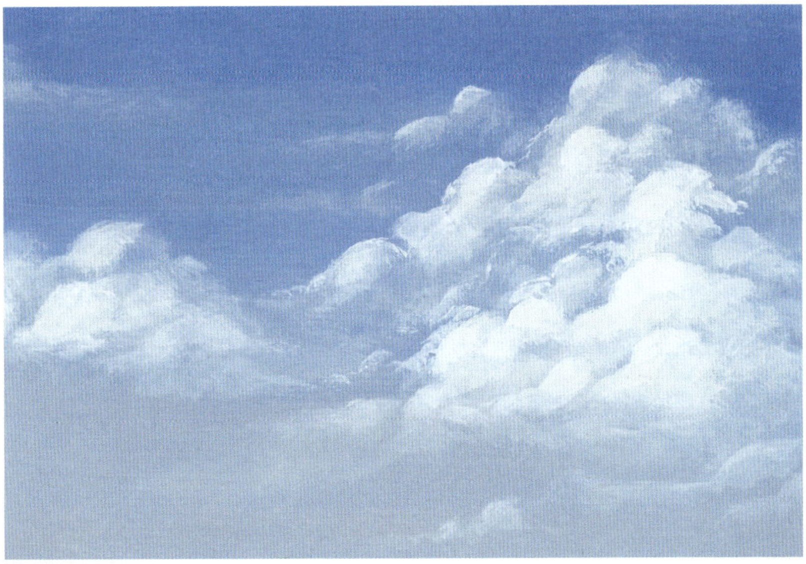

SCHRITT 4:

Um diese zu verstärken, malst du nun Titanweiß auf die hellsten Stellen. Das sind in diesem Fall die oberen Teile der Wolkenbögen. Der Pinsel ist immer noch trocken – wasche ihn zwischendurch nicht aus.

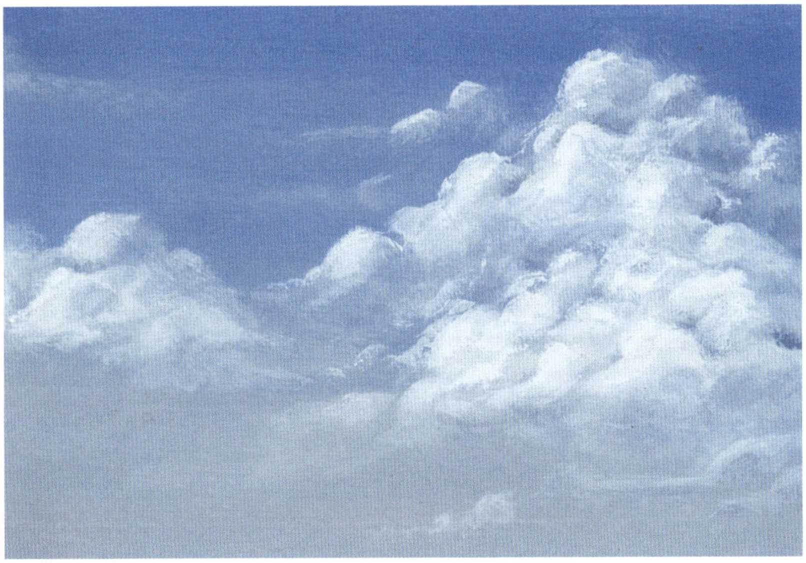

SCHRITT 5:

Arbeite zum Schluss noch vertiefte Strukturen in der Wolke aus. Nimm dafür den gleichen Blauton wie für den Himmel. Dadurch erscheint sie noch plastischer.

TIPP

Wasche den Pinsel zwischendurch nicht aus. Mache dir stattdessen das trockene Haar und die leicht eingetrocknete Farbe auf dem Pinselhaar für die Wolkenstruktur zu Nutze.

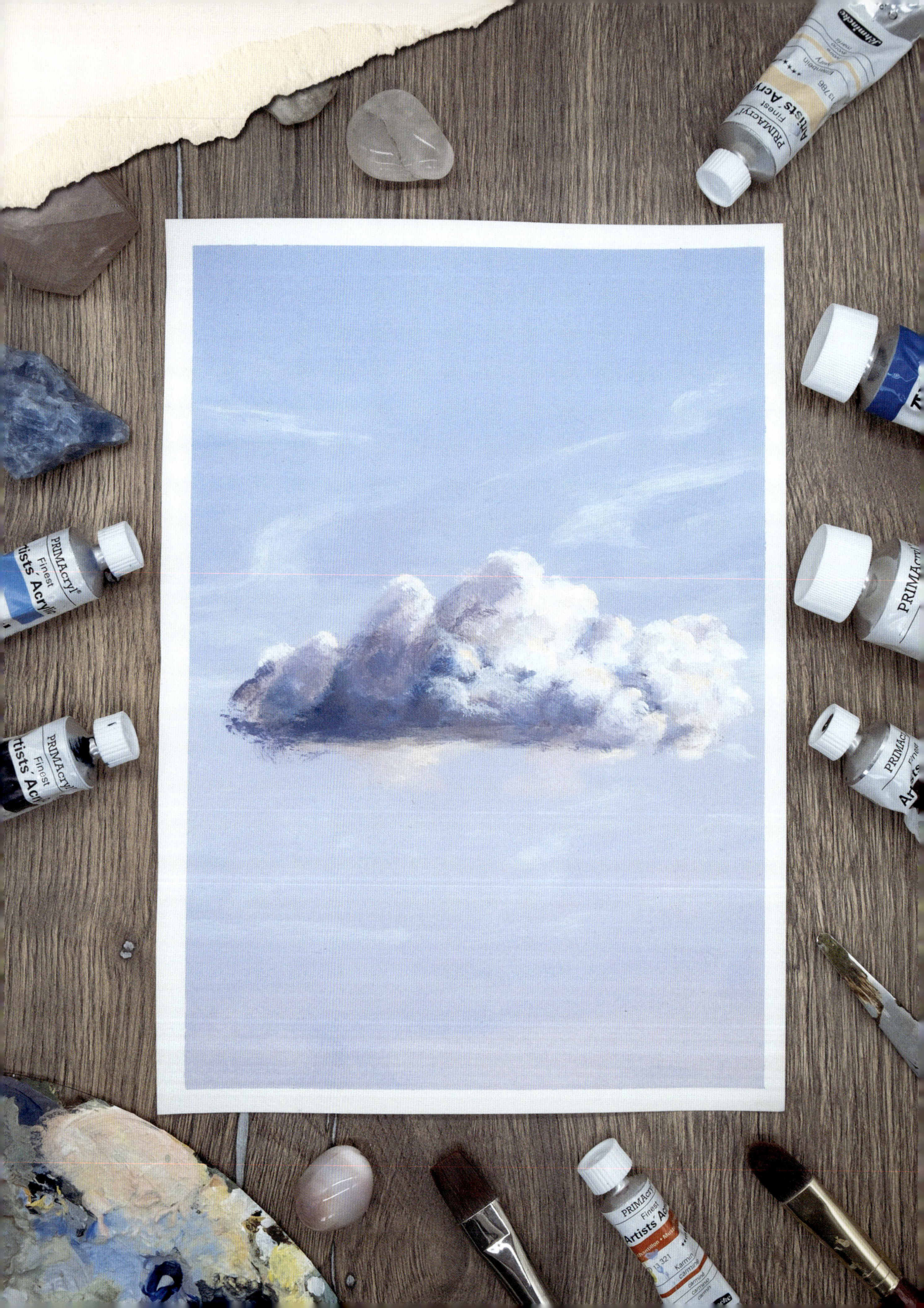
PRIMAcryl®
Finest
PRIMAcryl®
Finest
PRIMAcryl®

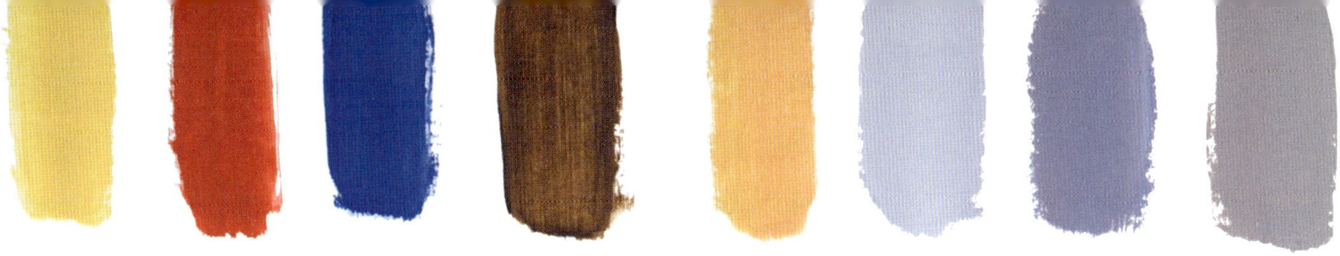

HAUFENWOLKE

ANHAND DIESES BEISPIELS EINER HAUFENWOLKE KANNST DU LERNEN, WOLKEN NICHT LÄNGER ALS UNFÖRMIGE MASSE WAHRZUNEHMEN, SONDERN ALS DREIDIMENSIONALE KÖRPER. SCHAFFST DU ES, DIR WOLKEN ALS ZYLINDRISCHE ODER KUBISCHE FORMEN VORZUSTELLEN, WIRD ES DIR IN ZUKUNFT LEICHTERFALLEN, SIE UND AUCH ANDERE DREIDIMENSIONALE OBJEKTE ZU MALEN.

MATERIAL

PINSEL

- Flachpinsel Größe 16
- Katzenzungenpinsel Größe 12

FARBEN

- Umbra gebrannt
- Ultramarinblau
- Karminrot
- Neapelgelb hell
- Titanweiß (stark deckendes Weiß)
- Mischweiß (weniger deckendes Weiß)

MISCHFARBEN

- „schmutziges" Violett, gemischt aus Umbra gebrannt, Ultramarinblau und Titanweiß
- Fliedertöne, gemischt aus Ultramarinblau, Karminrot und Titanweiß
- Orangeton, gemischt aus Neapelgelb hell und Karminrot

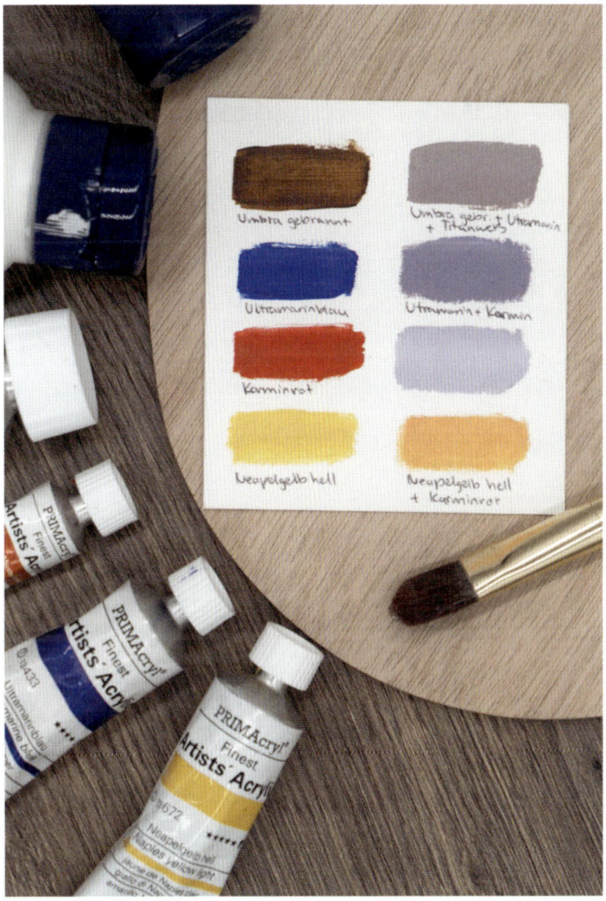

WOLKEN ALS GEOMETRISCHE FORMEN SEHEN

Hier noch einmal das Prinzip zur Verdeutlichung: Ich sehe die Wolke als eine Ansammlung von Quadern, die in der Luft schweben. Das Licht kommt von rechts vorne. Alles, was von der Lichtquelle angestrahlt wird, erscheint hell, während der Teil, der im Schatten liegt, dunkler ist. Auch bei der Wolke, die ich dir auf den nächsten Seiten zeige, bin ich nach diesem Schema vorgegangen.

Überlege vorab: Welcher Teil der Wolke wird direkt von der Sonne angestrahlt und ist damit am hellsten? Welcher liegt im (Halb-) Schatten? Trau dich auch, andere Farben als Weiß einzusetzen. Wolken können in allen möglichen Blau-, Lila-, Rosa-, Gelb-, Orange- und Grauschattierungen auftreten.

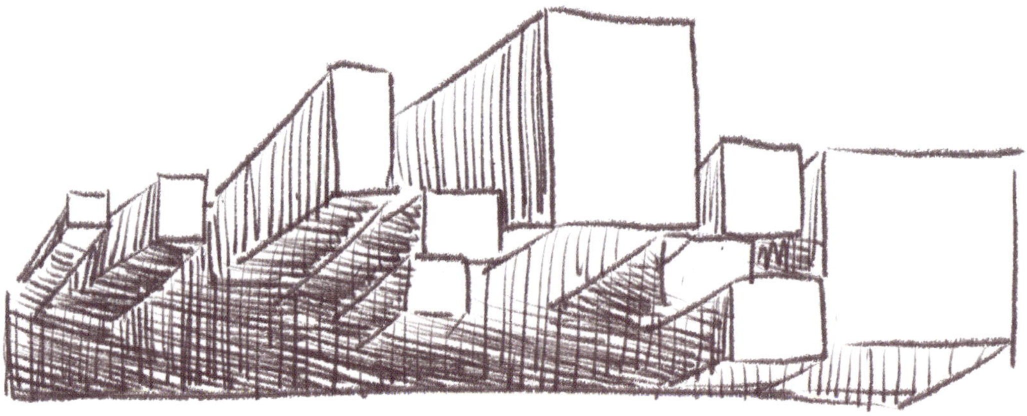

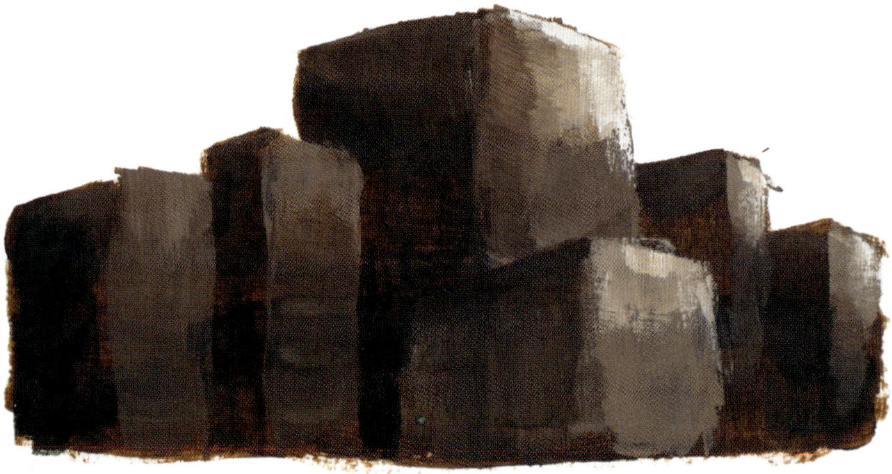

SCHRITT 1:

Beginne wieder mit einem Farbverlauf für den Himmel. Den Verlauf von einem kühlen Violett- zu einem wärmeren Ton erzielst du durch die Zugabe von etwas Karminrot in deine Mischfarbe. Trage deinen Hintergrund mit wasserverdünnter Farbe in zügigen, horizontalen Bewegungen auf.

SCHRITT 2:

Male nun auf deinen Himmel mit einem feuchten Katzenzungenpinsel und Mischweiß zart geschwungene Schleierwolken auf. Der Pinsel berührt den Malgrund beim Aufmalen nur minimal, sodass hauchzarte Wolken entstehen.

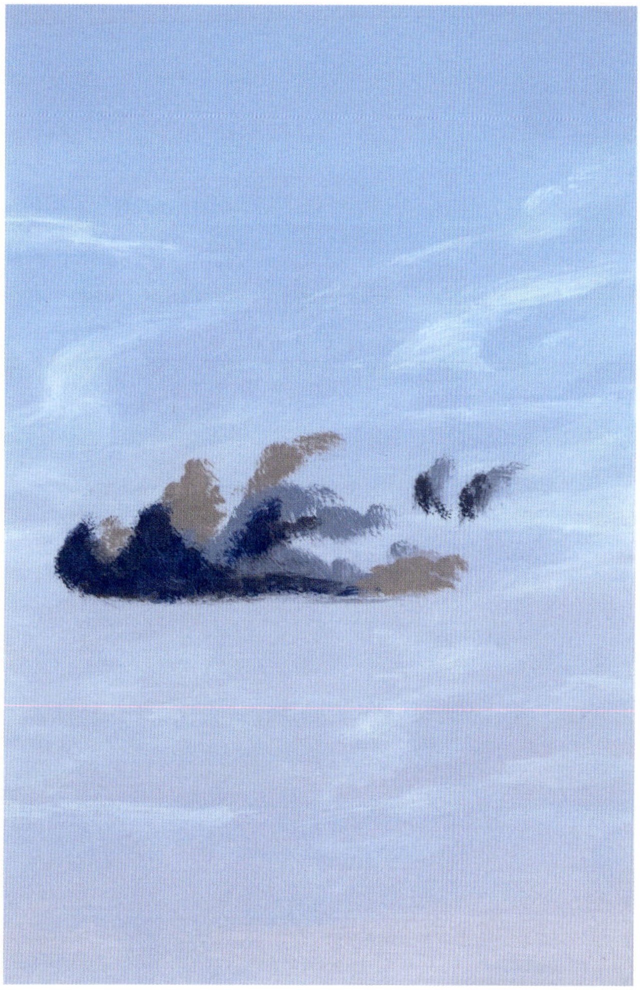

SCHRITT 3:

Beginne mit dem dunkelsten Teil der Wolke. Ich orientiere mich dabei immer an meiner Skizze, die ich zuvor angefertigt habe (siehe Seite 32). Gestalte die dunklen Bereiche mit einer Mischung aus Ultramarinblau und Umbra gebrannt. Erhöhe für die unterschiedlichen Töne den Weißanteil sowie den Anteil an Umbra gebrannt in der Mischung. Auf diese Weise erhältst du drei Farbtöne. Für diesen Schritt verwende ich einen trockenen Katzenzungenpinsel.

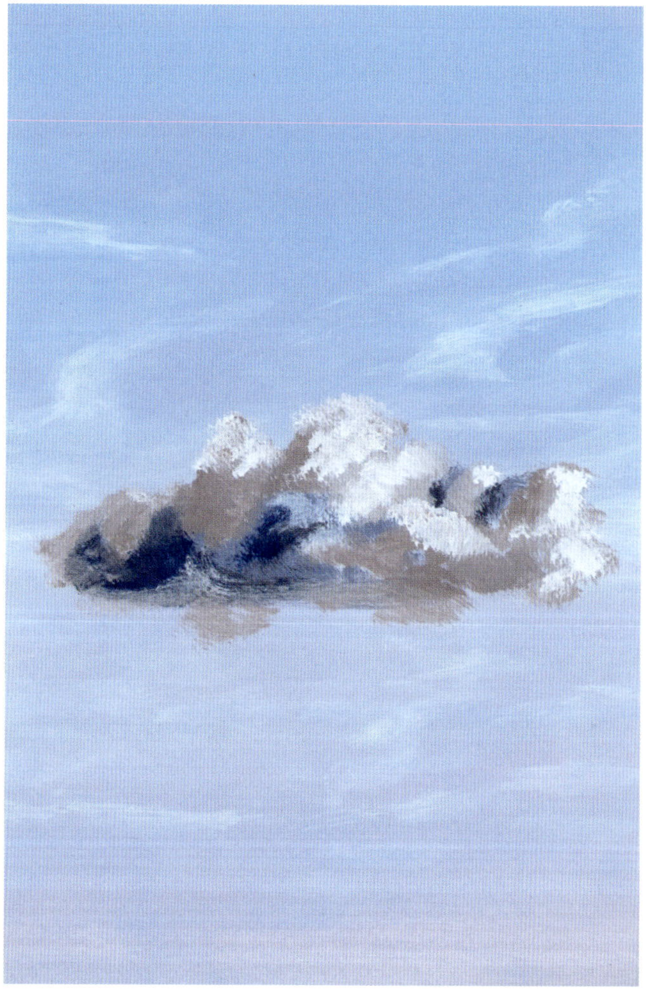

SCHRITT 4:

Gib der Wolke durch das Hinzufügen von hellen Bereichen mit Mischweiß ihre Form.

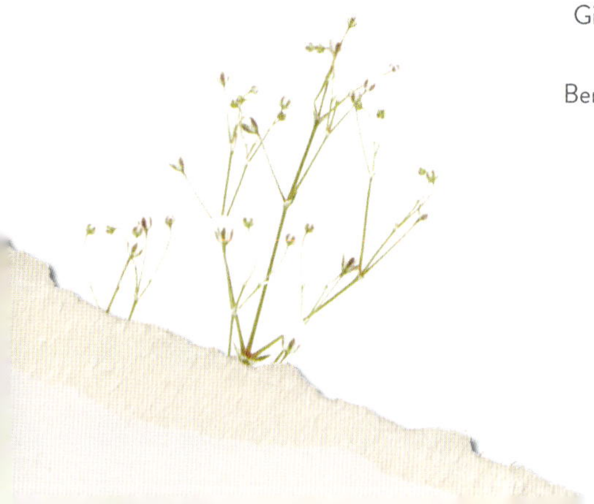

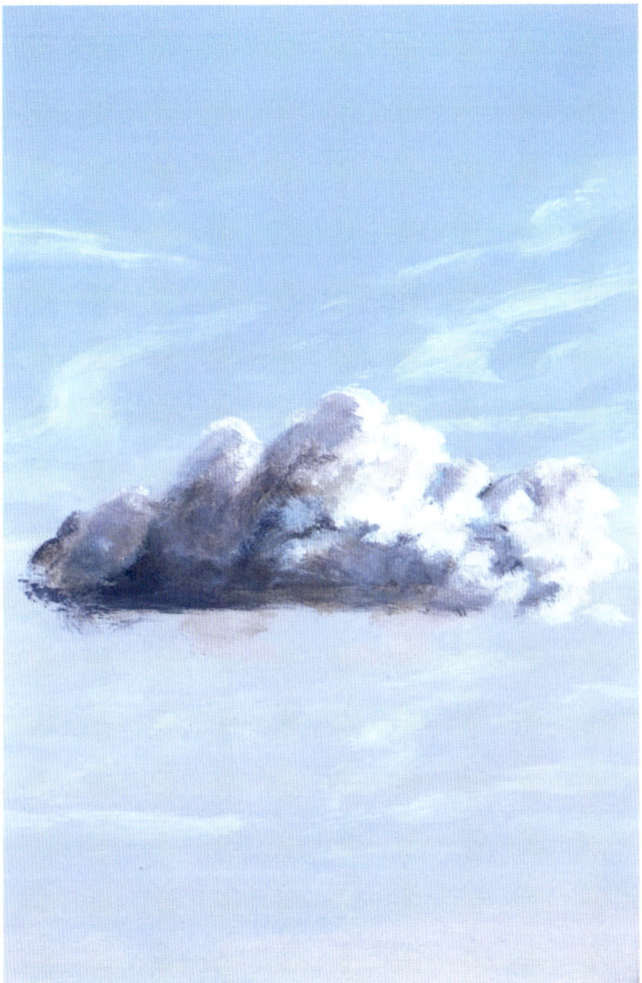

SCHRITT 5:

Arbeite nun die hellen Bereiche mit Titanweiß weiter heraus. Füge den dunklen Bereichen weitere Zwischentöne hinzu, um einen weichen Eindruck der Wolkenbeschaffenheit zu erzeugen. Mische dir dafür wieder Farbtöne aus Ultramarinblau, Umbra gebrannt und Titanweiß. Der Blauanteil ist bei den Mischungen am dominantesten.

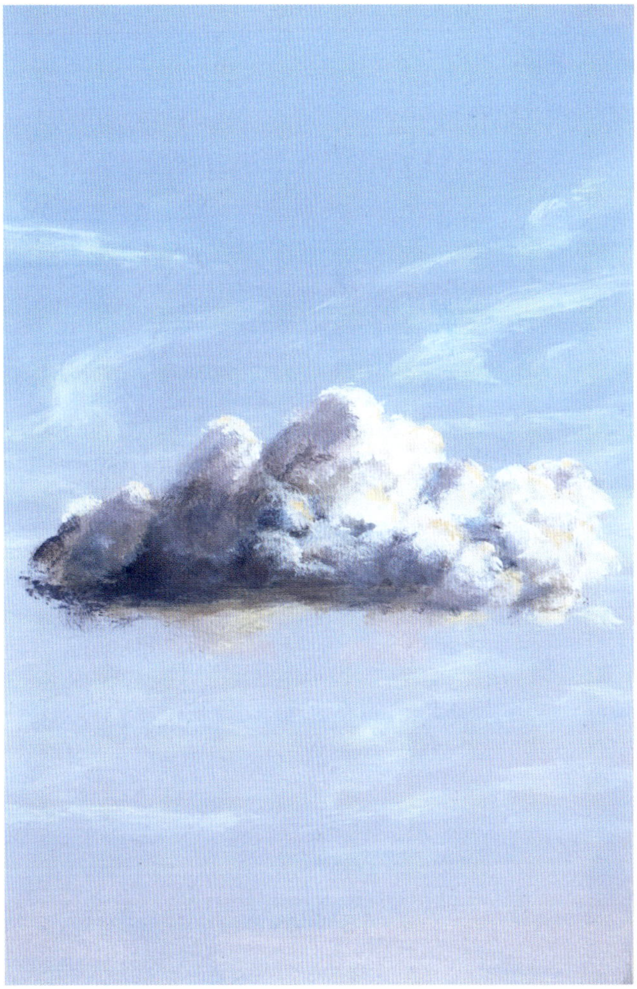

SCHRITT 6:

Setze zum Schluss mit der Kante deines Flachpinsels Highlights in Weiß und hellem Orange. Die gerade Kante des Pinsels hilft dabei, diese prägnant aufzutragen. Nutze für sehr kleine Highlights nur eine Ecke des Flachpinsels, die du auf den Malgrund tupfst.

Wolken ALS FLÄCHE/ SONNENUNTERGANG

STATT ALS EINZELNE, DREIDIMENSIONALE OBJEKTE KÖNNEN WOLKEN AUCH ALS UNTERSCHIEDLICHE, ORGANISCHE FLÄCHEN AUFTRETEN, DIE SICH ANEINANDERREIHEN. DIE FIGUR-GRUND-BEZIEHUNG IST DANN WENIGER EINDEUTIG: WO HÖRT DIE WOLKE AUF, WO FÄNGT DER HIMMEL AN. DIES TRITT HÄUFIG AN BEWÖLKTEN TAGEN AUF ODER WENN VIELE WOLKEN AM HIMMEL MITEINANDER VERSCHMELZEN. FÜR DAS FOLGENDE BEISPIEL EINER SONNENUNTERGANGSSTIMMUNG HABE ICH EIN SELBST GEMACHTES FOTO ALS REFERENZ GENUTZT.

MATERIAL

PINSEL

- Flachpinsel Größe 16
- Katzenzungenpinsel Größe 12

FARBEN

- Umbra gebrannt
- Ultramarinblau
- Karminrot
- Neapelgelb hell
- Titanweiß (stark deckendes Weiß)
- Mischweiß (weniger deckendes Weiß)

MISCHFARBEN

- „schmutziges" Violett, gemischt aus Umbra gebrannt, Ultramarin und Titanweiß
- Fliedertöne, gemischt aus Ultramarin, Karminrot und Titanweiß
- Orangeton, gemischt aus Neapelgelb hell und Karminrot
- Gräuliches, dunkles Violett, gemischt aus Umbra gebrannt, Ultramarinblau und Karminrot
- Lachston, gemischt aus Neapelgelb hell, Karminrot und Titanweiß

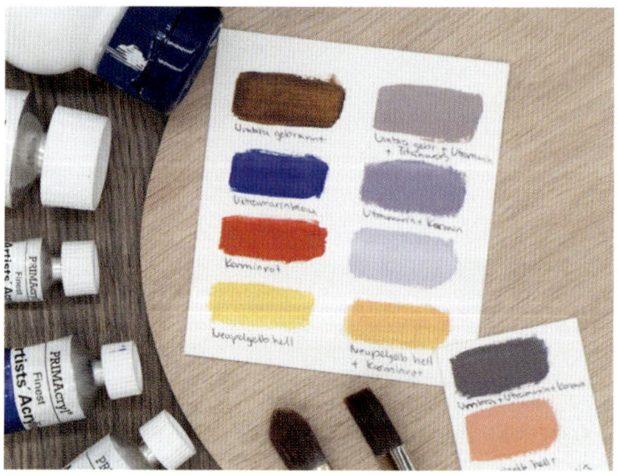

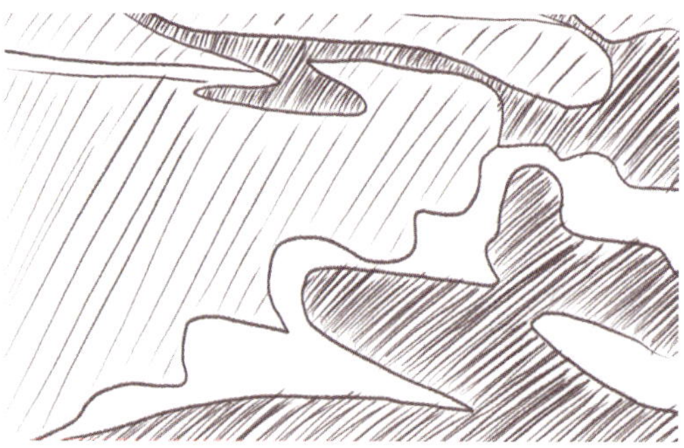

GROBSKIZZE DER HIMMELSSTIMMUNG

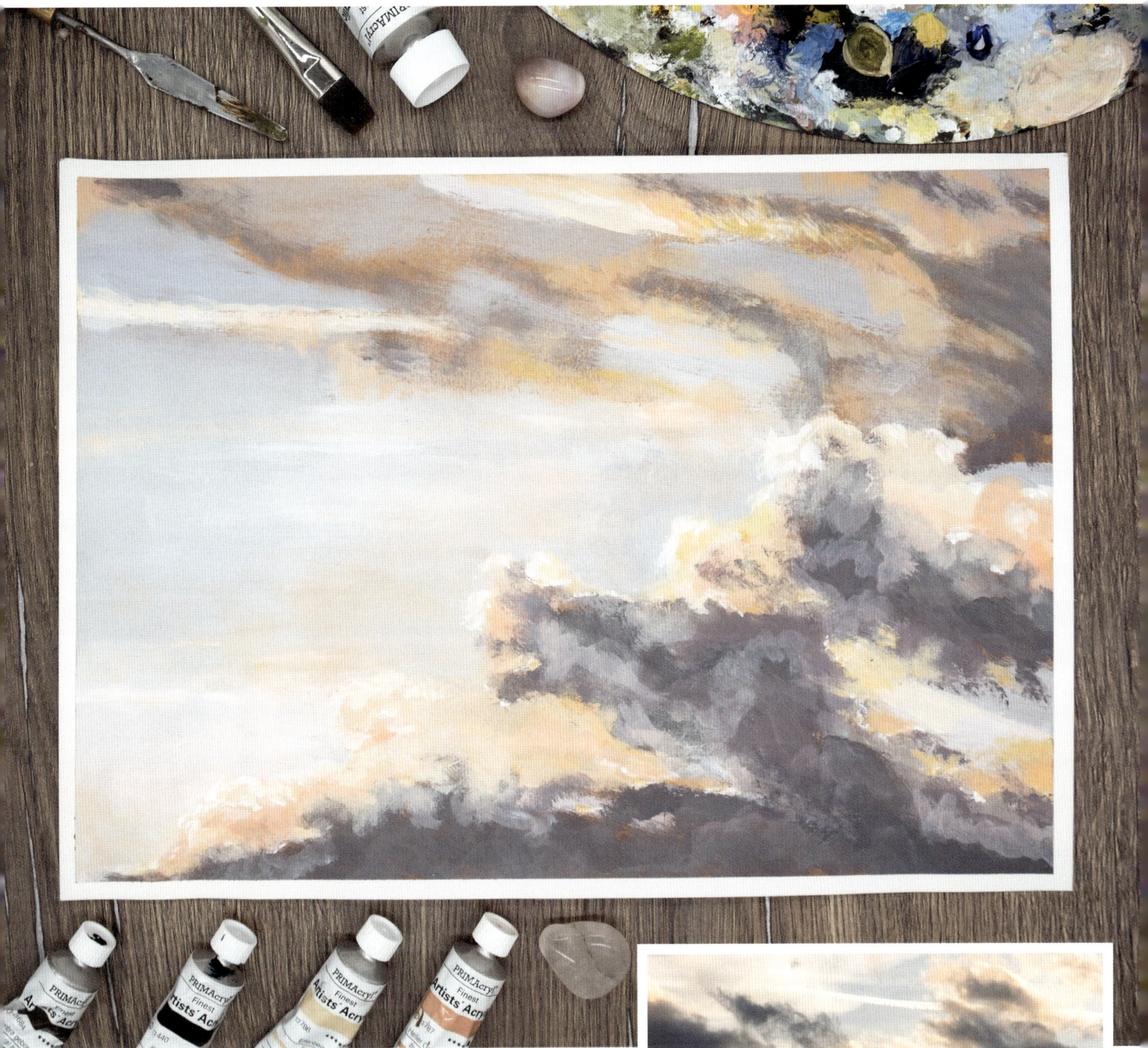

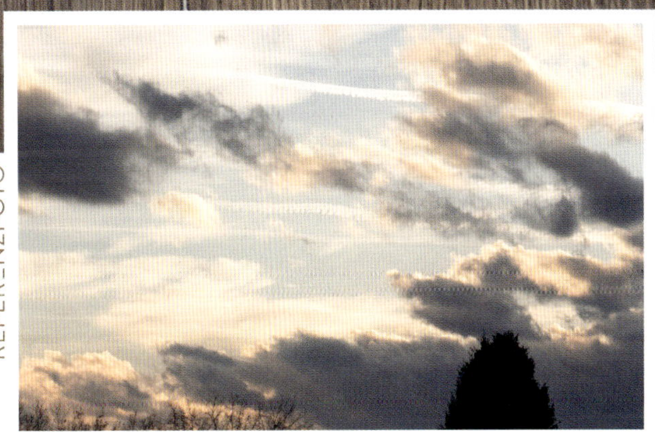

REFERENZFOTO

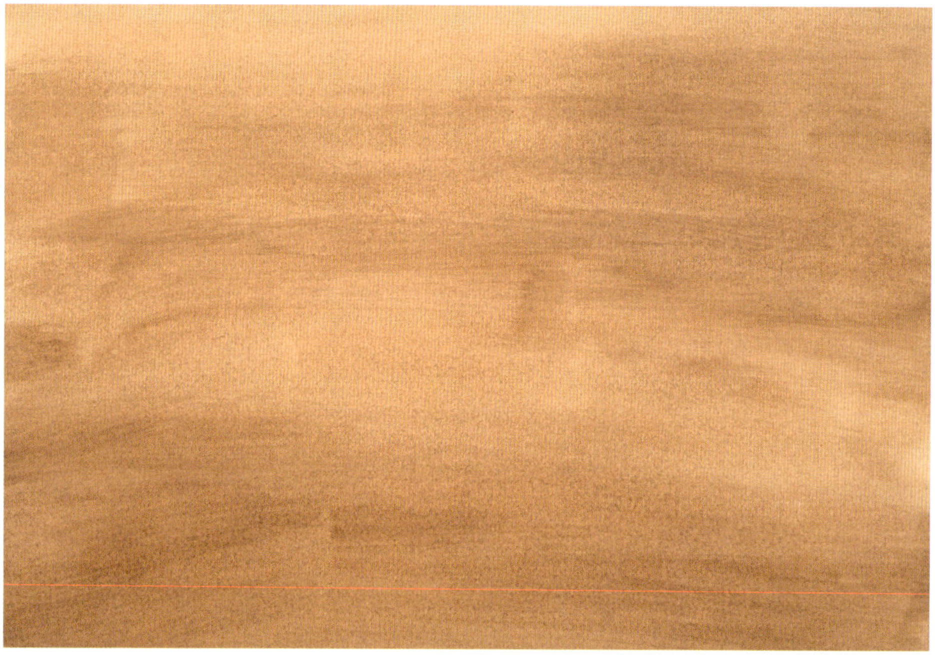

SCHRITT 1:

Starte diesmal mit einer Grundierung in einem warmen Braun (Umbra gebrannt). Das Bild erhält so später einen warmen Unterton und du kannst Farbtöne, die du aufträgst, besser bewerten als auf einem rein weißen Hintergrund.

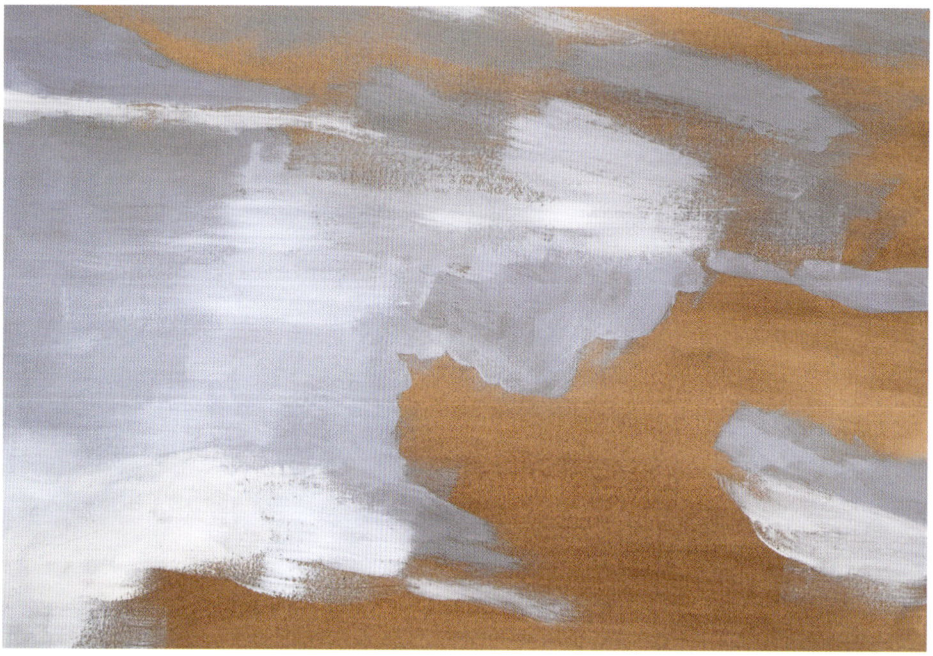

SCHRITT 2:

Beginne anschließend, den Himmel zu malen und spare dabei die Form der Wolken aus. Auf diese Weise kannst du grob die Bildkomposition und die Wolkenform festlegen. Ich orientiere mich bei der Farbgebung und der Wolkenform an meinem Referenzfoto.

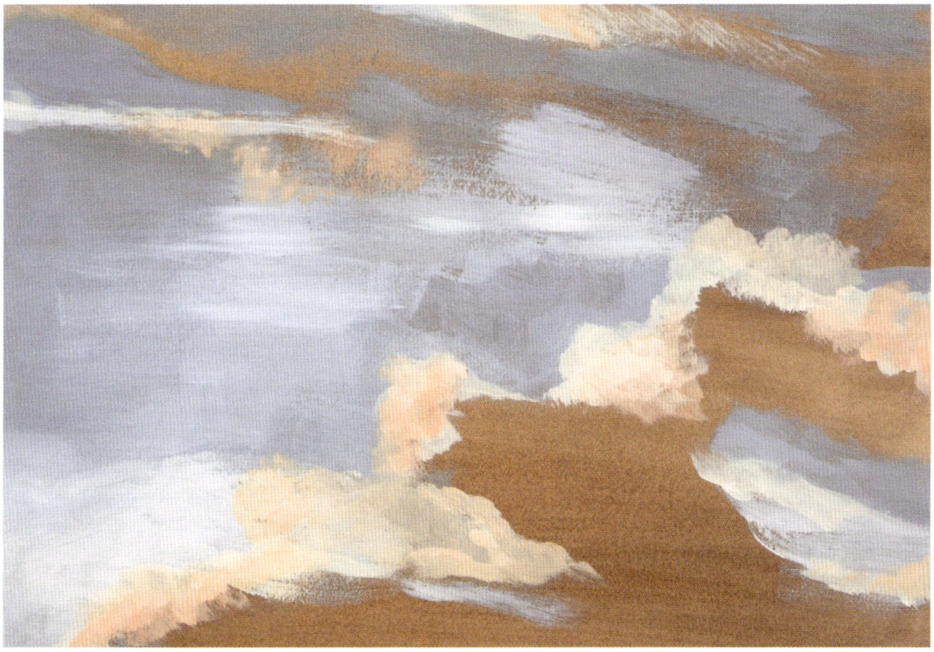

SCHRITT 3:

Arbeite anschließend an den Highlights der Wolken, indem du die Umrisse der Wolken mit einem hellen Ton akzentuierst. Setze hier wieder einen trockenen Katzenzungenpinsel ein.

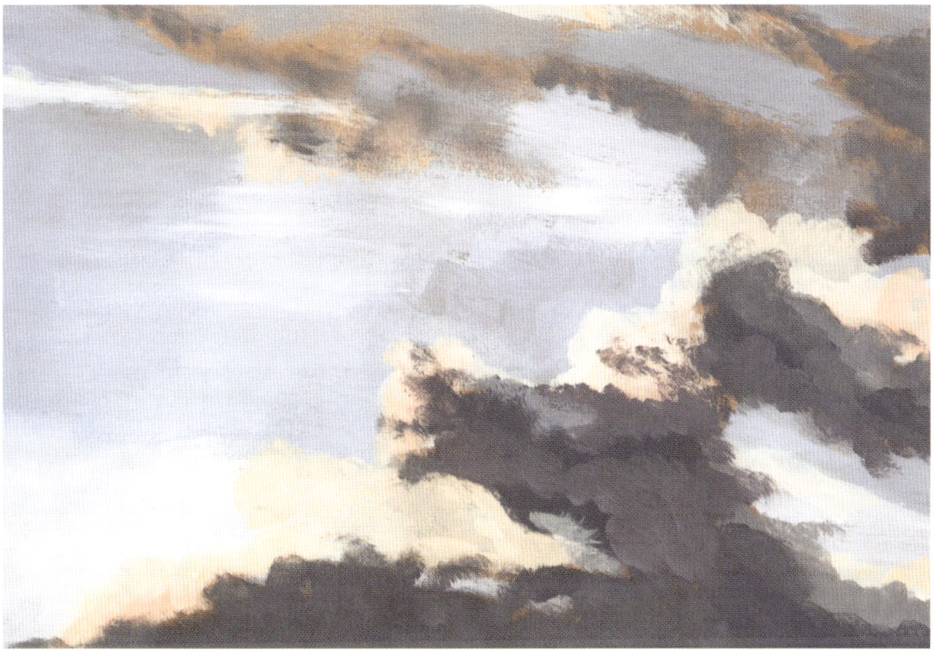

SCHRITT 4:

Male den Bereich der Wolken, der im Schatten liegt, mit deinem Flachpinsel grob vor. Arbeite für den Übergang in den hellen Bereich dann wieder mit dem trockenen Katzenzungenpinsel.

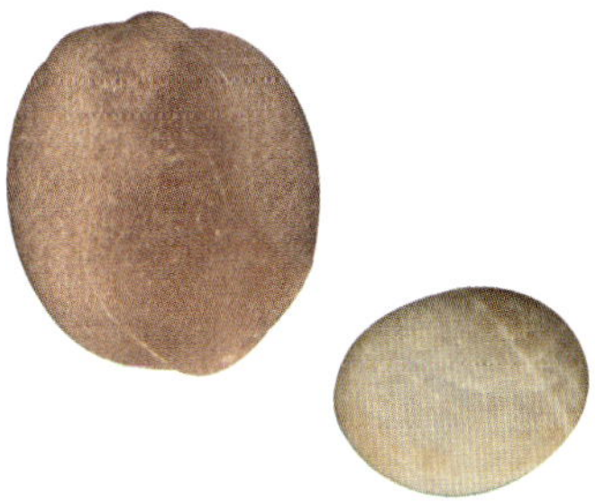

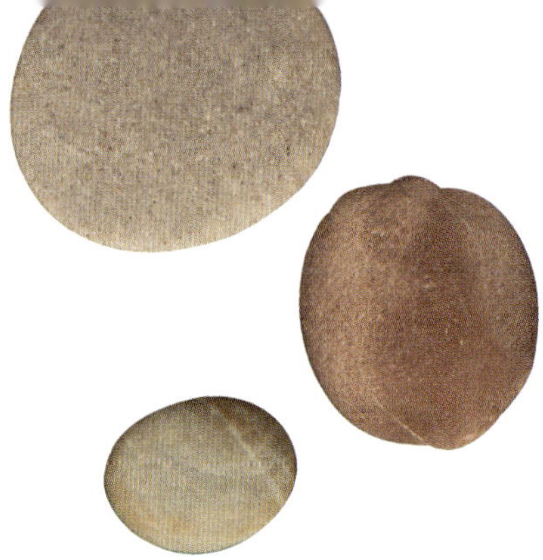

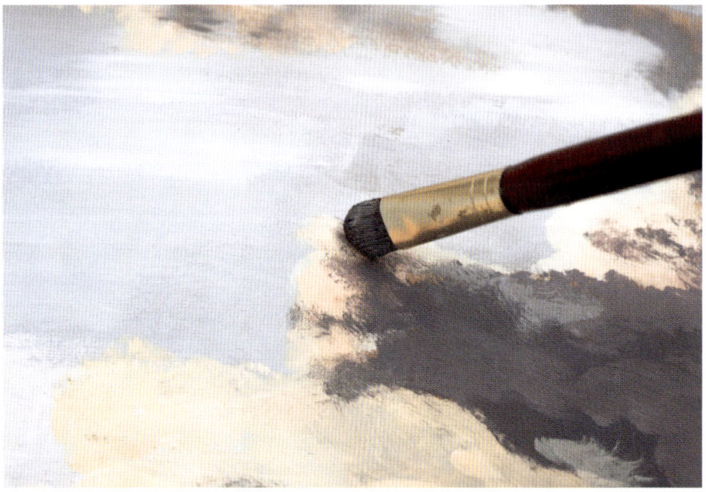

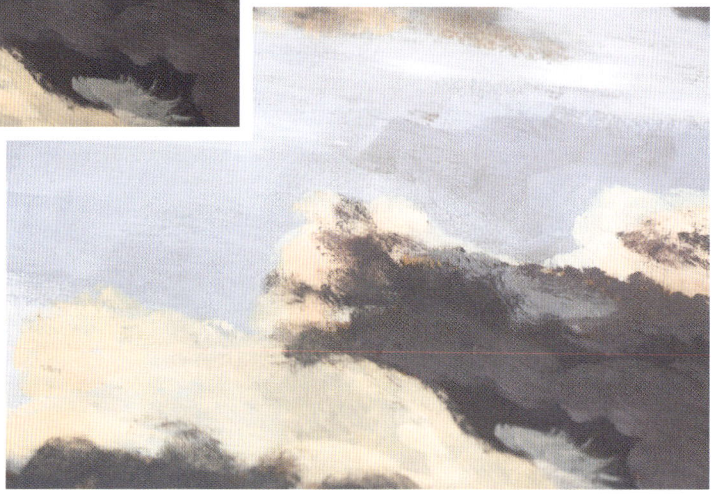

SCHRITT 4, DETAILS:

Wische deinen Katzenzungenpinsel grob an einem trockenen Tuch ab, bevor du etwas von dem dunklen Farbton aufnimmst. Streiche mit dem Pinsel nun sanft in den hellen Bereich der Wolke, sodass ein weicher Übergang entsteht.

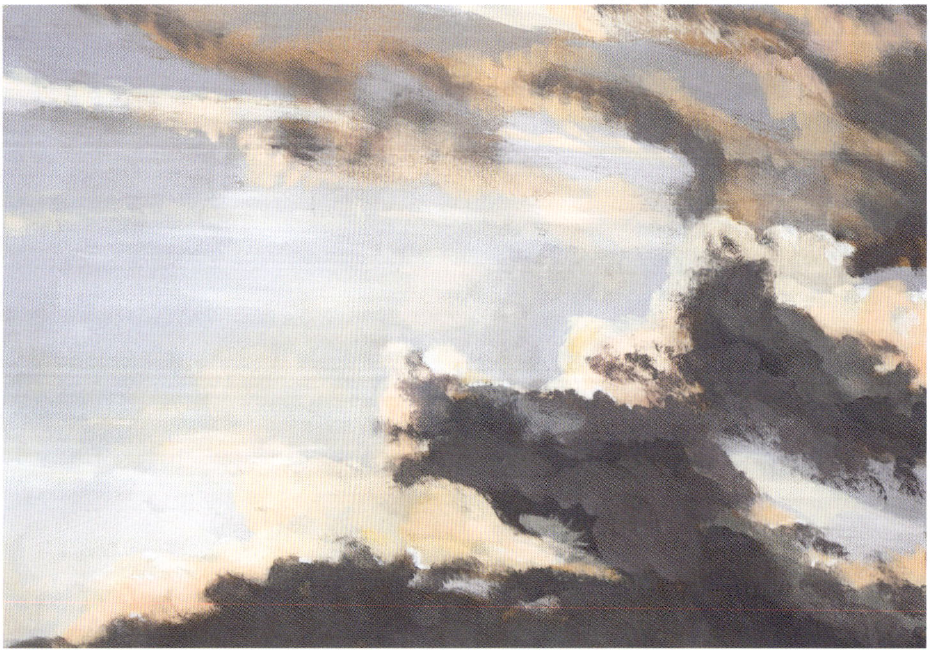

SCHRITT 5:

Nun ist es an der Zeit, die Schleierwolken im Hintergrund etwas mehr herauszuarbeiten. Verwende dazu einen trockenen Katzenzungenpinsel und ganz wenig von dem hellen Lachston. Die Farbe wird sanft auf das Papier gewischt, sodass der Untergrund noch durchscheint.

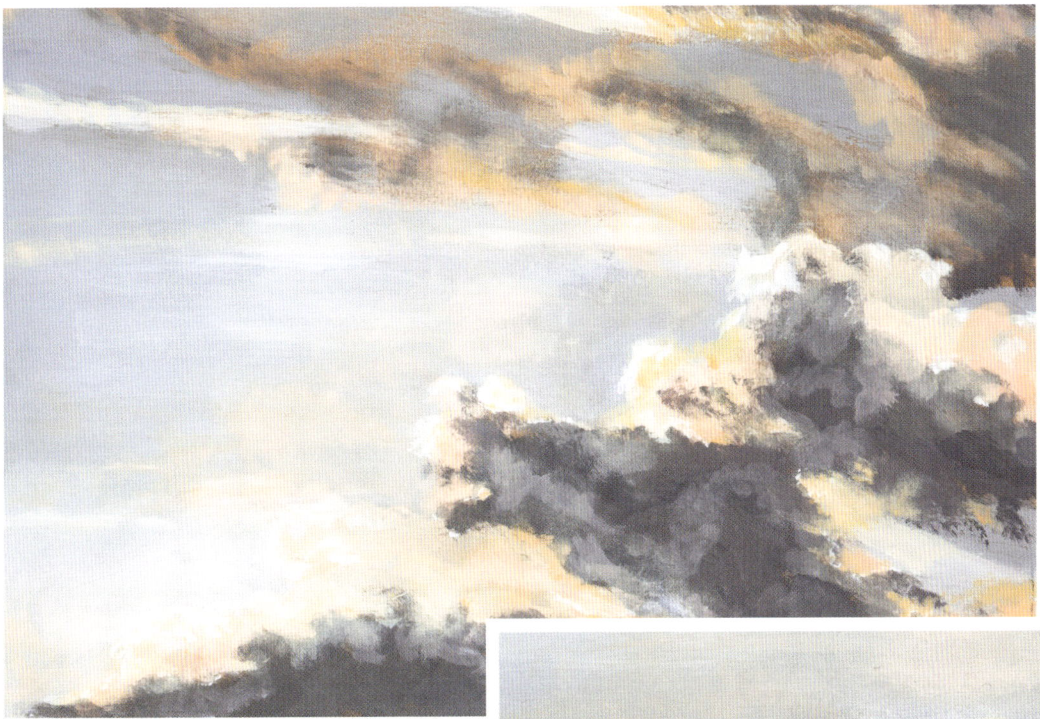

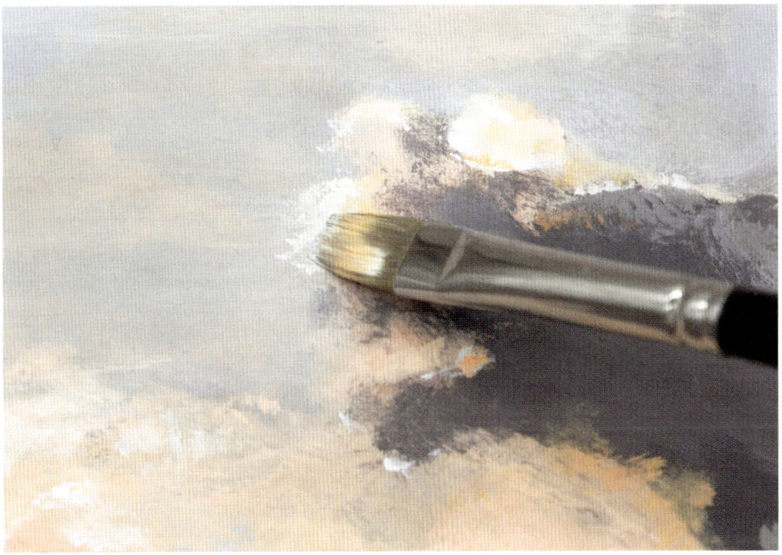

SCHRITT 6:

Zum Schluss arbeitest du noch Details heraus, indem du die direkt von der Sonne beleuchteten Bereiche mit Titanweiß und den Kanten eines Flachpinsels hervorhebst. Lasse die Bereiche, die im Schatten liegen, mit einer helleren, violetten Nuance plastischer erscheinen. Trage die Farbe wie in Schritt 5 mit sanften, wischenden Pinselbewegungen auf.

TIPP

Schiebe die Farbe mit einem Flachpinsel bis an die Kante der Wolke, um ihr einen prägnanten Abschluss am Wolkenbogen zu geben, welcher als Lichtfleck dient.

Wolken-STUDIEN

WOLKEN SIND SCHÖNE STUDIENOBJEKTE, SIE LASSEN SICH AUCH SCHNELL SKIZZIEREN. ÜBE WOLKEN AM BESTEN ANHAND VON REFERENZFOTOS. DIESE VIER WOLKENSKIZZEN SIND ALLE ALS KURZE STUDIEN MIT DEMSELBEN FLACHPINSEL ENTSTANDEN.

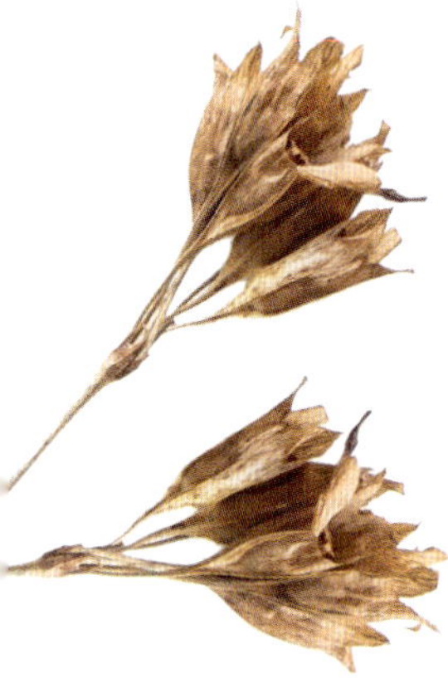

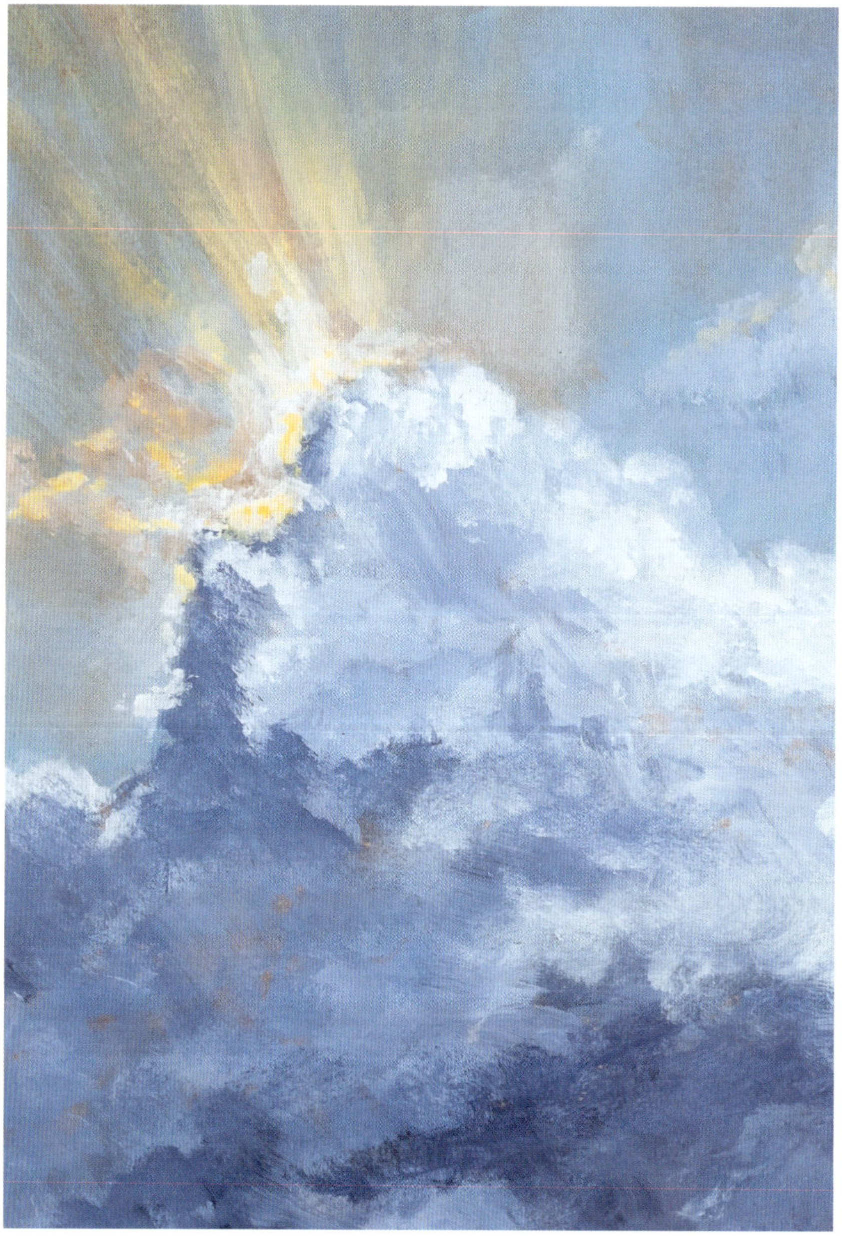

TIPP

Mache immer dann, wenn dir etwas besonders auffällt oder dich etwas inspiriert, Fotos mit deinem Smartphone oder einer Kamera. Die Fotos kannst du später als Vorlagen für deine Motive verwenden.

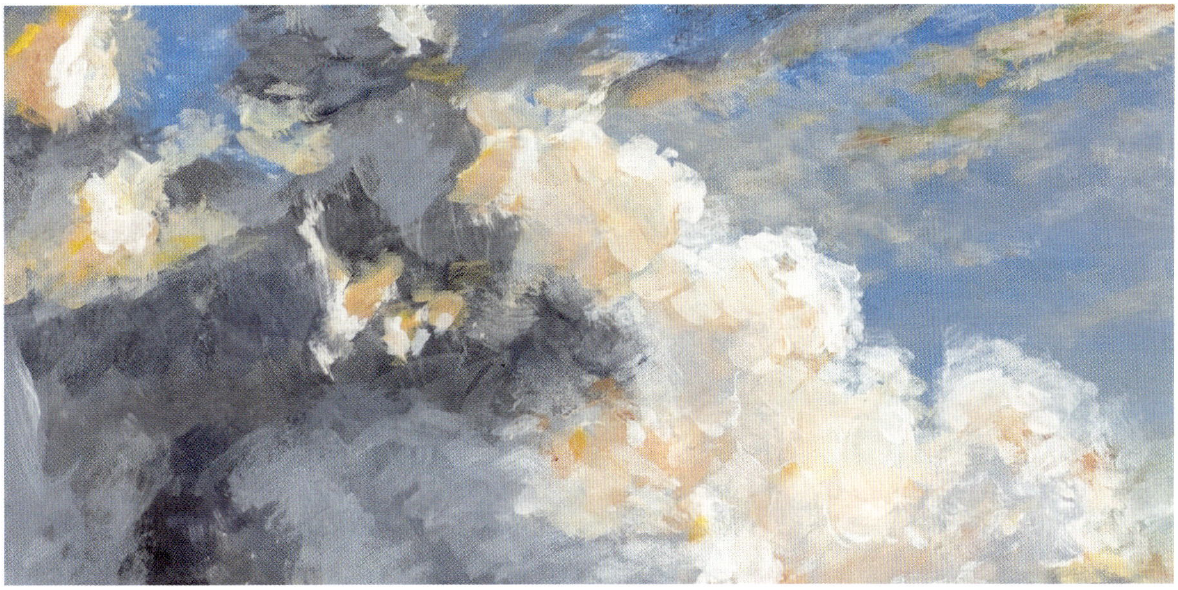

HOW TO:

Blüten, Gräser, Wiese

Nachdem du nun weißt, wie du das Thema Himmel & Wolken angehen kannst, sind nun die Wiesen dran. Wenn du diese beiden elementaren Motive der Landschaftsmalerei draufhast, lassen sich schon einige schöne Bilder kreieren. Nicht immer brauchst du einen Himmel dazu: Es gibt auch Bilder, die nur aus einer Wiesenstruktur bestehen, wie das Beispiel auf Seite 62 zeigt.

Auf den folgenden Seiten wirst du einige neue Pinsel sowie deren Einsatzgebiet und Vielseitigkeit kennenlernen. Bei Wiesen und Gräsern geht es vor allem darum, Strukturen aufzubauen und durch Überlagerung Tiefe in das Bild zu bringen, um es interessant wirken zu lassen.

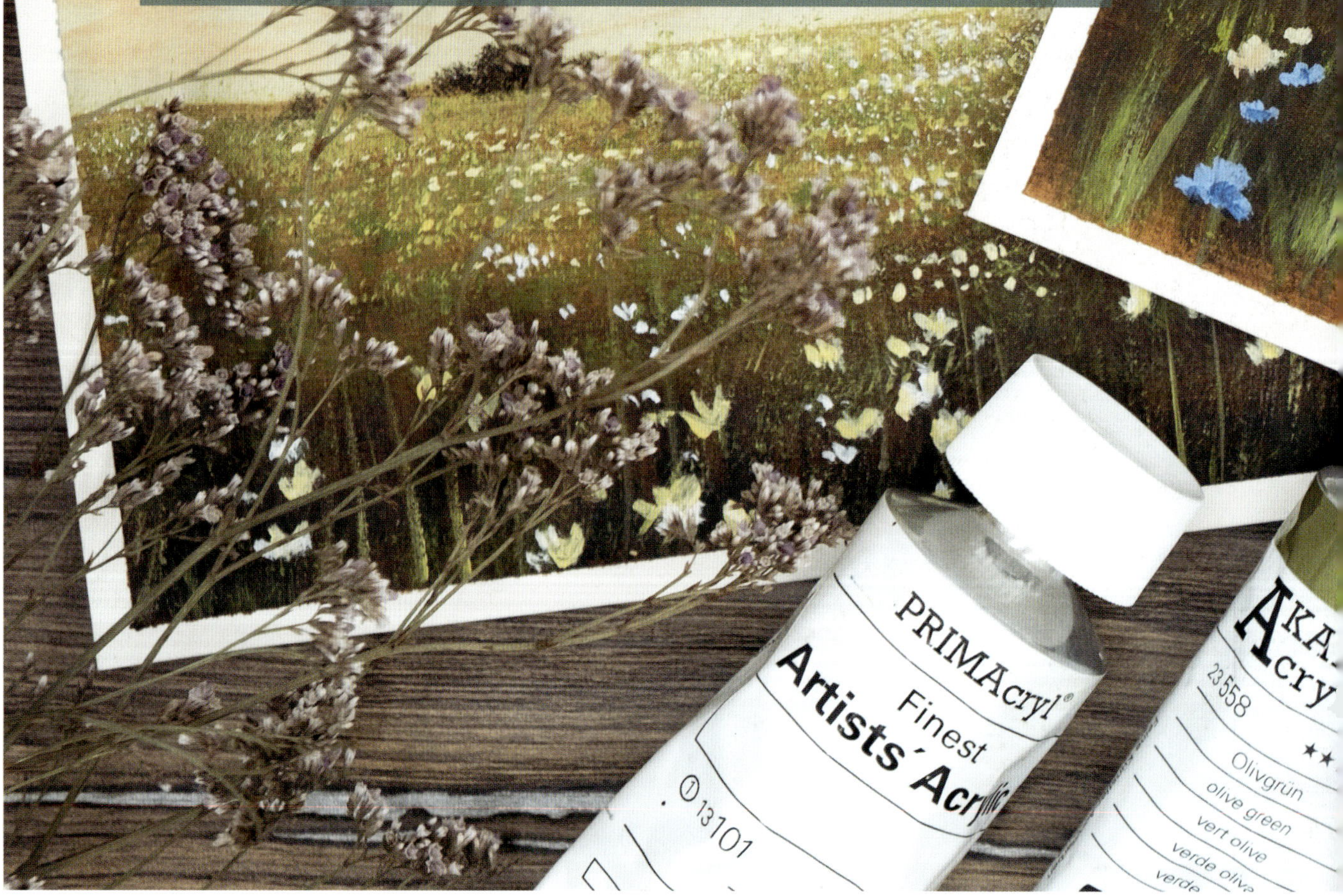

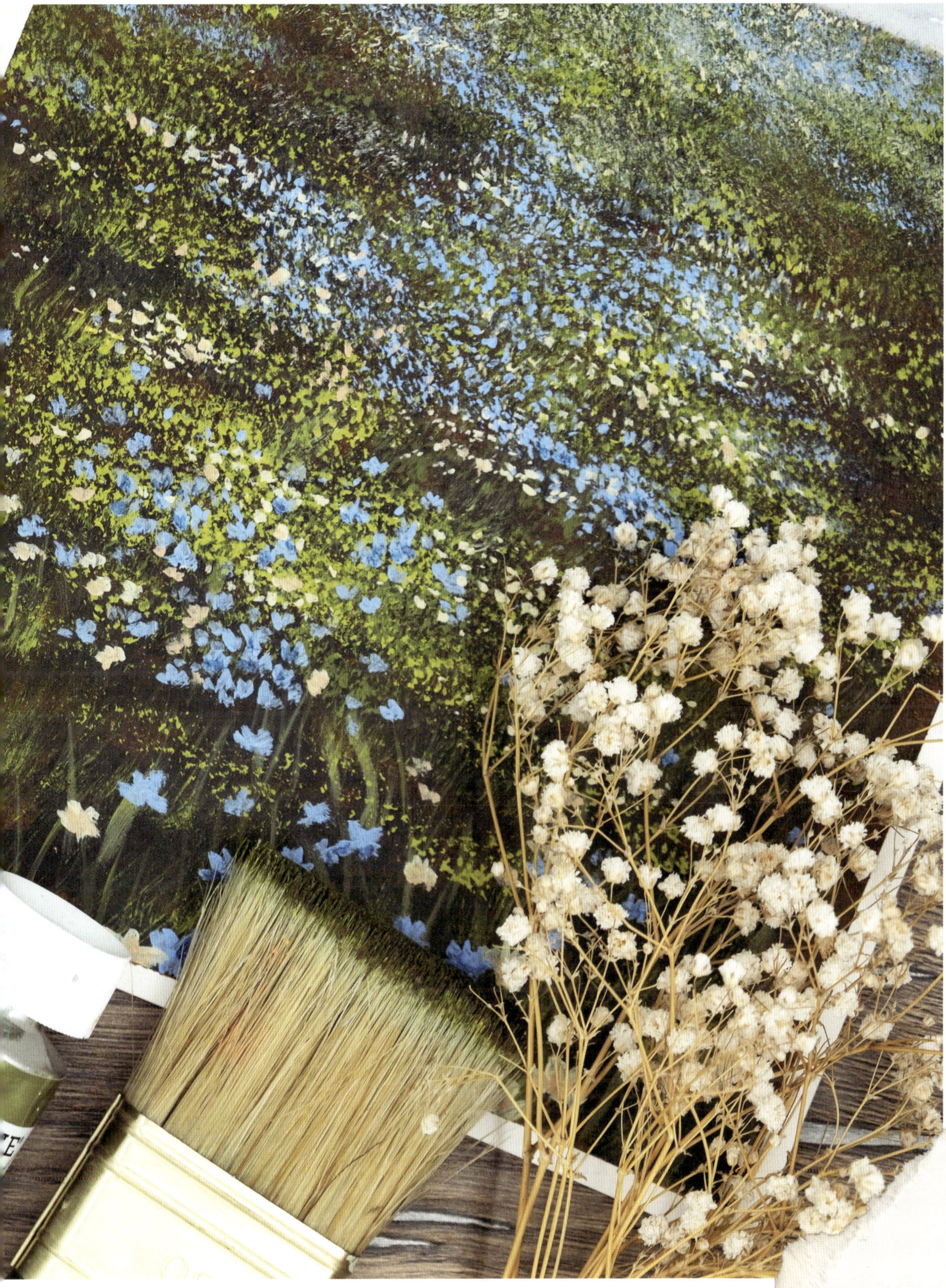

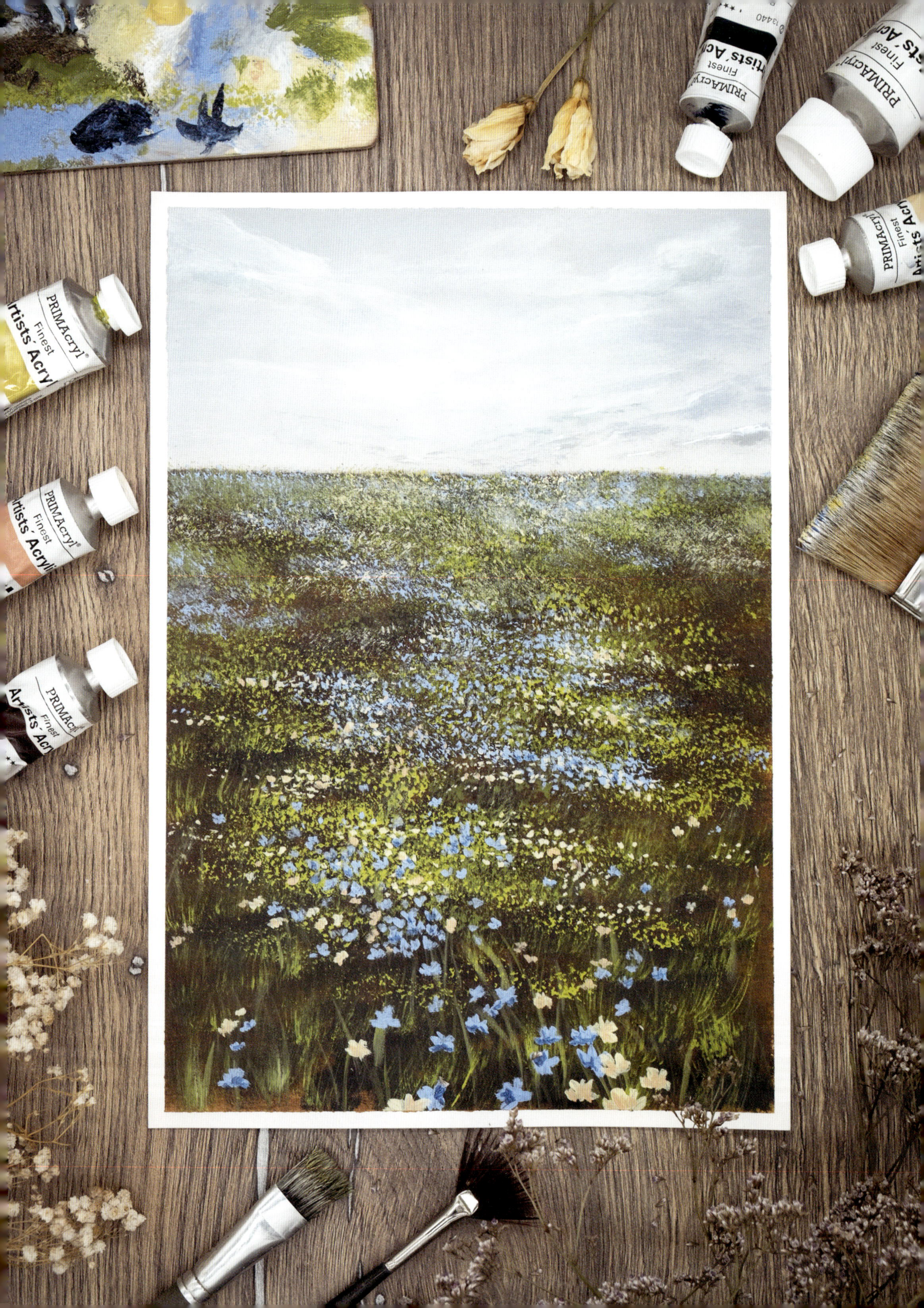
PRIMAcryl
Finest

Blumenwiese mit SCHLEIERWOLKEN

STARTEN WIR MIT EINER BLUMENWIESE, DIE DEN GROSSTEIL DES BILDES EINNIMMT UND DAMIT DAS HAUPTMOTIV IST. HIER SIND SICH ÜBERLAGERNDE FARBEN UND STRUKTUREN BESONDERS WICHTIG UND MACHEN DIE WIESE ERST RICHTIG INTERESSANT.

MATERIAL

PINSEL

- Borstenpinsel Größe 50, 16
- Fächerpinsel Größe 1
- Abgeschrägter Flachpinsel Größe 4
- Katzenzungenpinsel Größe 12
- Rundpinsel Größe 2
- Flachpinsel Größe 16

FARBEN

- Umbra gebrannt
- Preußischblau
- Karminrot
- Neapelgelb dunkel
- Olivgrün; alternativ kann der Ton aus Neapelgelb dunkel und Preußischblau gemischt werden
- Elfenbein; alternativ kann der Ton aus Neapelgelb dunkel, einem Hauch Preußischblau und Titanweiß gemischt werden
- Titanweiß
- Mischweiß

MISCHFARBEN

- „Schwarz“, gemischt aus Umbra gebrannt und Preußischblau
- Helles Blau, gemischt aus Preußischblau und Titanweiß
- Dunkles Grün, gemischt aus Olivgrün und Preußischblau
- Helles Grün, gemischt aus Olivgrün und Neapelgelb dunkel
- Helles Rosa, gemischt aus Elfenbein und Karminrot
- Abgetöntes Blau, gemischt aus Umbra gebrannt, Preußischblau und Titanweiß

Die einzelnen Töne können mit Mischweiß nach Belieben weiter aufgehellt werden.

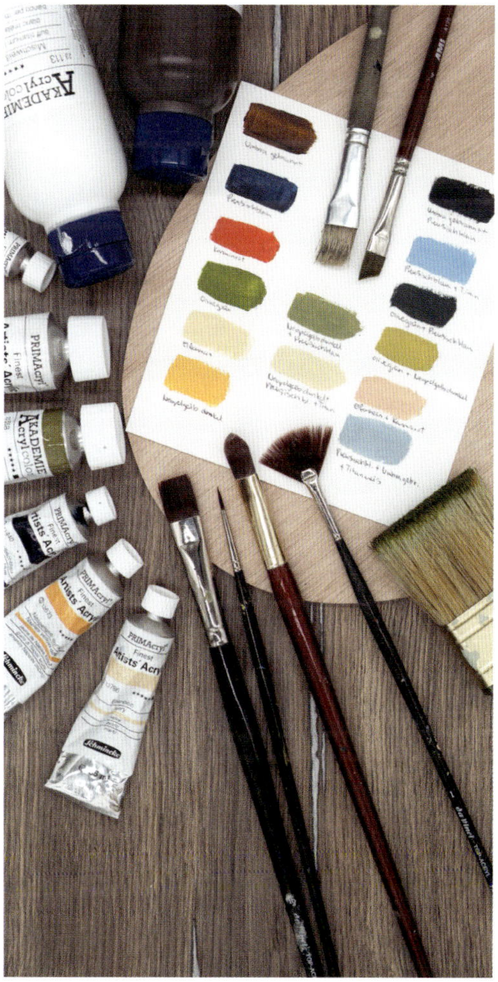

SCHRITT 1:

Grundiere mit dem Flachpinsel etwa Dreiviertel des Malgrunds mit Umbra gebrannt. Das ist die Basis für die Wiese.

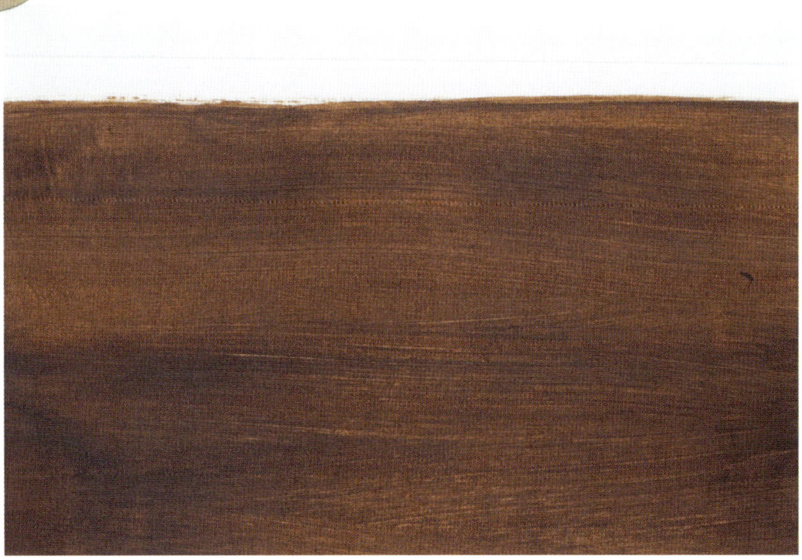

SCHRITT 2:

Male anschließend mit einem abgetönten Blauton aus Umbra gebrannt, Preußischblau und Titanweiß das obere Viertel – dies wird der Himmel.

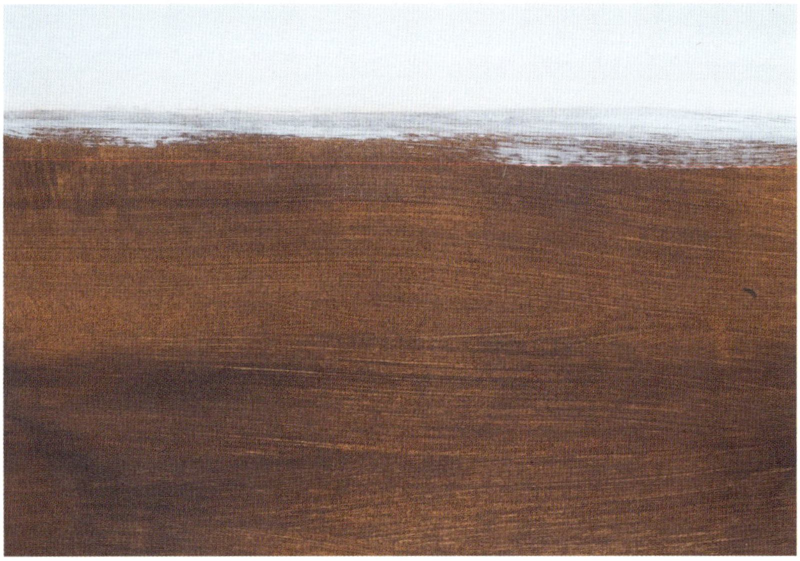

SCHRITT 3:

Tupfe mit einem trockenen Borstenpinsel und dem gemischten Schwarzton aus Umbra gebrannt und Preußischblau die schattigen, dunkleren Areale der Wiese auf den Untergrund.

Gehe dafür mit dem trockenen Pinsel in die unverdünnte Farbe, streife überschüssige Farbe an einem Lappen ab und tupfe anschließend mit dem Pinsel über den Malgrund.

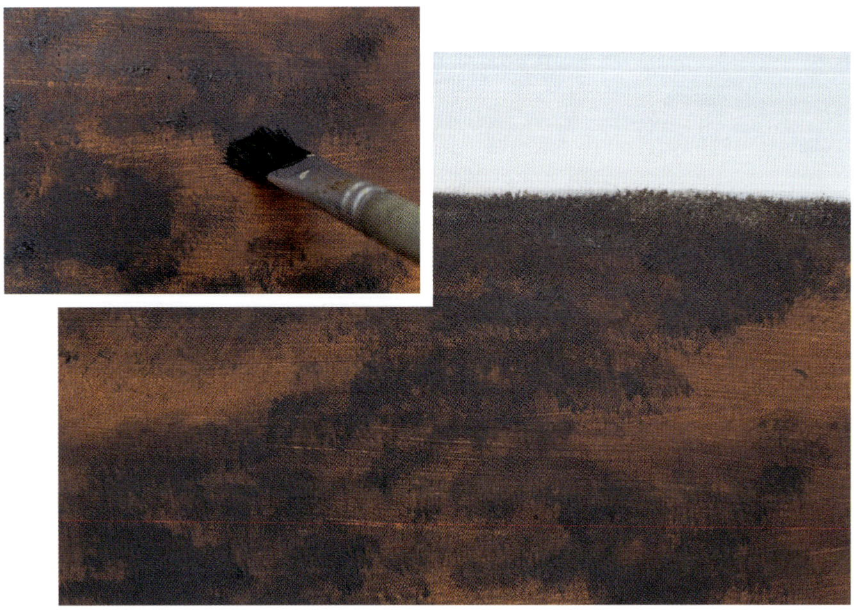

SCHRITT 4:
Wiederhole den vorherigen Schritt mit dem dunklen Grünton und schichte die Farbflächen übereinander, das schafft Räumlichkeit. Male mit Mischweiß und einem trockenen Katzenzungenpinsel Schleierwolken in den Himmel. Intensiviere die Schattenbereiche der Wolken mit einem dunkleren Ton der Farbe, die du bereits für den Himmel benutzt hast.

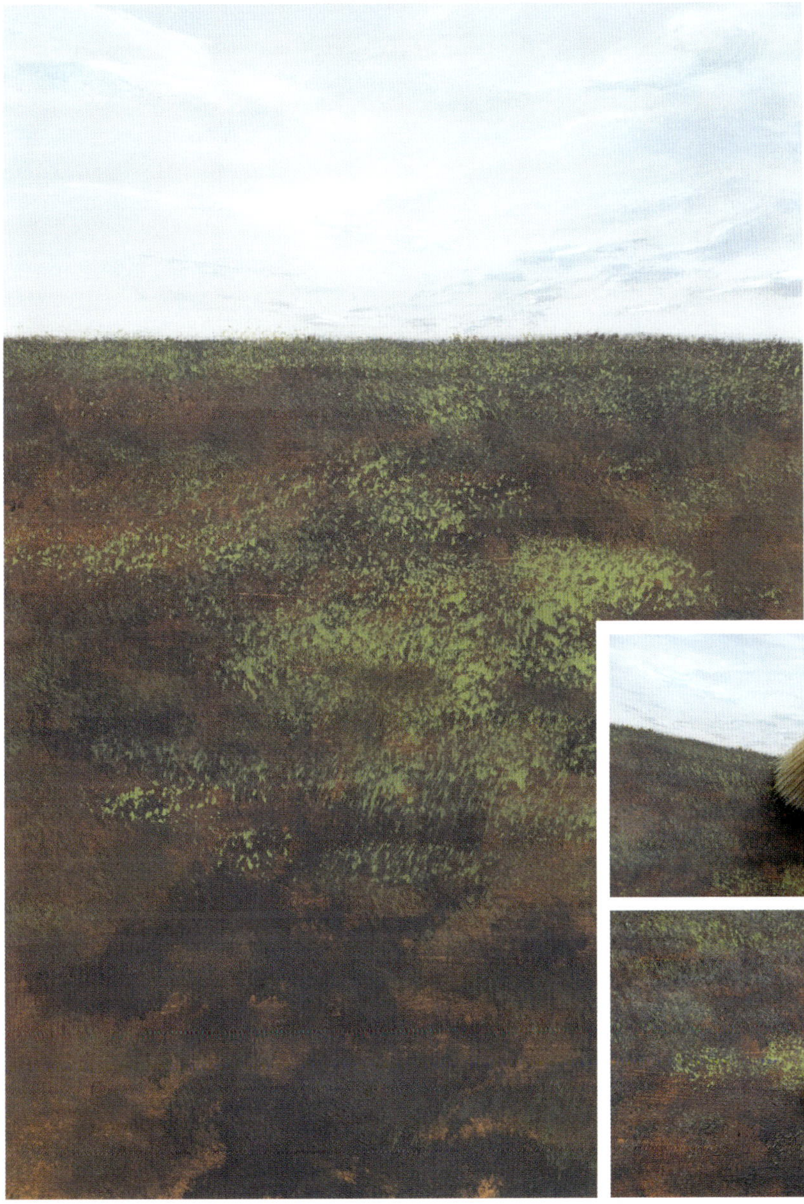

SCHRITT 5:
Nun folgt ein weiterer Farbauftrag mit dem trockenen Borstenpinsel. Verwende diesmal für den hinteren Bereich der Wiese einen sehr großen Borstenpinsel und nimm nur ganz wenig vom olivgrünen Farbton auf.
Mache dir dann die Struktur der Borsten zunutze und tupfe, während du den Pinsel in einem 90-Grad-Winkel zum Malgrund hältst, die Struktur sanft auf.

Setze im mittleren Bereich den kleineren Borstenpinsel ein und verfahre wie in Schritt 2. So entsteht durch die unterschiedlich großen Farbtupfen ein dreidimensionaler Eindruck. Der hintere Teil der Wiese scheint weiter weg zu sein.

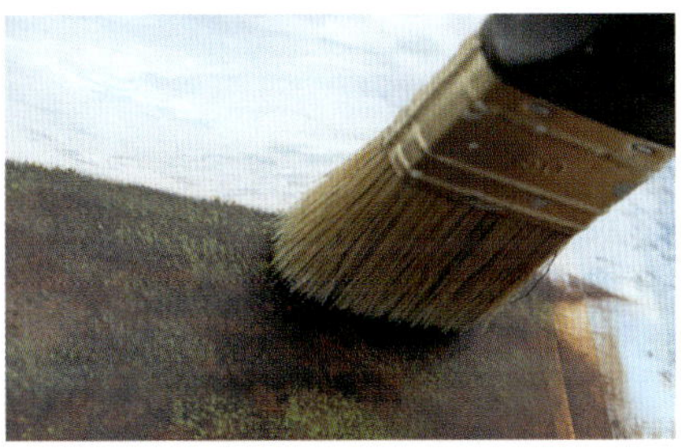

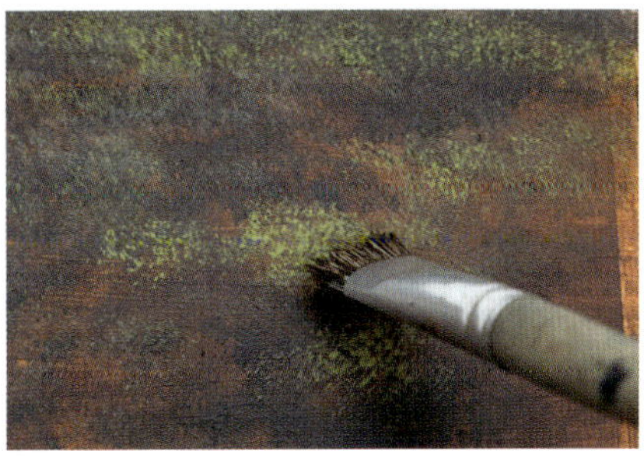

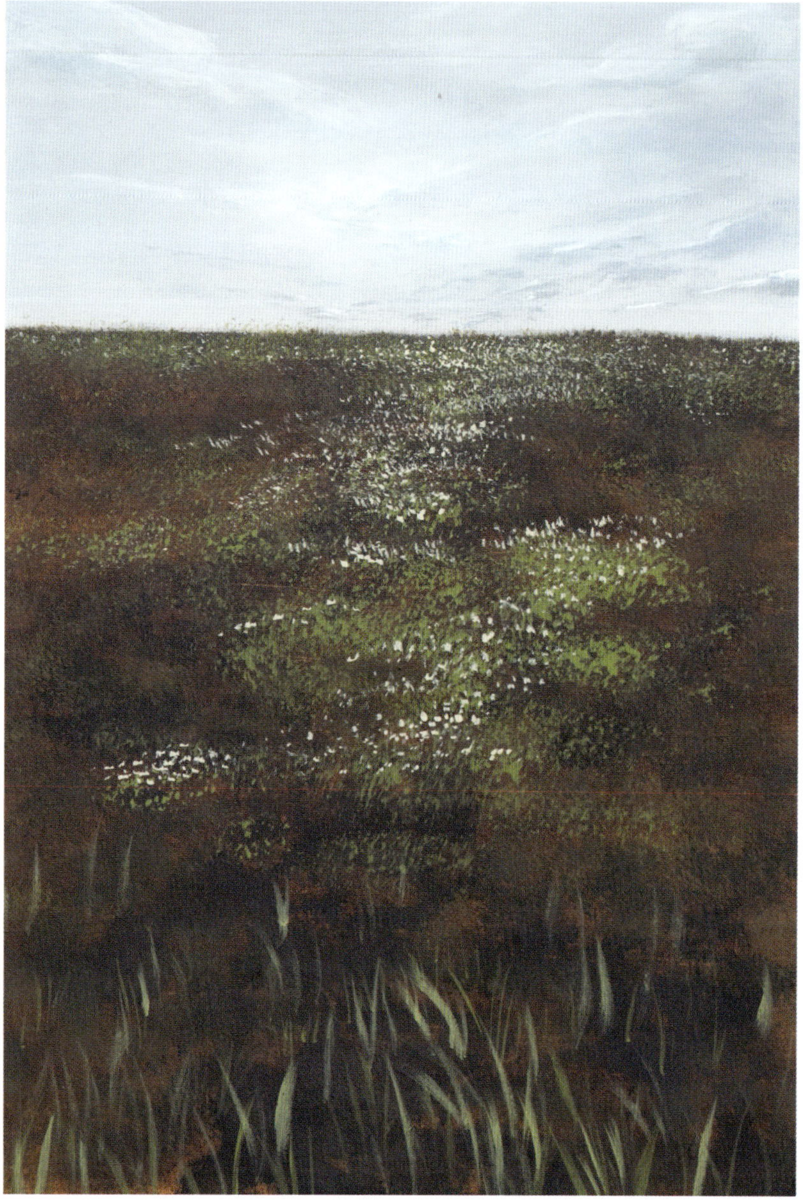

SCHRITT 6:

Nun kommt der Fächerpinsel zum Einsatz. Feuchte ihn an, sodass sich seine Borsten in einzelne Stränge teilen, und nimm mit diesen Strängen den Elfenbeinton auf. Tupfe mit der Farbe dann die hellsten Bereiche des Grases auf die Wiese.

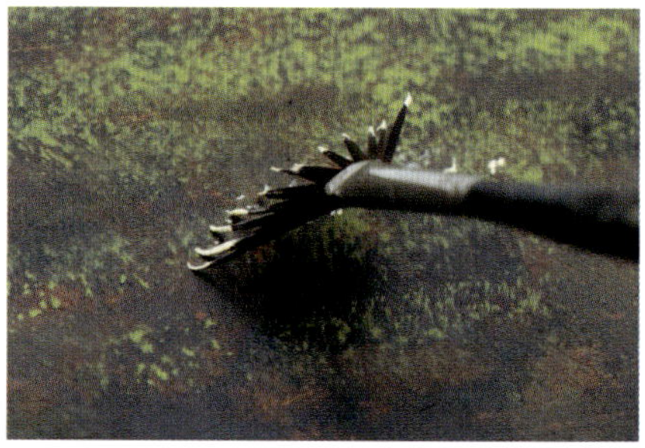

Die Struktur des Pinsels hilft dir dabei, damit die Highlights zufällig und nicht allzu bewusst gesetzt wirken.

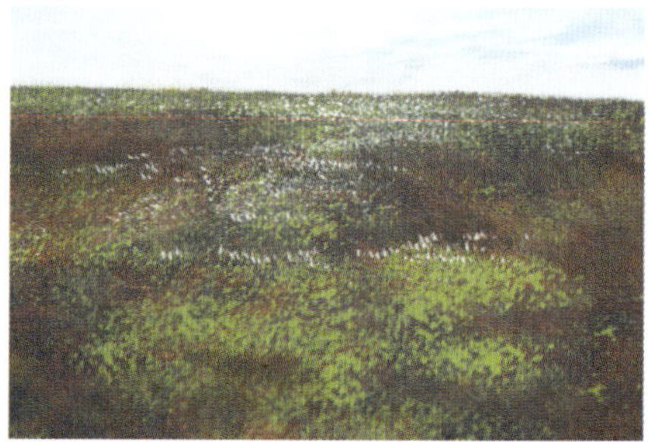

Nimm mit einem Schrägpinsel etwas vom Olivgrün und vom Elfenbeinton auf und male mit flinken Bewegungen einzelne Grashalme in den unteren Teil des Bildes.

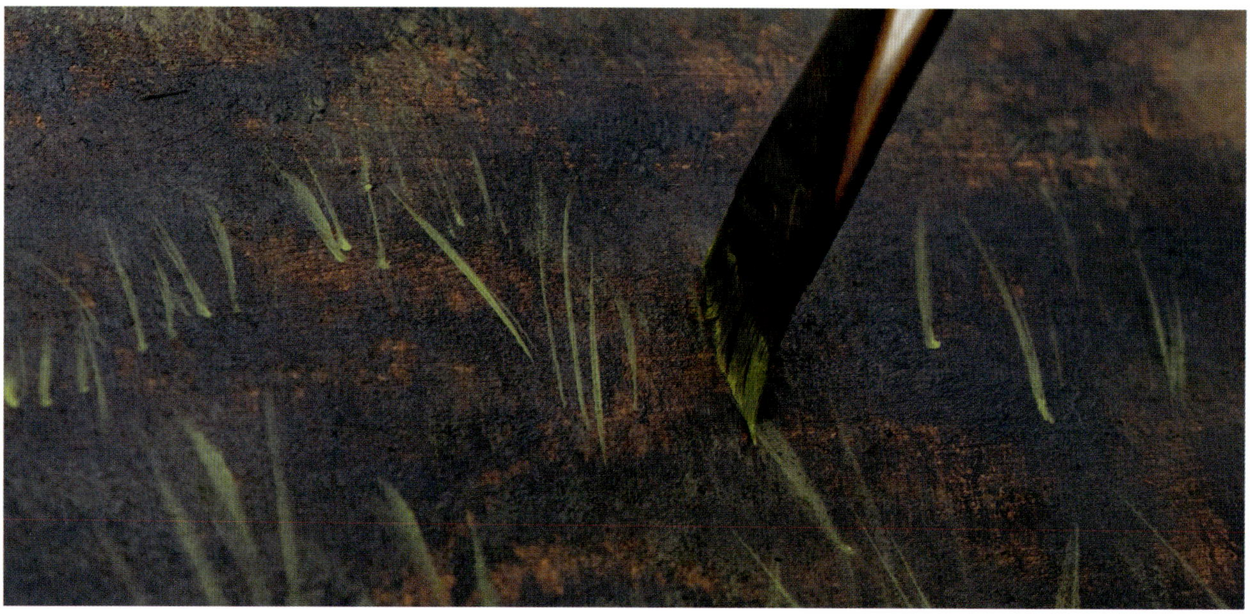

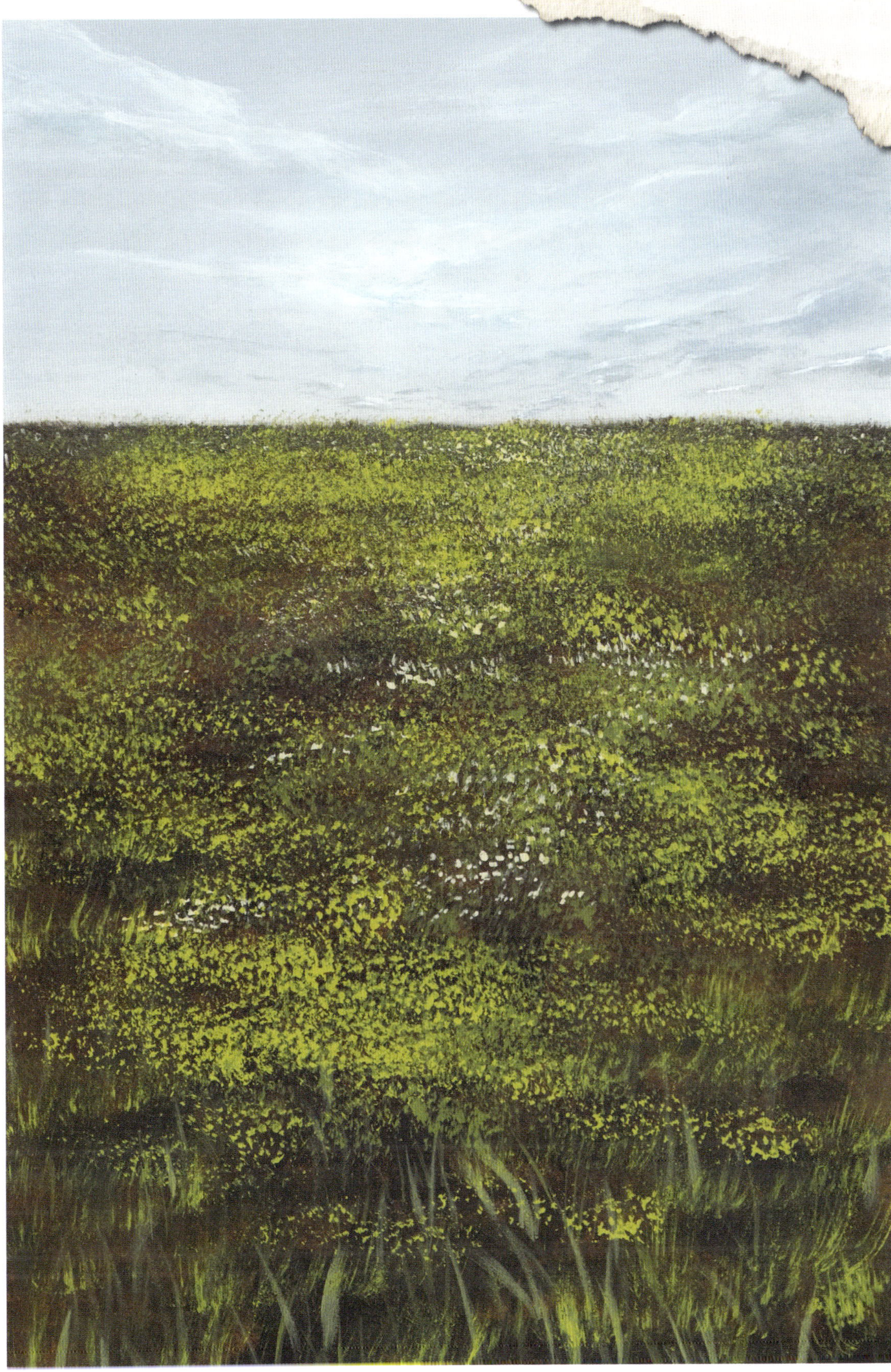

SCHRITT 7:

Wiederhole nun Schritt 4 und 5 mit dem hellen Grünton. Nimm für den unteren Teil des Bildes etwas Farbe auf den trockenen Borstenpinsel Größe 16 auf und wische mit der breiten Seite des Pinsels weitere Grashalme von unten nach oben ins Bild.

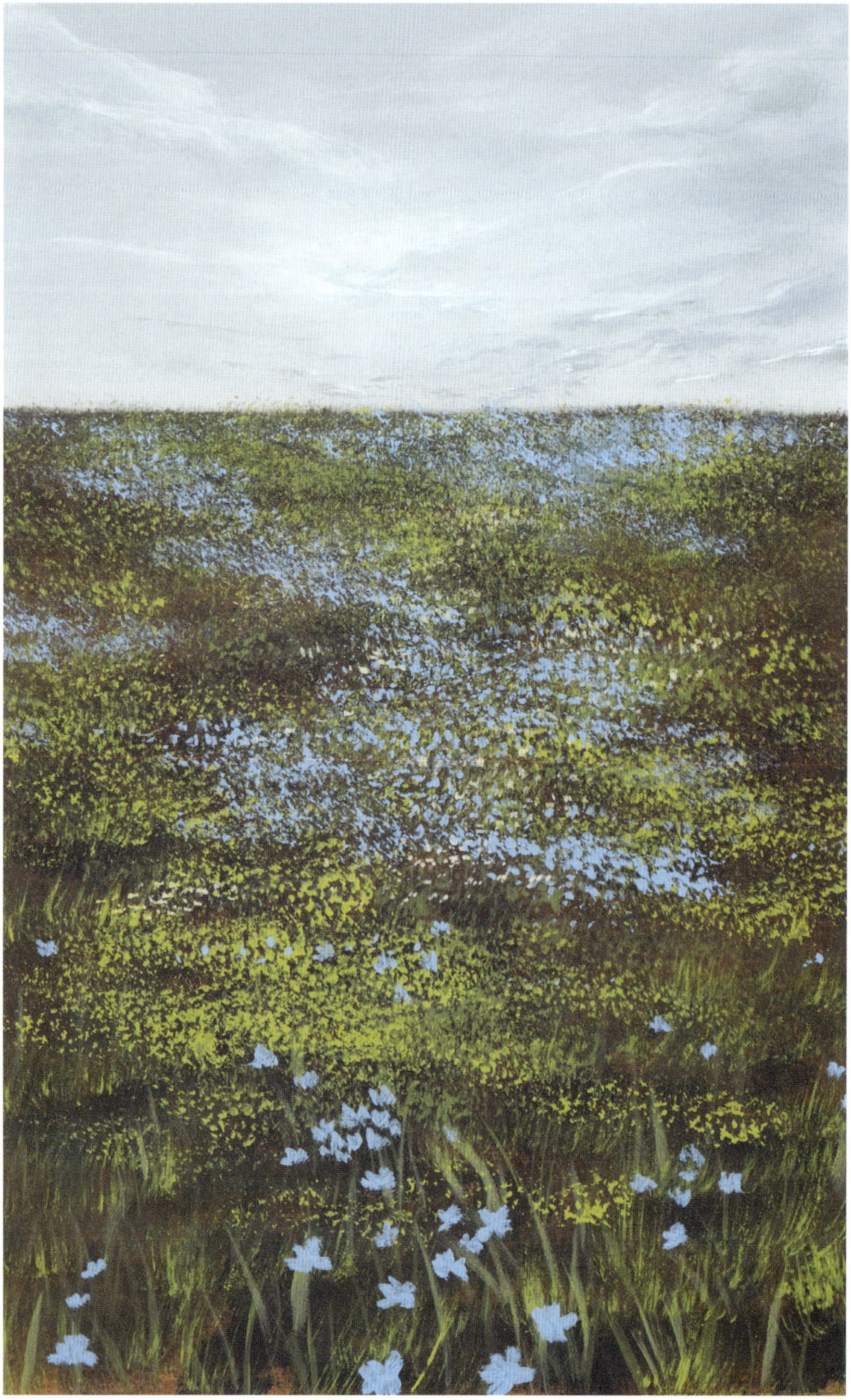

SCHRITT 8:

Jetzt geht es ans Blumenmeer. Gehe hier genauso vor wie in Schritt 4 und 5, aber nutze diesmal einen hellen Blauton. Die Blüten im hinteren Bereich der Wiese erscheinen dichter und kleiner, aber je weiter vorn im Bild sie sind, desto größer und prägnanter werden sie.

Setze für die Blüten im vorderen Bereich einen schmalen Rundpinsel ein und male einzelne, kleine Blütenblätter.

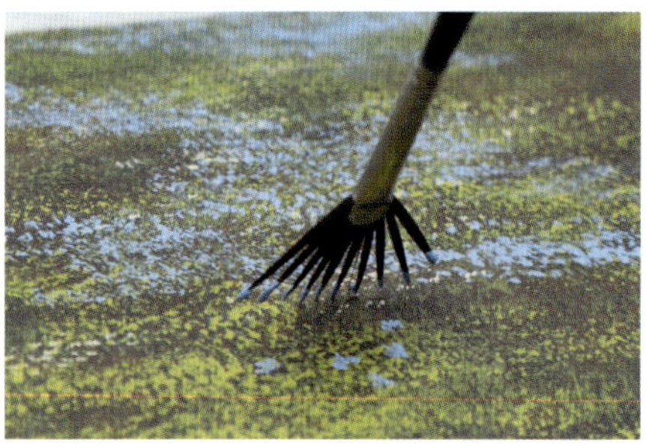

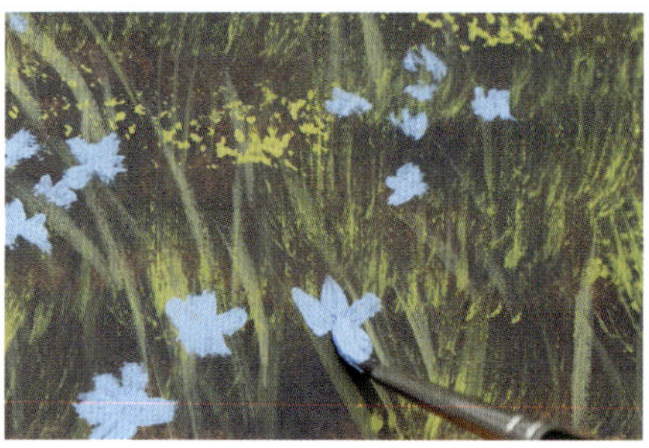

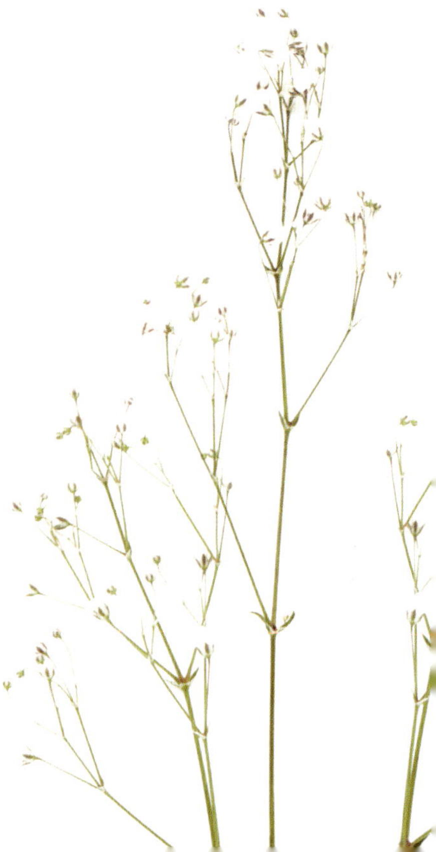

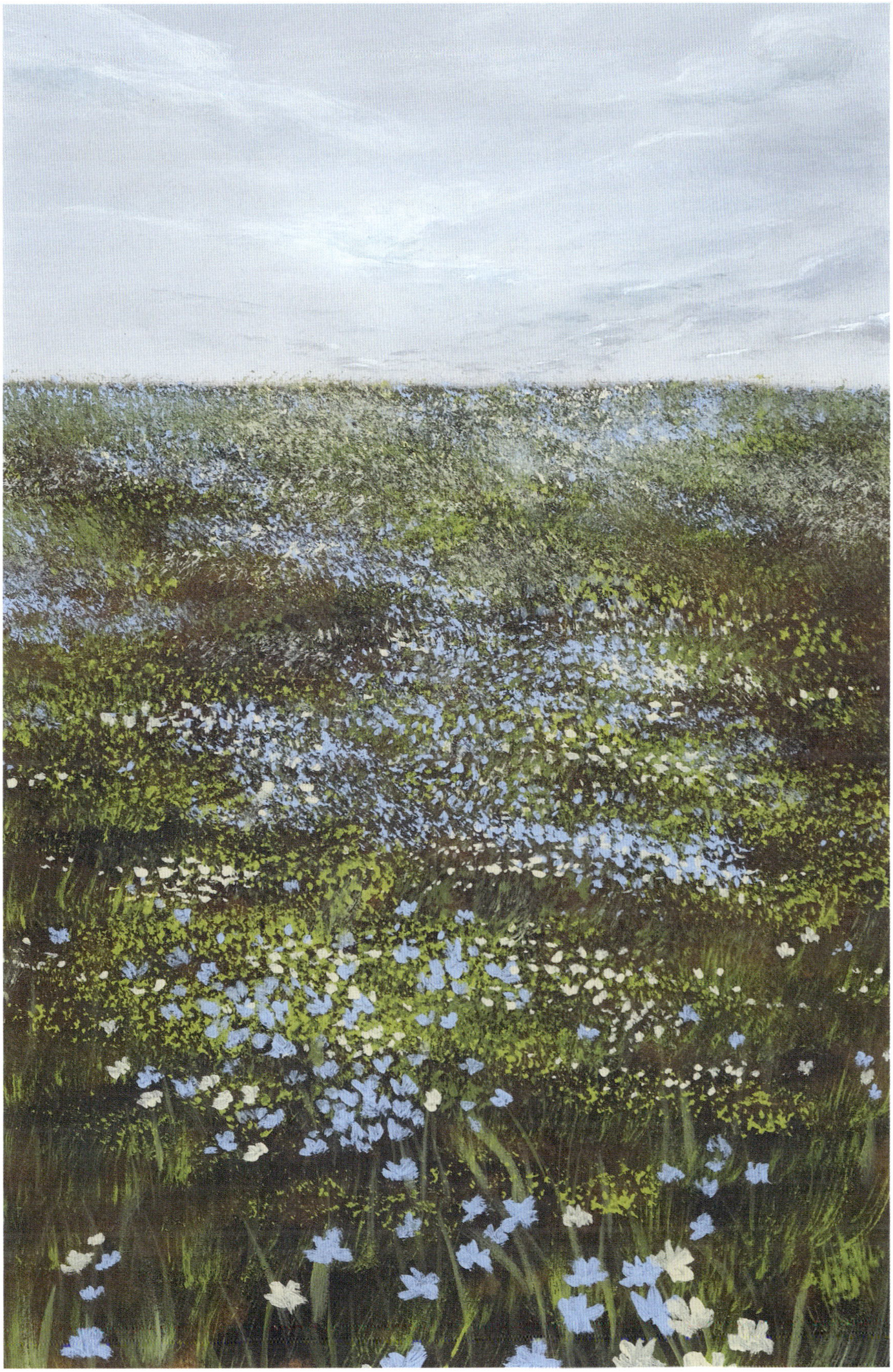

SCHRITT 9:

Wiederhole das Ganze mit dem Elfenbeinton.

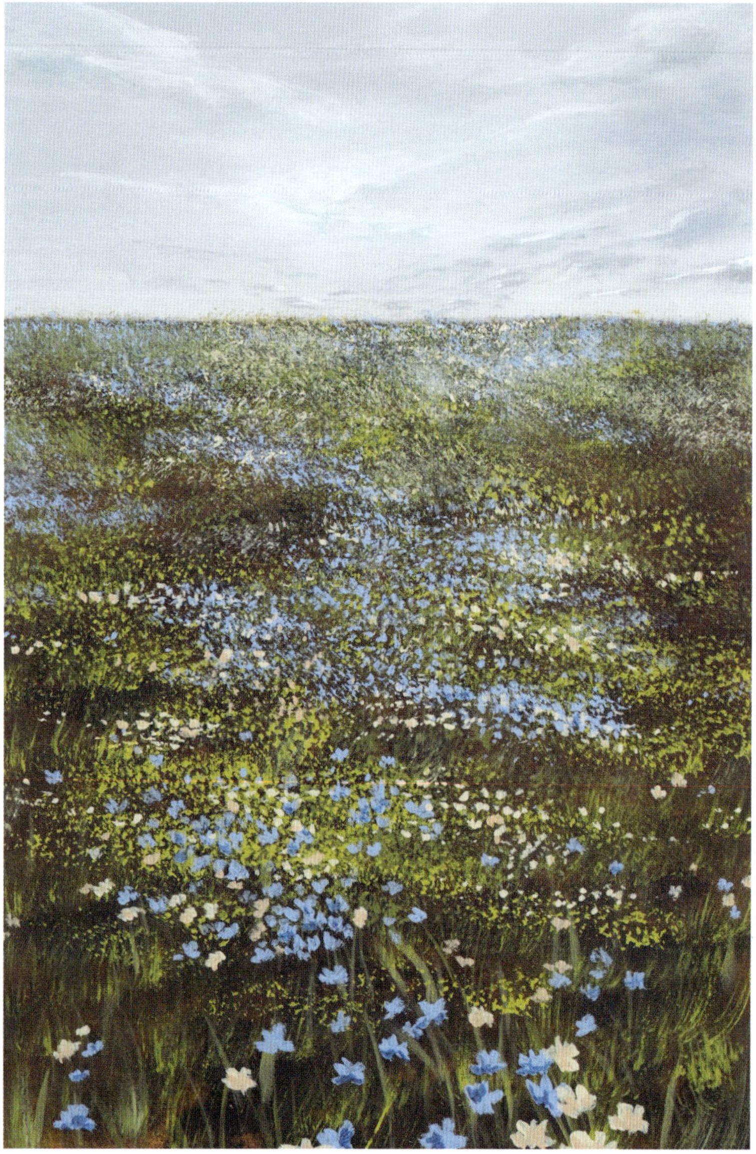

SCHRITT 10:

Intensiviere die Blüten, indem du kleine, dunklere Akzente auf einige Blüten setzt. Verwende Preußischblau für die blauen Blüten und eine Mischung aus Elfenbein und Karminrot für die elfenbeinfarbenen Blumen.

TIPP

Verwende für die Blüten, die deutlich hervortreten sollen, unverdünnte Farbe. Sollen die Blüten etwas in den Hintergrund treten, verdünnst du den Farbton mit Wasser. Diese Mischung trocknet etwas transparenter, dadurch erscheinen die Blüten dunkler.

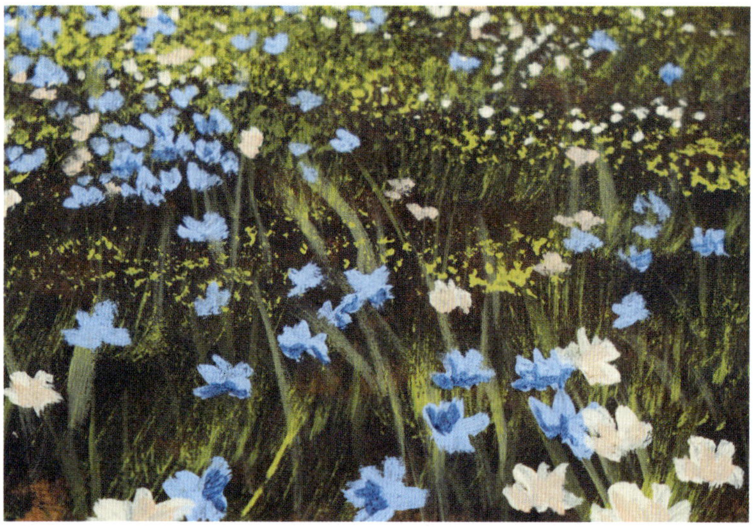

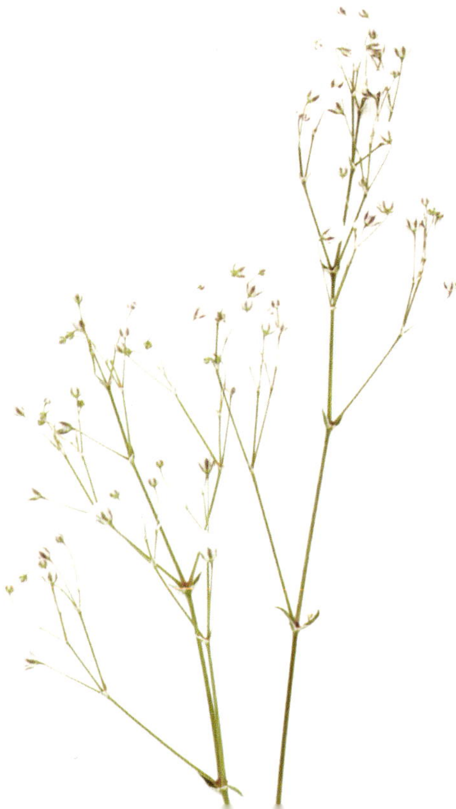

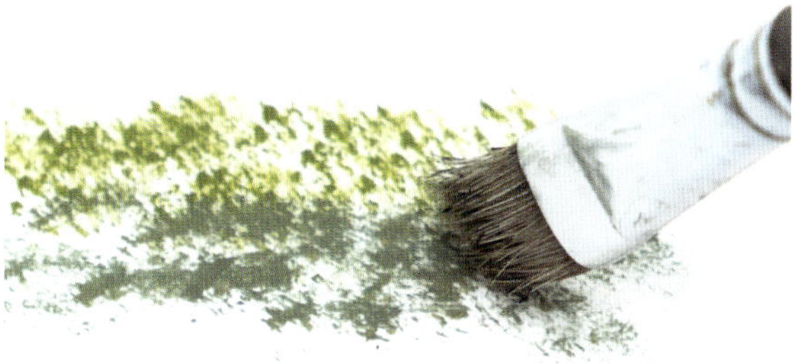

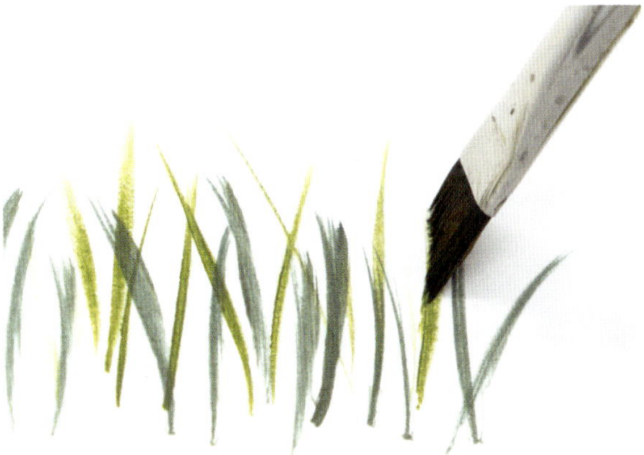

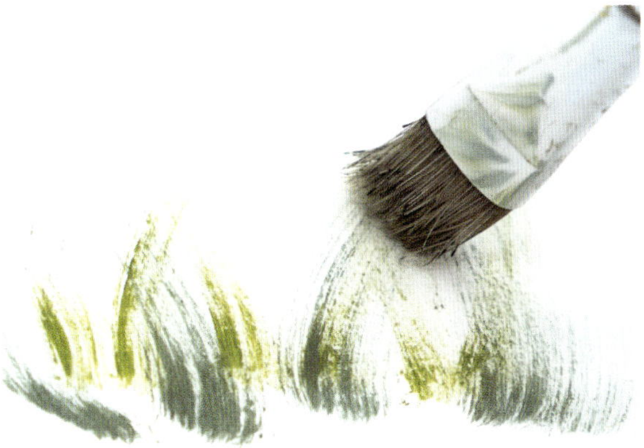

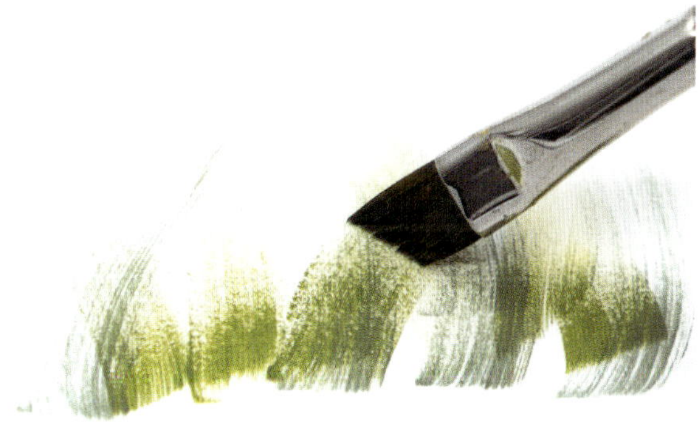

EXKURS: PINSELSTRUKTUR NUTZEN

Du kannst dir die Struktur deiner Pinsel zunutze machen und den Pinsel quasi für dich arbeiten lassen. Statt einzelne Tupfen und Grashalme für eine Wiesenstruktur zu malen, tupfst du mit einem trockenen Borstenpinsel über den Malgrund oder wischst mit der breiten Seite des Pinsels zügig über das Bild. Für diese Technik ist es besser, lieber zu wenig als zu viel Farbe auf dem Pinsel zu haben. Deshalb nach der Farbaufnahme vorsichtshalber nochmal kurz an einem Lappen die überschüssige Farbe abwischen, bevor du loslegst.

Ganz ähnlich funktioniert das Ganze mit dem Schrägpinsel. Die Kante kann man wunderbar nutzen, um dynamische Grashalme zu malen. Oder du wischst für eine andere Grasstruktur die breite Seite wie einen Borstenpinsel über den Malgrund.

TIPP

Ich habe die Erfahrung gemacht, dass sich gerade ältere Pinsel besonders gut für Strukturen jeglicher Art eignen. Gerade bei Borstenpinseln sind die ältesten meine liebsten.

Denke daran: Schichte beim Malen von Wiesen und Gräsern viele Farbnuancen übereinander, auf diese Weise entsteht räumliche Tiefe im Bild.

Je weiter weg die Blüten und Gräser von den Betrachtenden sind, desto dichter erscheinen sie und desto weniger dunklen Untergrund kann man erkennen.

Wiese in ABENDSTIMMUNG

IM GEGENSATZ ZU UNSEREM FLÄCHENDECKENDEN, VORHERIGEN MOTIV KANN DIE WIESE AUCH NUR EINEN KLEINEN TEIL DES BILDES EINNEHMEN. IM FOLGENDEN MOTIV ORDNET SIE SICH HARMONISCH EINEM HIMMEL IN WUNDERVOLLER, FARBENPRÄCHTIGER ABENDSTIMMUNG UNTER.

MATERIAL

PINSEL

- Borstenpinsel Größe 16 • Fächerpinsel Größe 1
- Abgeschrägter Flachpinsel Größe 4 • Katzenzungenpinsel Größe 12 • Dünner Rundpinsel Größe 2
- Flachpinsel Größe 12

FARBEN

- Umbra gebrannt • Preußischblau • Karminrot • Neapelgelb hell
- Olivgrün; alternativ kann der Ton aus Neapelgelb dunkel und Preußischblau gemischt werden • Titanweiß • Mischweiß

MISCHFARBEN

- Violettton, gemischt aus Preußischblau und Karminrot in unterschiedlichen Abstufungen
- Pfirsichton, gemischt aus Neapelgelb hell und Karminrot
- „Schwarz", gemischt aus Umbra gebrannt und Preußischblau
- Dunkles Grün, gemischt aus Olivgrün und Preußischblau
- Helles Gelb, gemischt aus Neapelgelb hell und Titanweiß

Die einzelnen Töne können mit Mischweiß nach Belieben weiter aufgehellt werden.

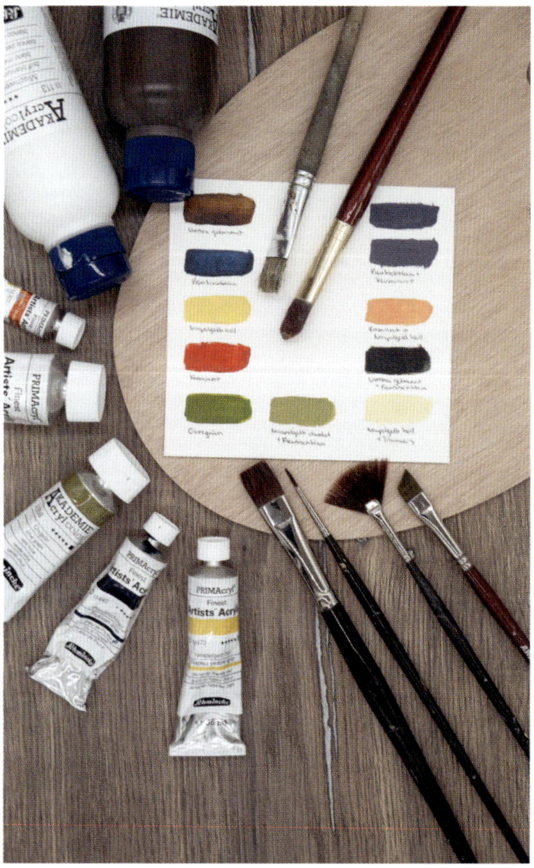

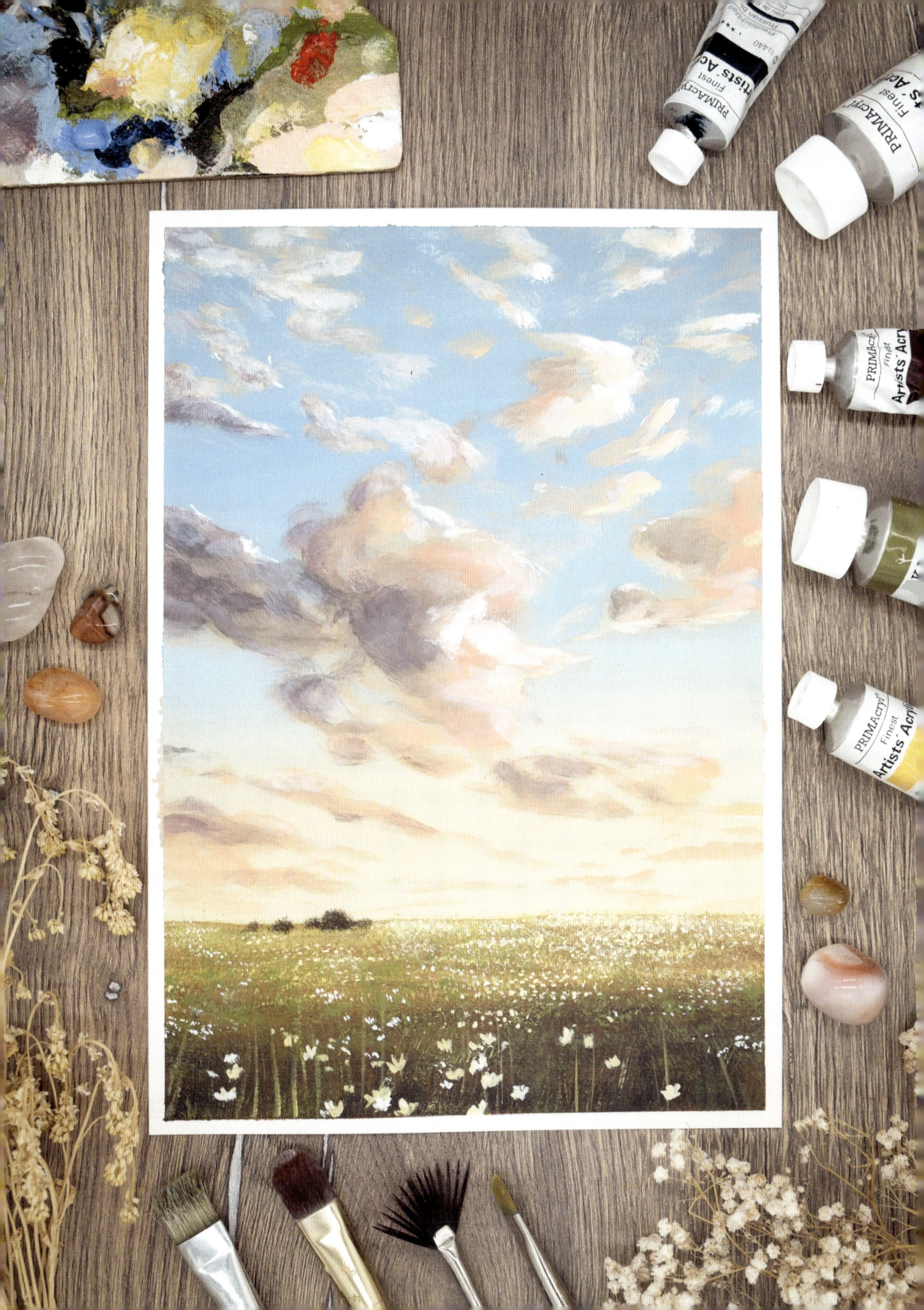

SCHRITT 1:

Starte mit einem lavierenden Farbverlauf von Preußischblau über Neapelgelb hell bis hin zu deinem gemischten Pfirsichton. Arbeite für einen schönen Verlauf mit viel Wasser und einem Flachpinsel, mit welchem du die Farbe in einer Lavur auf den Malgrund aufträgst.

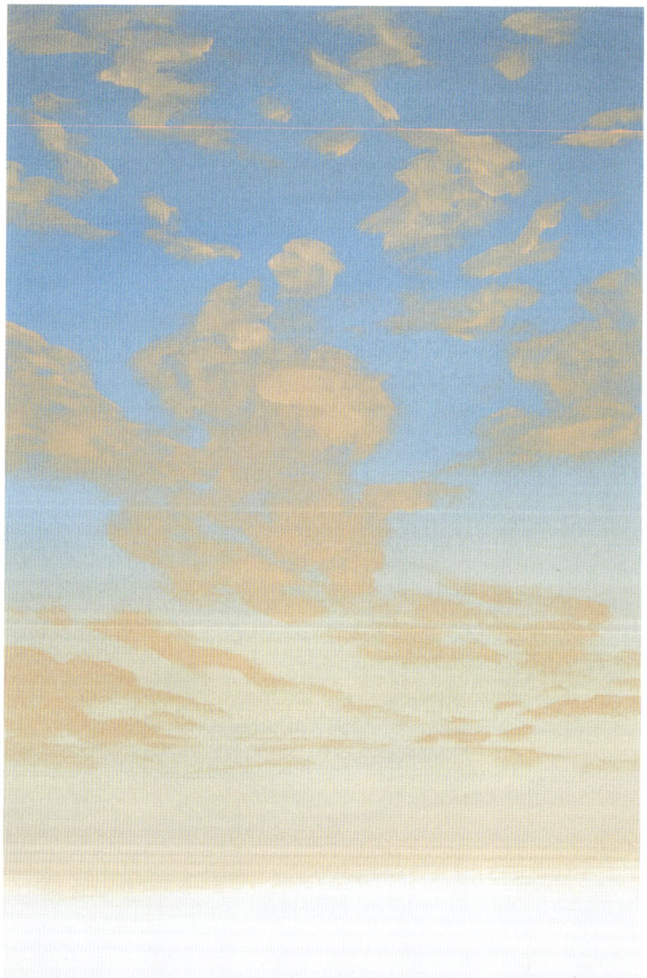

SCHRITT 2:

Setze mit einem trockenen Katzenzungenpinsel und dem Pfirsichton die grobe Wolkenform auf den Himmel.

TIPP

LAVUR

Eine Lavur ist ein Farbauftrag mit stark wasserverdünnter Farbe. Dadurch wird der Farbauftrag transparenter und es lassen sich schöne Farbübergänge gestalten.

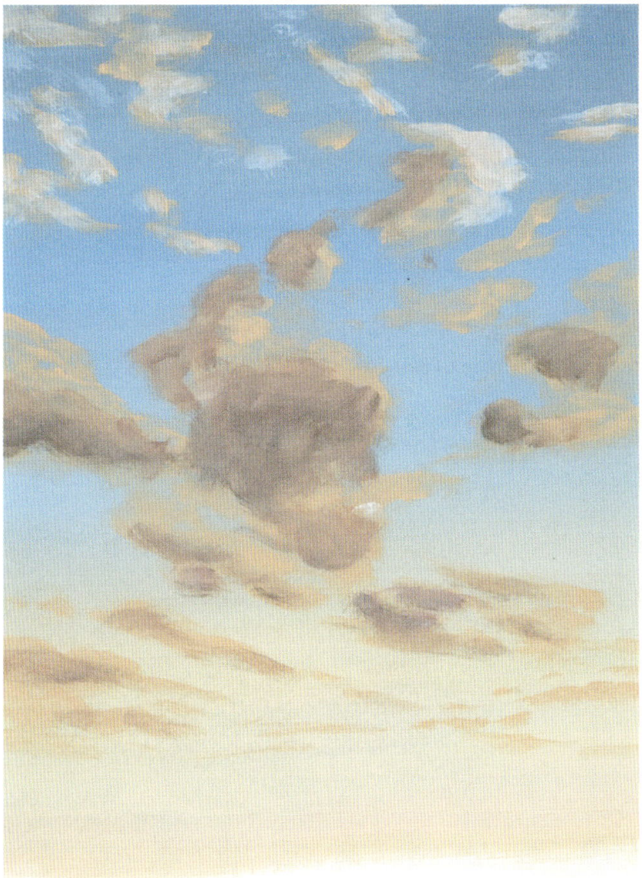

SCHRITT 3:

Die Lichtquelle, in diesem Fall die Sonne, befindet sich unten rechts außerhalb des Bildrands. Gestalte daher die Schattenbereiche der Wolken auf der linken Seite mit einem Violettton. Die Schleierwolken im oberen Bildbereich akzentuierst du mit etwas Mischweiß.

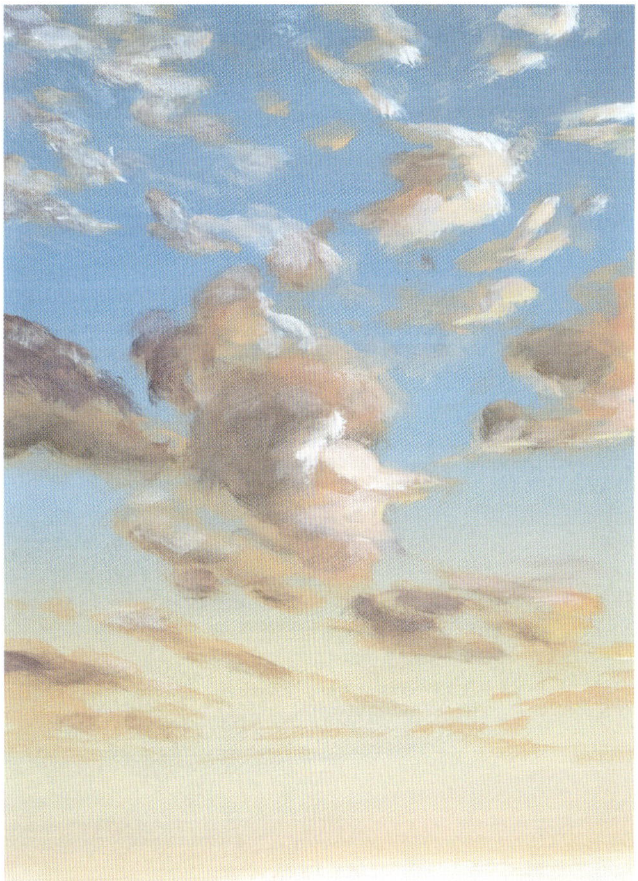

SCHRITT 4:

Akzentuiere die Stellen, auf die das Licht trifft, mit weißen Highlights in Titanweiß. Das verleiht den Wolken Plastizität. Arbeite die Dreidimensionalität der Wolken mit etwas hellem Gelb und einem hellen Violettton heraus.

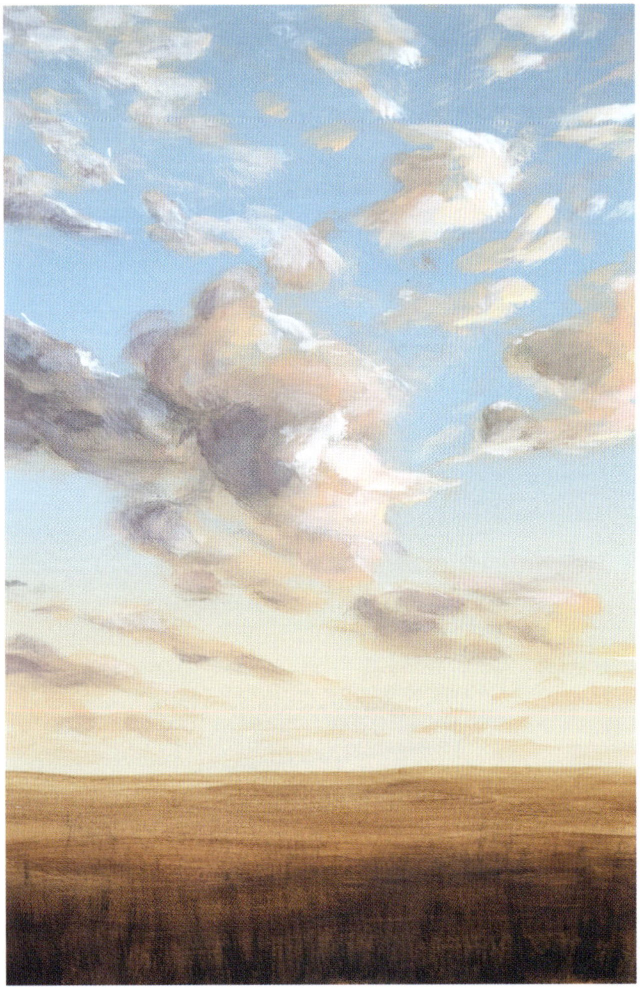

SCHRITT 5:

Grundiere im unteren Fünftel den Bereich für die Wiese mit Umbra gebrannt. Lege anschließend mit einem trockenen Borstenpinsel und einem Schwarzton in wischenden Pinselbewegungen eine Grasstruktur am unteren Bildrand an. Intensiviere dann mit dem trockenen Katzenzungenpinsel und einem bläulichen Violettton die Schattenbereiche der Wolken und setze letzte Wolkenhighlights mit Titanweiß.

SCHRITT 6:

Tupfe nun mit dem trockenen Borstenpinsel und Olivgrün die Struktur der Wiese auf den Untergrund. Helle den hinteren Bereich der Wiese etwas mit Neapelgelb hell auf, denn dort geht gerade die Sonne unter. Dementsprechend ist dieser Bereich heller als der vordere Bildrand, der weiter von der Lichtquelle entfernt ist.

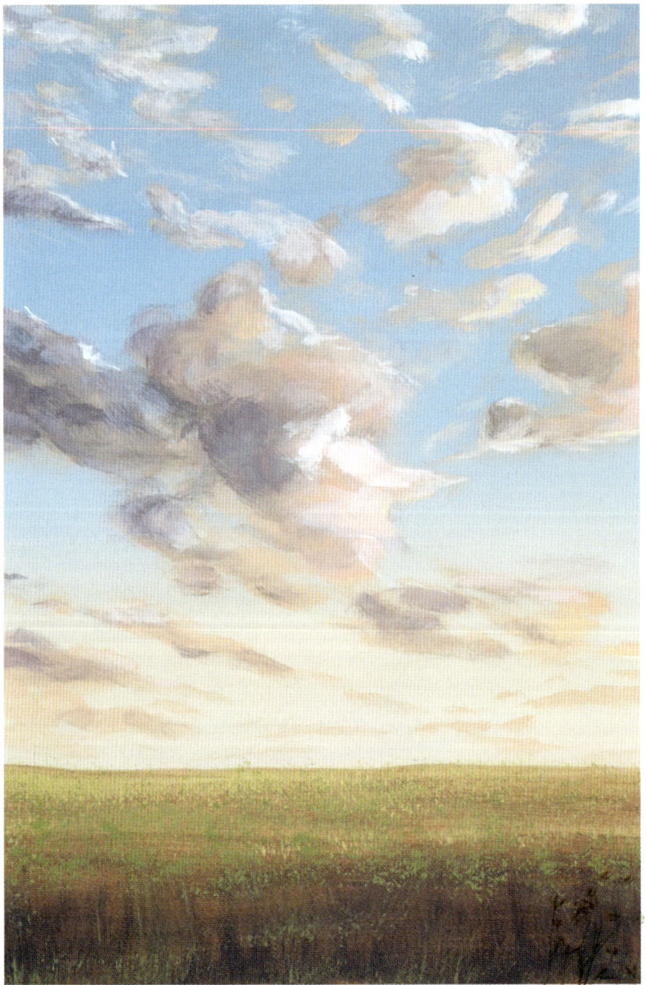

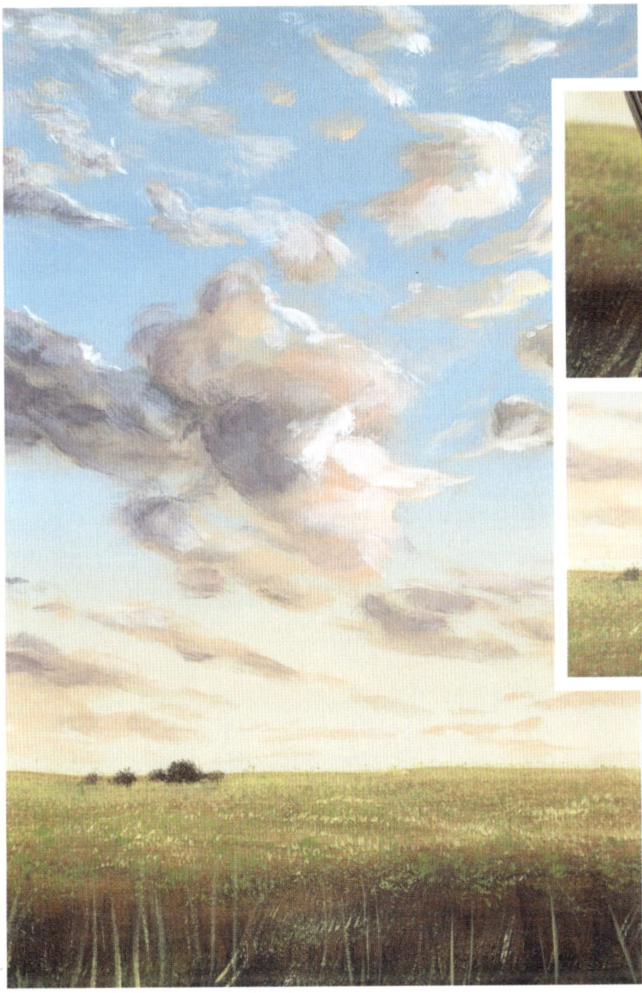

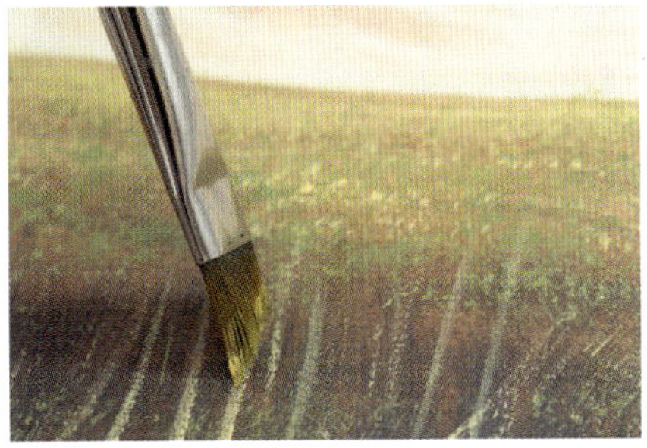

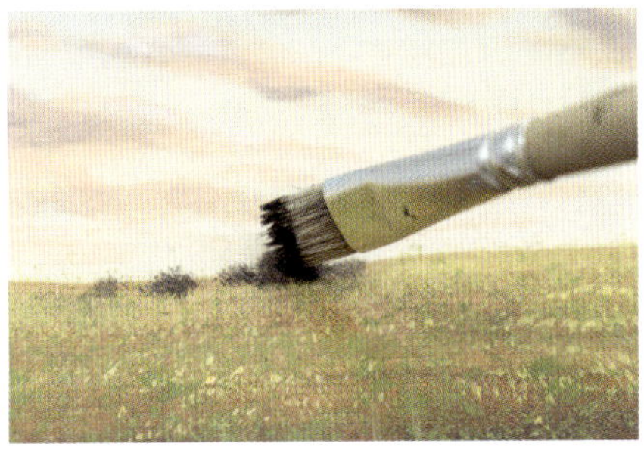

SCHRITT 7:

Male mit einem abgeschrägten Pinsel und einem hellen Gelbton Grashalme an den vorderen Bildrand und setze zusätzlich einen kleinen Akzent im hinteren Bereich der Wiese, indem du mit der Ecke eines trockenen Borstenpinsels und etwas gemischtem Schwarz kleine Büsche auftupfst.

SCHRITT 8:

Zum Schluss werden mit Titanweiß und dem hellen Gelbton Blüten aufgetupft. Setze dafür wieder den trockenen Borstenpinsel für den hinteren Bereich und den Fächerpinsel für den mittleren Bereich ein. Male im Vordergrund kleine Blumen mit dem schmalen Rundpinsel auf.

TIPP

Wasche deine Pinsel immer mal wieder in deinem Wassergefäß aus, vor allem, wenn du den Farbton wechselst. Trockne sie danach gut an einem alten Lappen ab, damit du weiter in der Trockenmaltechnik malen kannst.

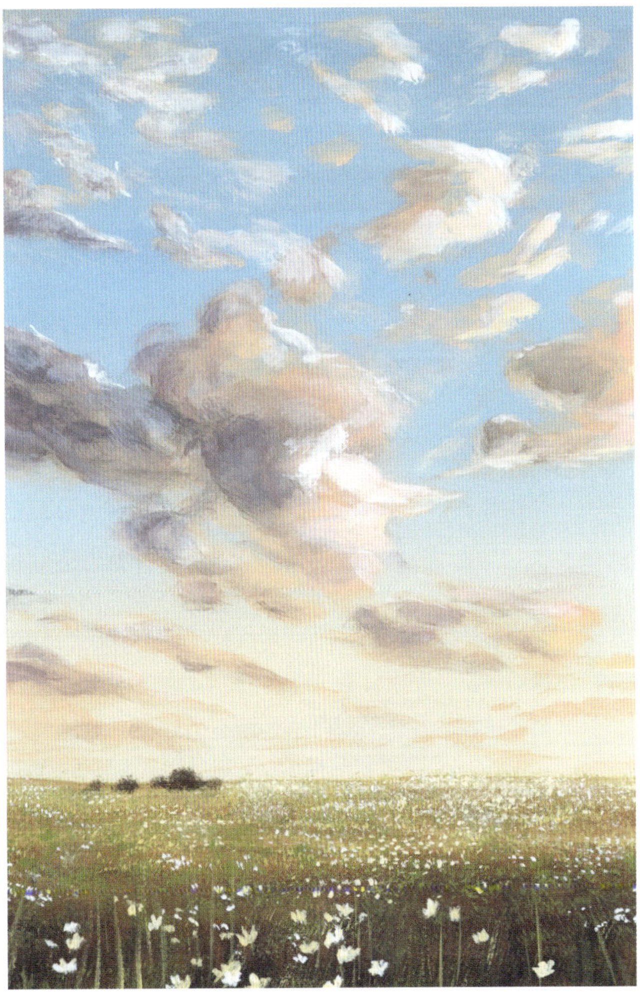

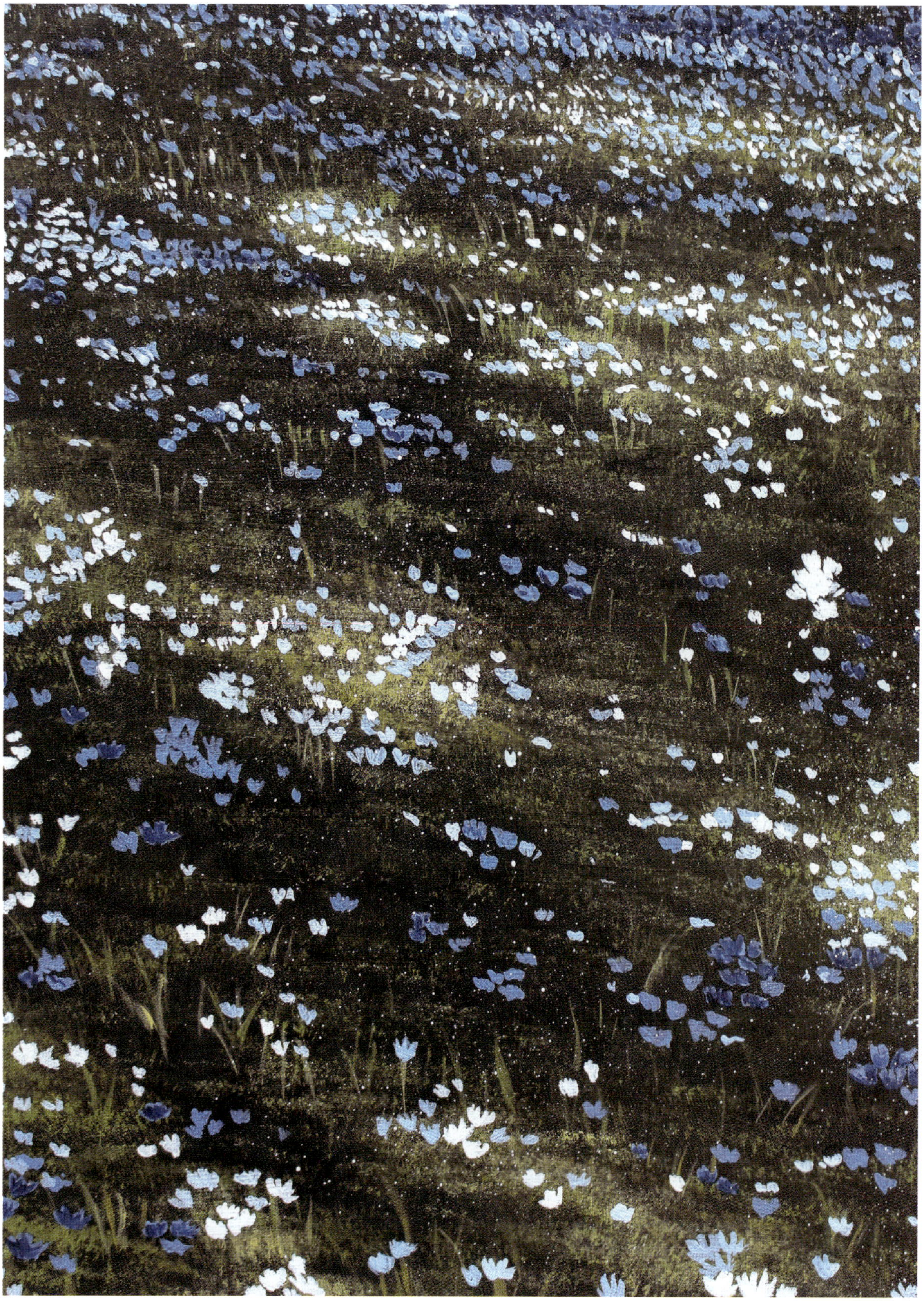

Du kannst mit einem Wiesenmotiv auch ganze Bilder gestalten, ohne dass ein Himmel notwendig ist. Wenn ich derartige Motive male, achte ich darauf, dass ich zum Beispiel mit Sonnenflecken im Bild arbeite, damit es für die Betrachtenden interessant bleibt.

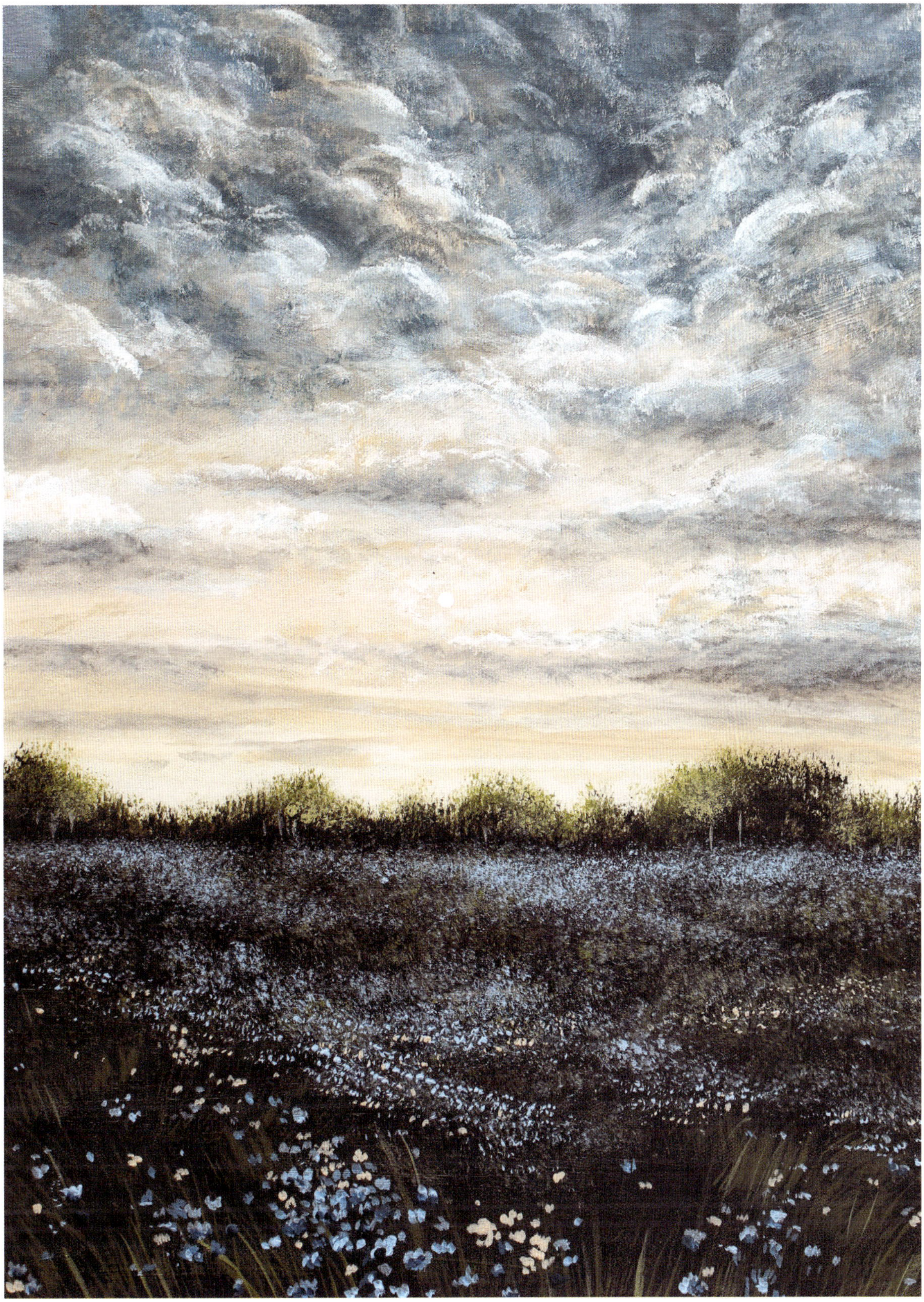

Mit einer begrenzten Farbpalette kann man einen dramatischen Eindruck schaffen, obwohl nicht viel im Bild passiert. Der kräftige Blauton steht in einem interessanten Kontrast zu dem sehr hellen Pfirsichton, der sich sowohl im Himmel als auch auf der Wiese wiederfindet. In Kombination mit der dichten Wolkengestaltung entsteht Dynamik und Spannung im Bild.

HOW TO:

Bäume, Büsche und Sträucher

Nachdem du üben konntest, wie sich mit Wolken und Wiesen stimmungsvolle Landschaftsbilder gestalten lassen, geht es nun um weitere wichtige Elemente: Bäume, Büsche und Sträucher. Mit diesen kannst du eine Vielzahl von Landschaften erschaffen – deiner Kreativität sind keine Grenzen gesetzt.

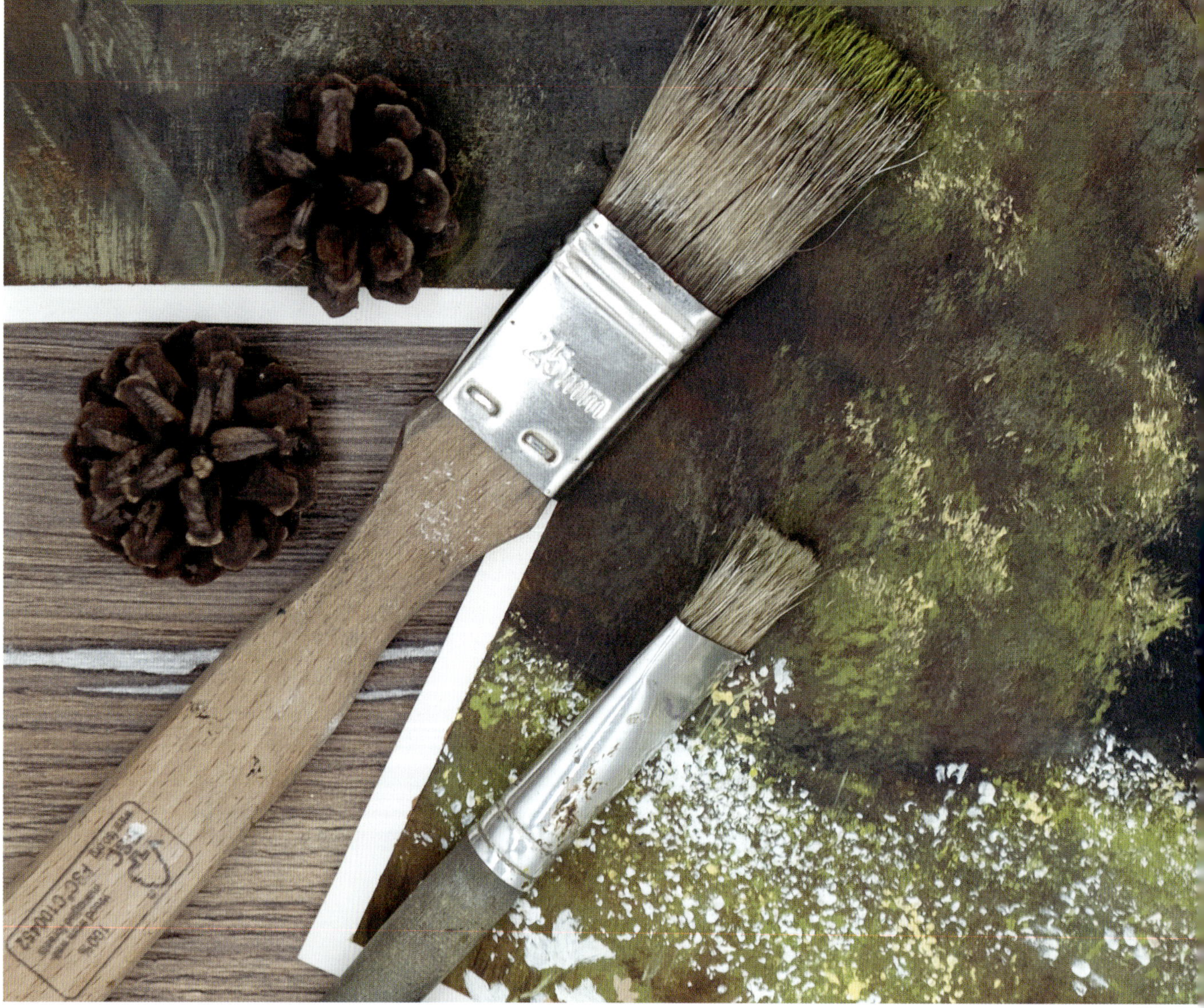

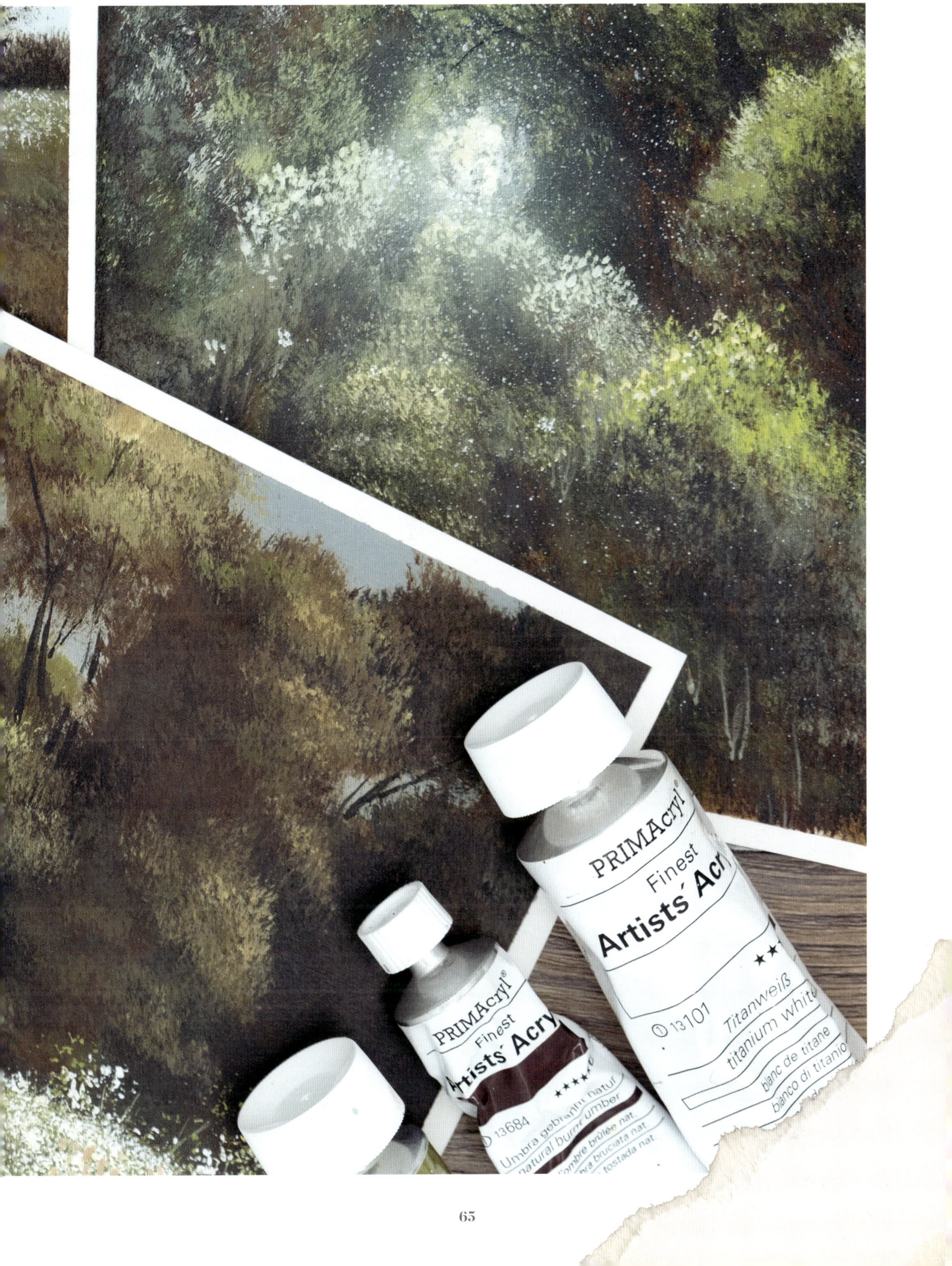
PRIMAcryl®
Finest
13101
Titanweiß
blanc de titane
PRIMAcryl®
Finest
13684

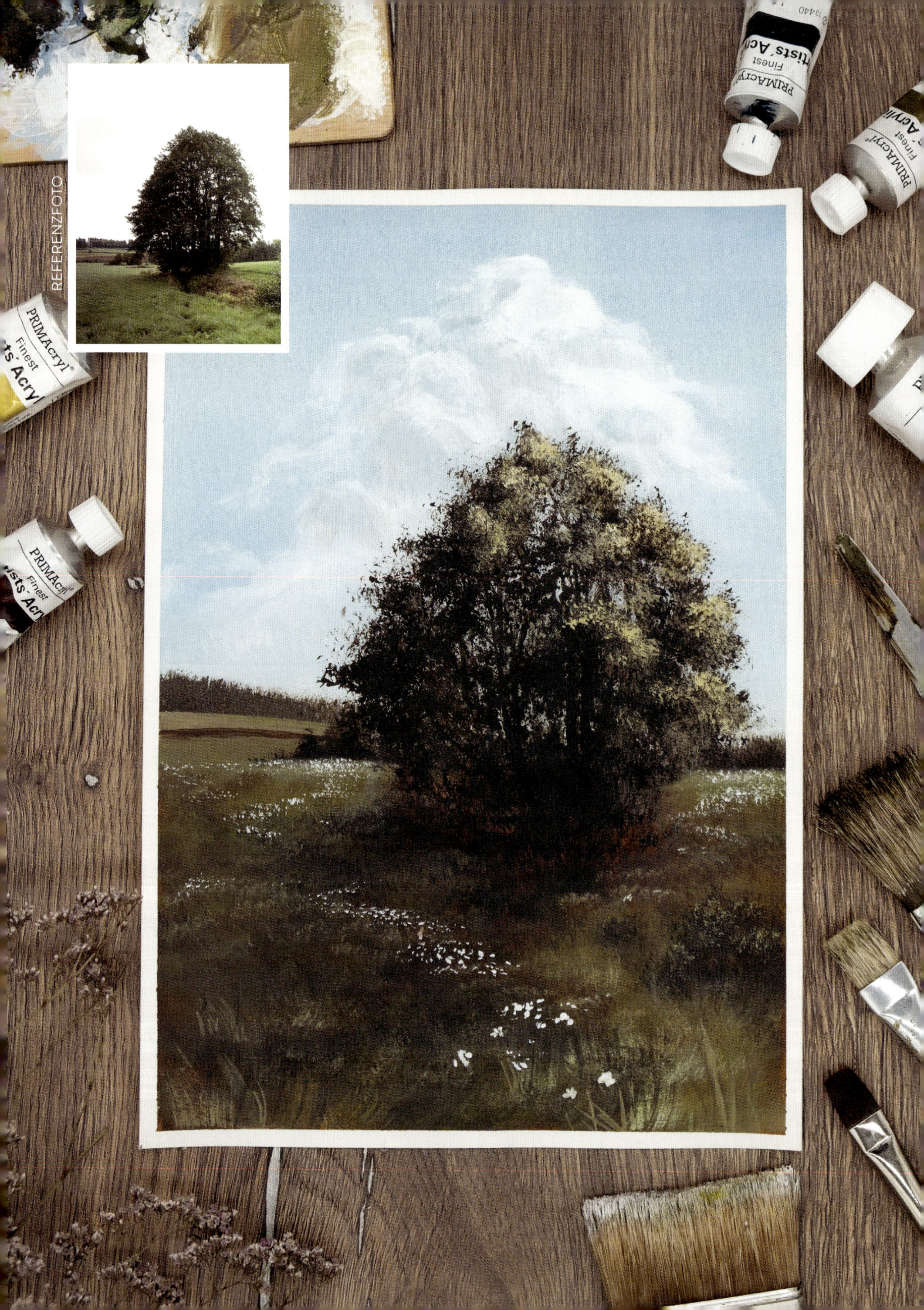
REFERENZFOTO
PRIMAcryl
Finest

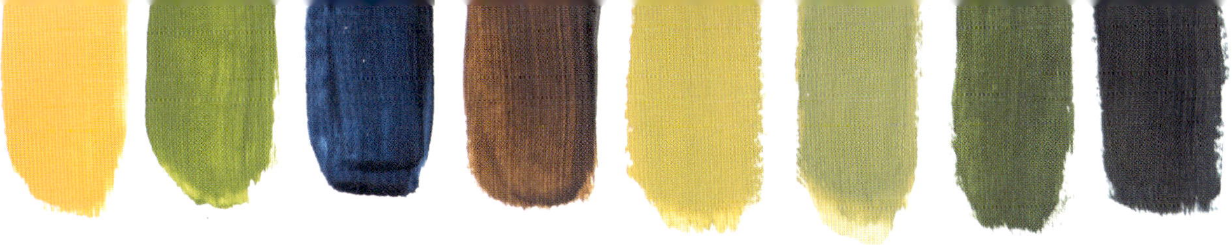

Einzelner BAUM

WIR BEGINNEN MIT EINEM EINZELNEN BAUM AUF EINER WIESE. DU ERLEICHTERST DIR DAS MALEN, WENN DU IHN – ÄHNLICH WIE DIE HAUFENWOLKE – ALS DREIDIMENSIONALES OBJEKT SIEHST. ÜBERLEGE DIR, WELCHER TEIL VON DER SONNE ANGESTRAHLT WIRD UND WELCHER IM SCHATTEN LIEGT. AUF DER VOM LICHT ABGEWANDTEN SEITE WIRFT DER BAUM AUSSERDEM EINEN SCHLAGSCHATTEN AUF DEN BODEN. DIESES MOTIV HABE ICH WIEDER NACH EINEM FOTO GEARBEITET.

MATERIAL

PINSEL

• Borstenpinsel Größe 25, 16 • Fächerpinsel Größe 1 • Abgeschrägter Flachpinsel Größe 4 • Katzenzungenpinsel Größe 18 • Dünner Rundpinsel Größe 2 • Flachpinsel Größe 16

FARBEN

• Umbra gebrannt • Preußischblau
• Neapelgelb dunkel • Olivgrün; alternativ kann der Ton aus Neapelgelb dunkel und Preußischblau gemischt werden
• Titanweiß • Mischweiß

MISCHFARBEN

• „Schwarz“, gemischt aus Umbra gebrannt und Preußischblau
• Dunkles Grün, gemischt aus Olivgrün und Preußischblau
• Helles Grün, gemischt aus Neapelgelb dunkel und Olivgrün

Die einzelnen Töne können mit Mischweiß aufgehellt werden. Auch bei den Grüntönen kannst du durch Zugabe von Gelb oder Blau verschiedenste Schattierungen erzielen.

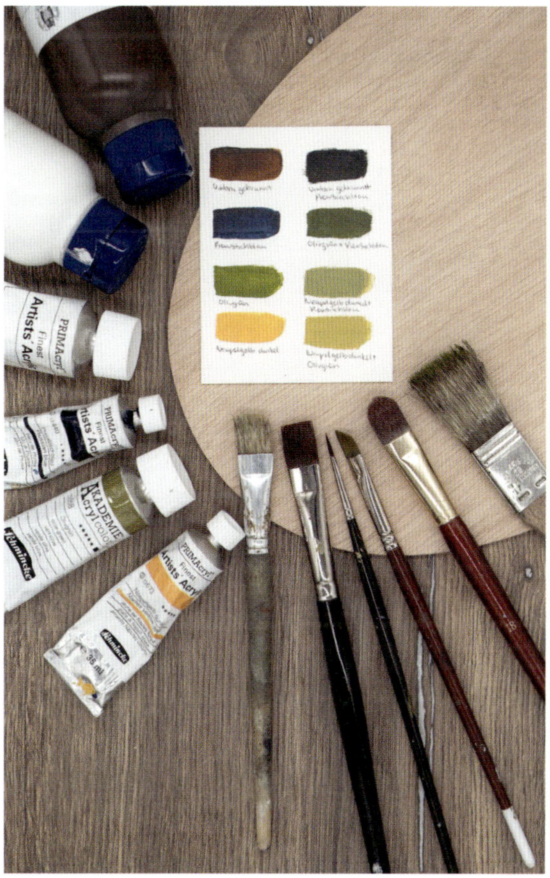

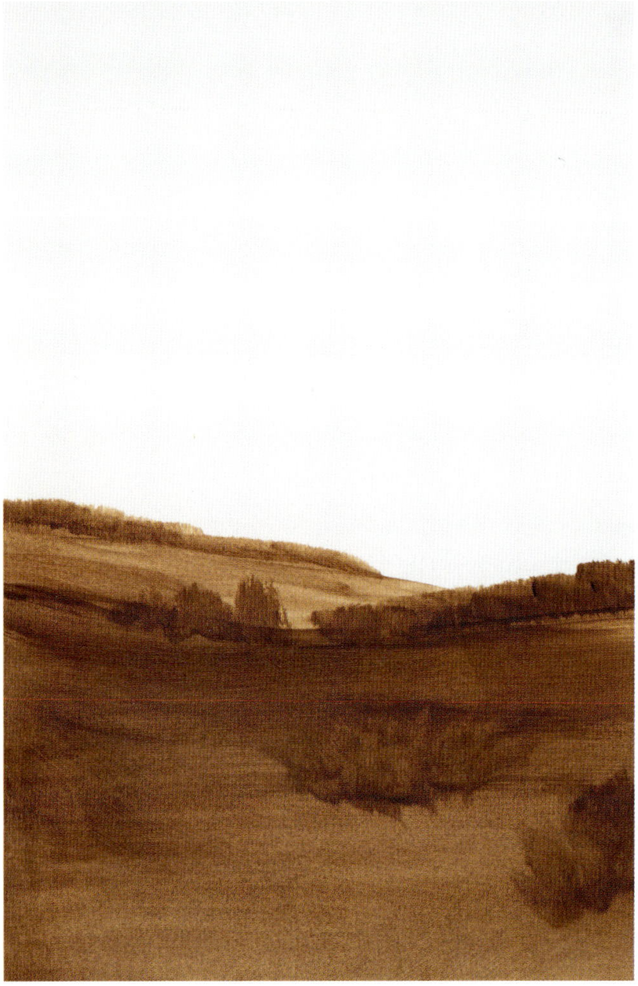

SCHRITT 1:

Grundiere ein gutes Drittel deines Maluntergrunds mit Umbra gebrannt und dem Flachpinsel. Lege hier schon einmal ganz grob die hellen und dunklen Bereiche des Hintergrunds fest, indem du die Farbe deckender oder durchscheinender aufträgst. Ich empfehle dir, dich dabei am Referenzfoto zu orientieren.

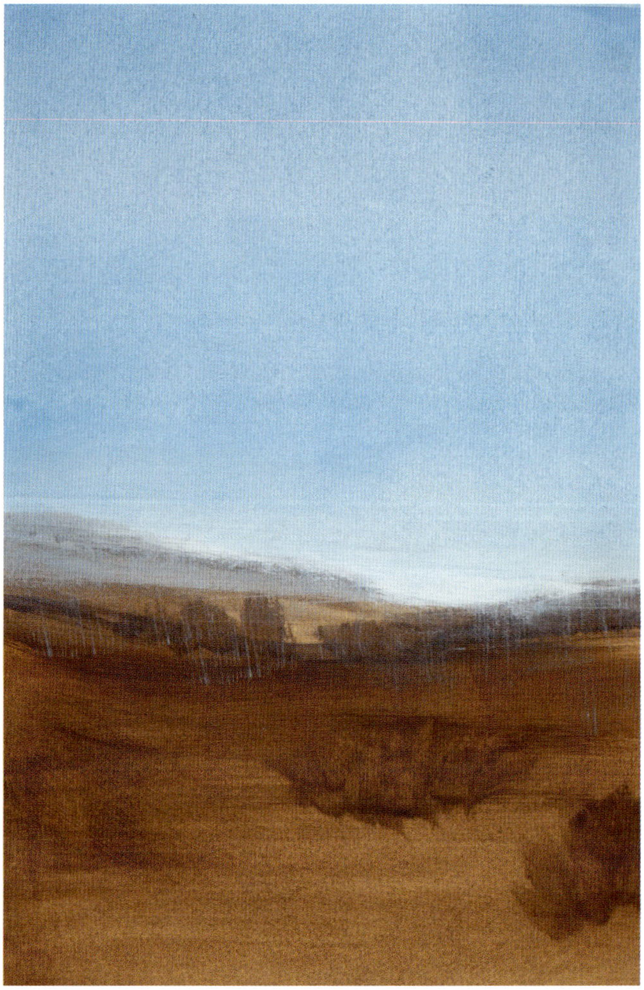

SCHRITT 2:

Fülle, ebenfalls mit dem Flachpinsel, die oberen zwei Drittel mit einem hellen Blauton aus, den du aus Preußischblau und Titanweiß mischst. Trage das mit Wasser verdünnte Blau dünn auf und lasse es nach unten Richtung Wiese etwas heller auslaufen, indem du mit einer dünnen Schicht Titanweiß darübergehst. Achte darauf, diesen Arbeitsgang auszuführen, während der Himmel noch feucht ist, dann kannst du mit schnellen Pinselbewegungen einen schönen Farbübergang erzielen.

SCHRITT 3:

Male anschließend mit dem trockenen Katzenzungenpinsel eine Wolke mittig in den Himmelsbereich. Gehe dabei wie beim ersten Wolkenmotiv (siehe Seite 26ff.) vor.

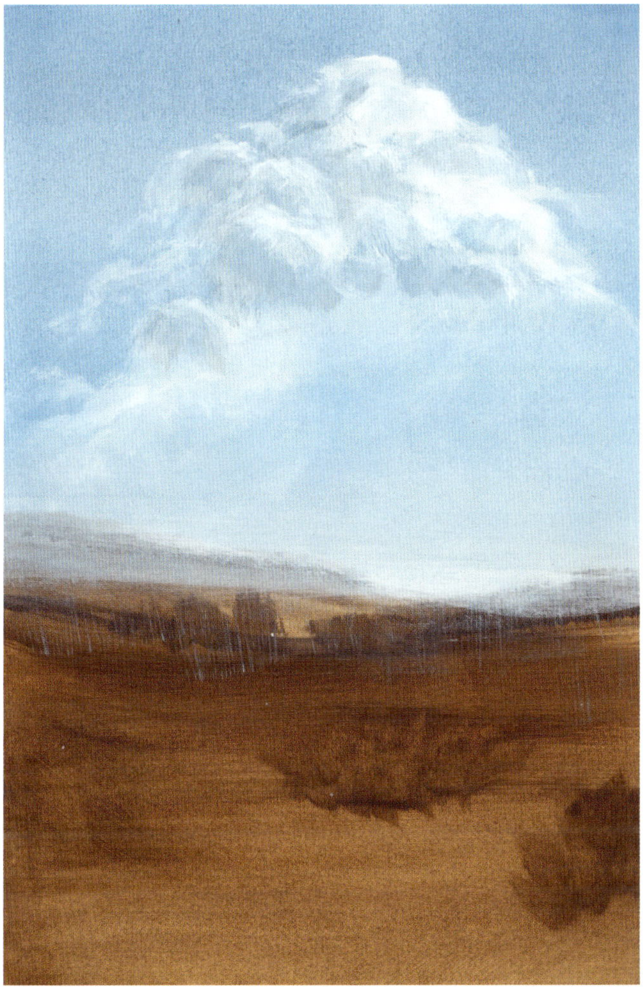

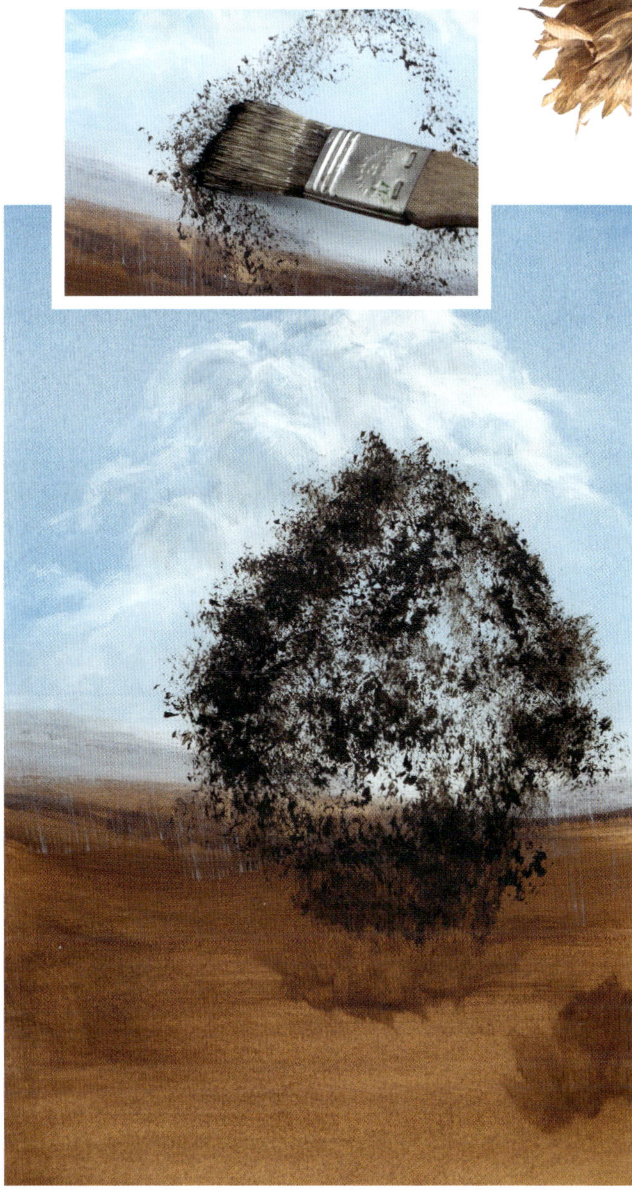

SCHRITT 4:

Tupfe dann mit einem Schwarzton aus Umbra gebrannt und Preußischblau die Umrisse des Baumes auf. Verwende hier den größeren Borstenpinsel. Seine Borstenstruktur gestaltet die Optik der Baumkrone. Lasse einzelne Lücken stehen, um den Himmel von hinten durch die Blätter scheinen zu lassen.

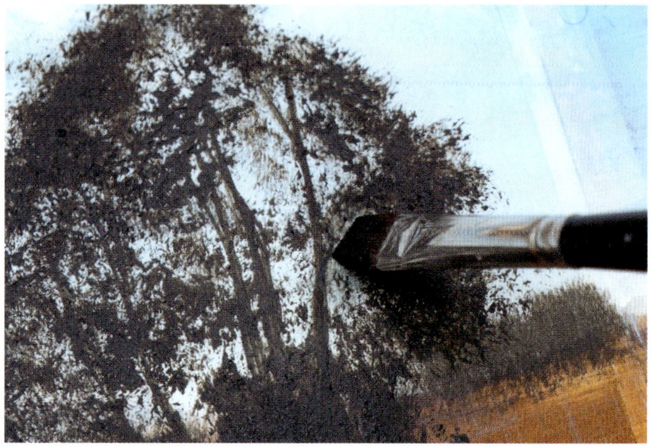

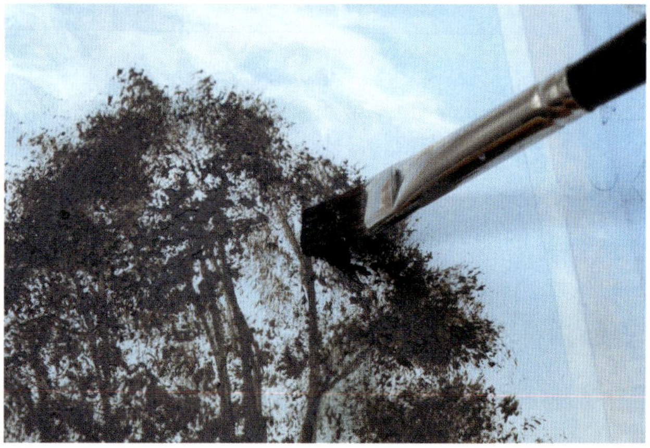

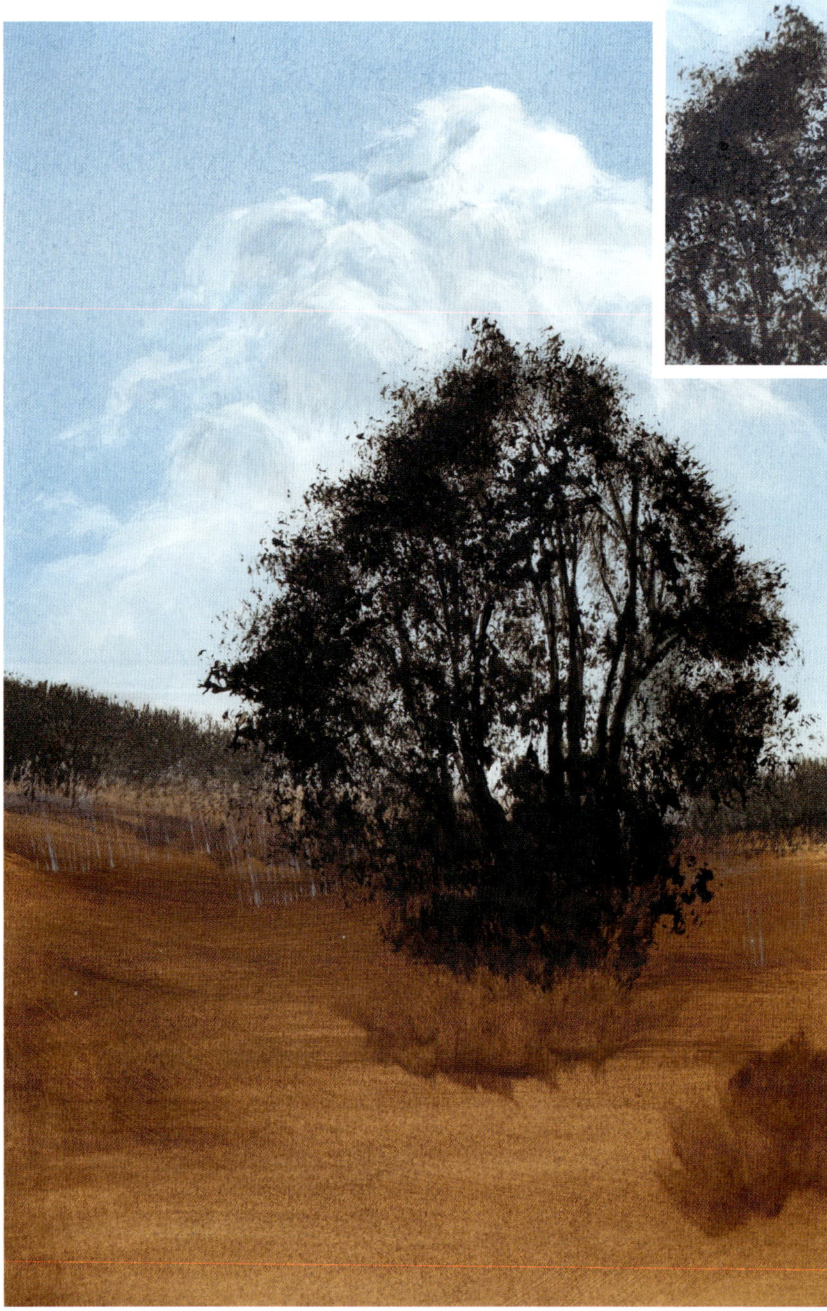

SCHRITT 5:

Nun folgen die feinen Verästelungen im Baum. Male sie mit der schmalen Kante des Flachpinsels und dem Schwarzton auf.

Tupfe im Hintergrund mit dem kleineren Borstenpinsel Bäume und Büsche auf. Da sie weiter entfernt stehen, erscheinen sie wie eine zusammenhängende Masse, in der die einzelnen Bäume nicht mehr zu erkennen sind.

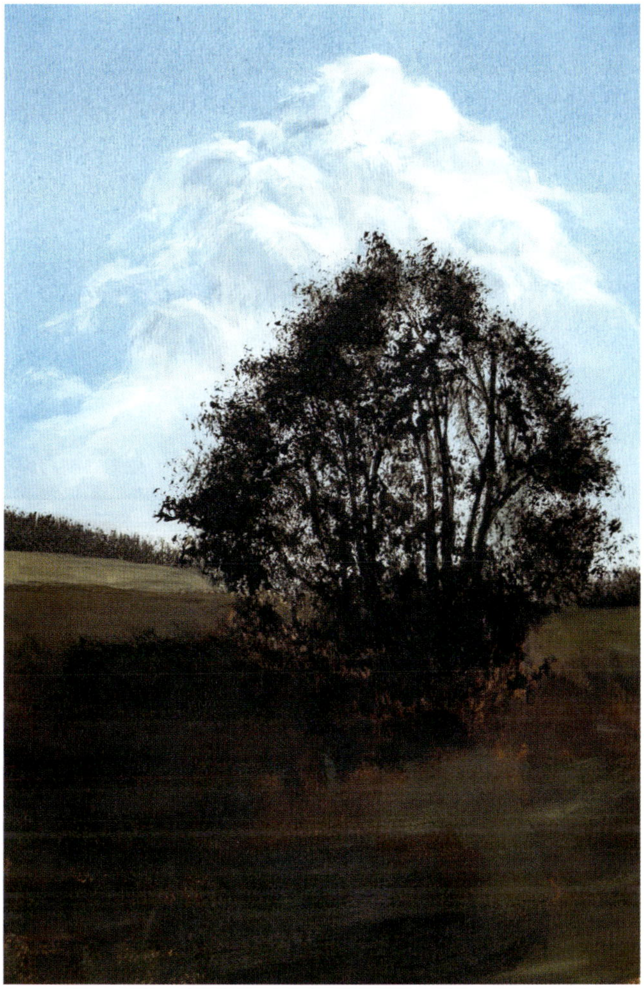

SCHRITT 6:

Mische dir verschiedenen Grüntöne mit Olivgrün und Preußischblau an. Nimm anschließend den Flachpinsel zur Hand und male mit diesen Farbtönen die Wiese grob vor. Lege dabei die dunklen und hellen Bereiche fest. Male den Schlagschatten des Baums links in die Wiese, da die Sonne von rechts kommt. Schatten sind meist vom Farbton her kühler als die von der Sonne beschienenen Bereiche. Mische deshalb in den Farbton des Schlagschattens etwas mehr Preußischblau.

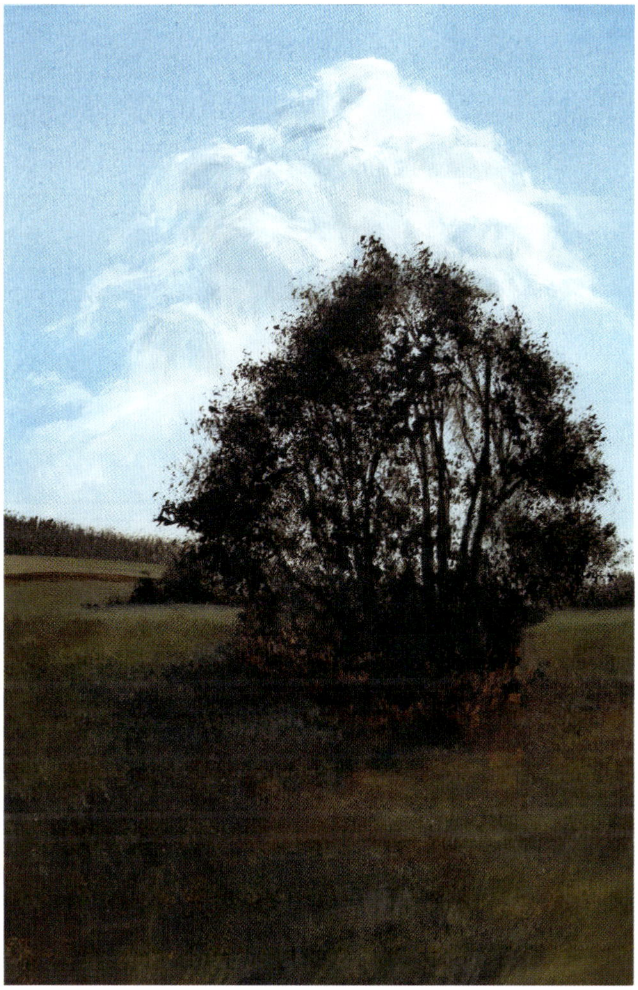

SCHRITT 7:

Tupfe nun mit dem trockenen Borstenpinsel die Wiesenstruktur auf. Gehe dabei wie bei den Wiesenmotiven vor (siehe Seite 44ff.) und nutze sowohl den größeren als auch den kleineren Borstenpinsel dafür, räumliche Tiefe ins Bild zu bekommen.

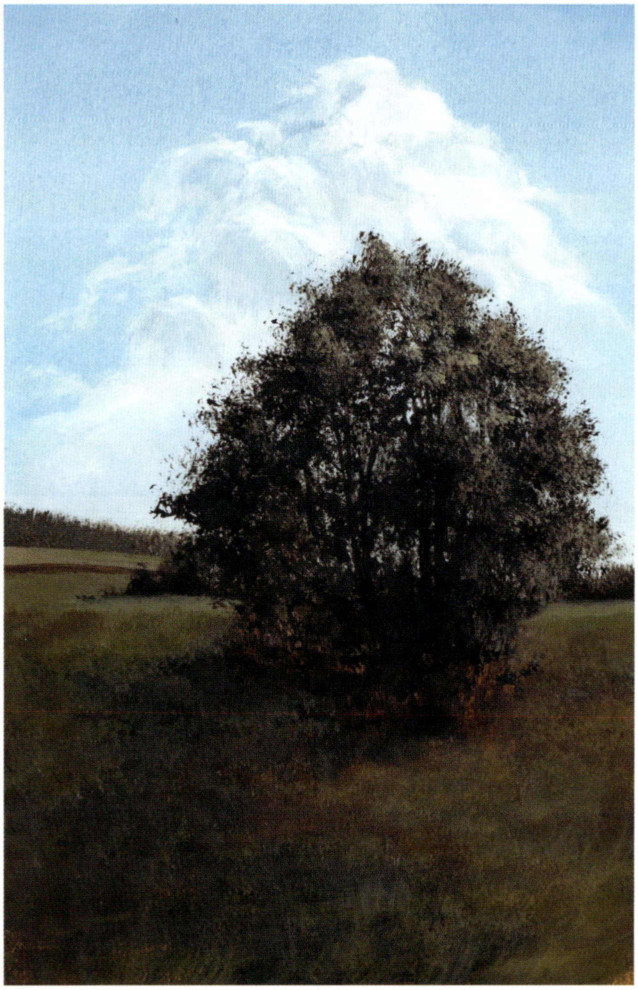

TIPP

Bei der Gestaltung von Wiesen und Bäumen wasche ich den Pinsel zwischen den einzelnen Farbaufnahmen oft gar nicht aus. Dadurch habe ich verschiedene Farbtöne auf den Borsten, die beim Auftupfen eine zufällige Farbstruktur anstehen lassen. Aber Achtung: Das funktioniert nur bei Farben einer Farbfamilie, wie beispielsweise bei den Grüntönen in der Wiese – ansonsten wird die Farbe matschig und unschön.

SCHRITT 8:

Trage in tupfenden Pinselbewegungen und mit einem mittleren Grünton eine weitere Schicht Blätter auf den Baum auf. Setze dazu den kleineren Borstenpinsel ein. Konzentriere dich eher auf die rechte Seite des Baums, da dieser Bereich im Hellen liegt.

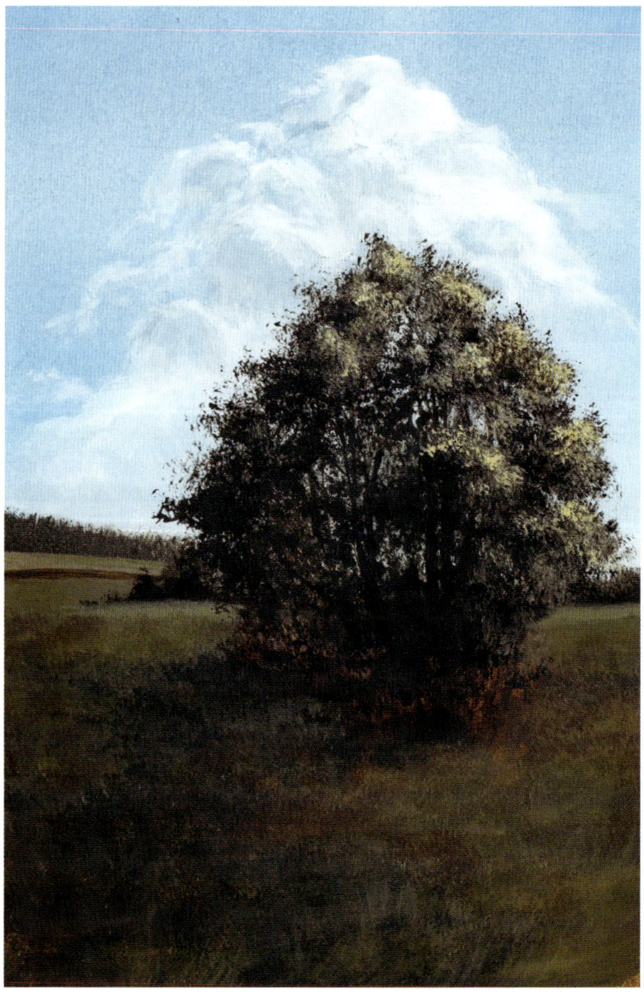

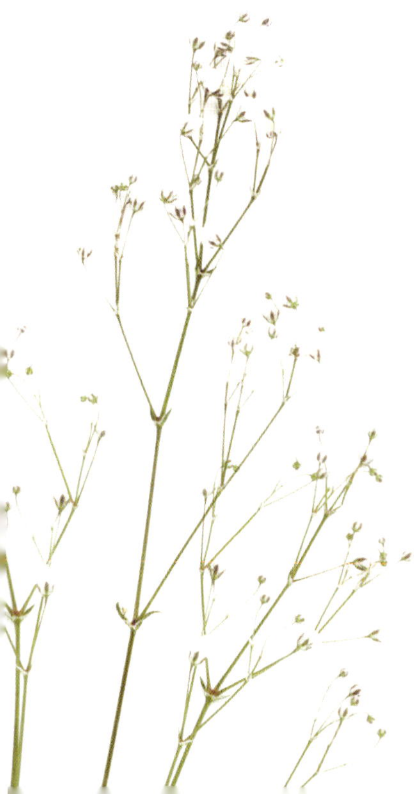

SCHRITT 9:

Mache weiter wie in Schritt 8, diesmal aber mit einem noch helleren Grünton. Setze ihn akzentuiert auf einige Stellen der Baumkrone, die direkt von der Sonne angestrahlt werden.

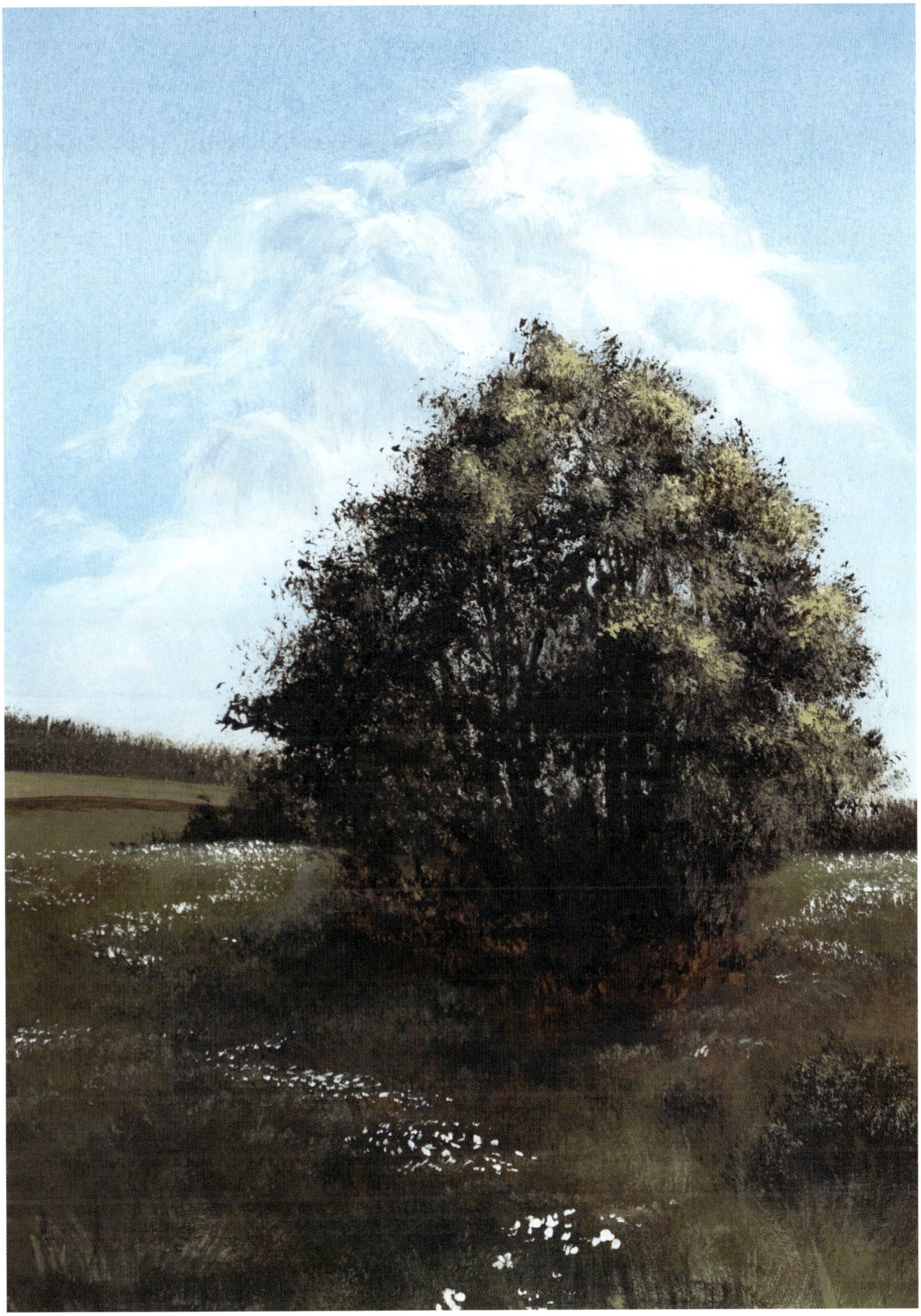

SCHRITT 10:

Füge zum Schluss noch einige weiße Blüten und Details zur Wiese hinzu. Verwende dafür im hinteren Bereich den Borstenpinsel, für den vorderen Bereich einen Fächerpinsel und für einzelne Blüten den schmalen Rundpinsel.

Baum und BÜSCHE

BÄUME SIEHT MAN OFT DICHT IN GRUPPEN STEHEN. FÜR UNS MALENDE BEDEUTET DAS, DASS DER EINZELNE BAUM IM LANDSCHAFTSBILD NICHT DETAILLIERT AUSGEARBEITET WERDEN MUSS, SONDERN ALS KOMPAKTE „BAUMMASSE“ GESTALTET WERDEN KANN, DIE DURCH LICHT- UND SCHATTENBEREICHE DEFINIERT IST. DIE VORLAGE BEI DIESEM MOTIV WAR WIEDER EIN FOTO, DAS FORMAT IST DIESES MAL QUADRATISCH.

MATERIAL

PINSEL

- Borstenpinsel Größe 60, 16
- Fächerpinsel Größe 1
- Dünner Rundpinsel Größe 2
- Flachpinsel Größe 12

FARBEN

- Umbra gebrannt • Preußischblau • Karminrot
- Neapelgelb hell • Olivgrün; alternativ kann der Ton aus Neapelgelb dunkel und Preußischblau gemischt werden • Titanweiß • Mischweiß

MISCHFARBEN

- Pfirsichton, gemischt aus Neapelgelb hell und Karminrot
- „Schwarz“, gemischt aus Umbra gebrannt und Preußischblau
- Dunkles Grün, gemischt aus Olivgrün und Preußischblau
- Helles Grün, gemischt aus Olivgrün und Titanweiß

Weitere Grünschattierungen können durch Zugabe von Mischweiß, mehr Gelb- oder mehr Blauanteil gemischt werden.

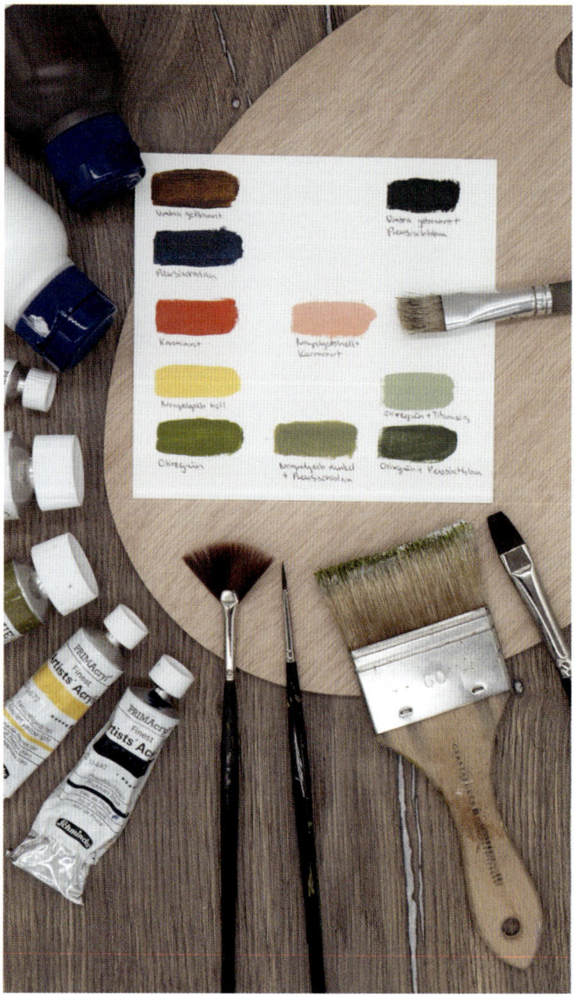

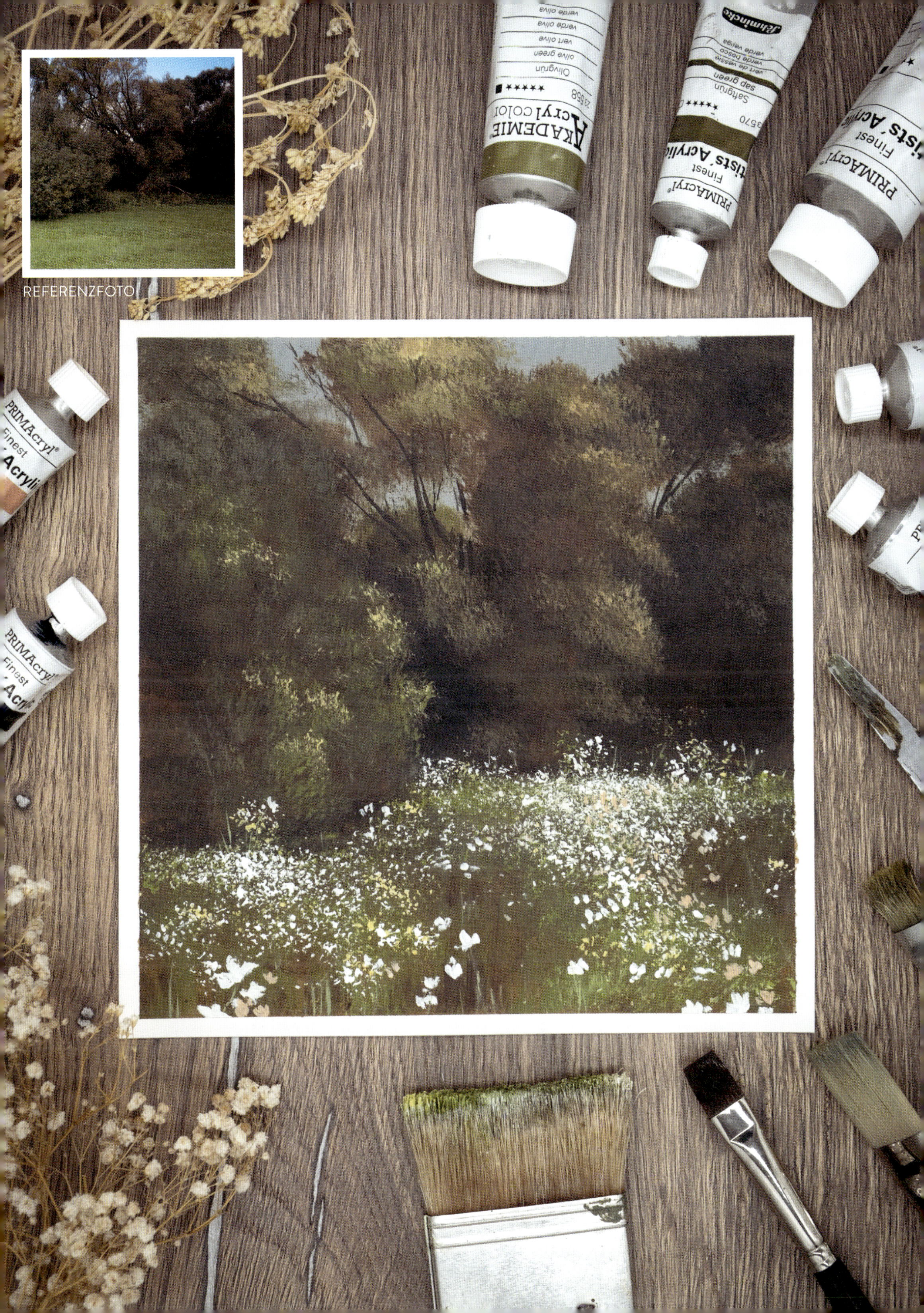

REFERENZFOTO

SCHRITT 1:

Male das obere Drittel des Bildes als wolkenverhangenen Himmel. Der Farbton besteht aus einer Mischung aus Preußischblau und Titanweiß, sanft abgetönt mit etwas Umbra gebrannt.

SCHRITT 2:

Schaffe mit Umbra gebrannt eine Grundlage für die Bäume und Büsche und lege, basierend auf dem Referenzfoto, grob die hellen und dunklen Bereiche des Bildes fest.

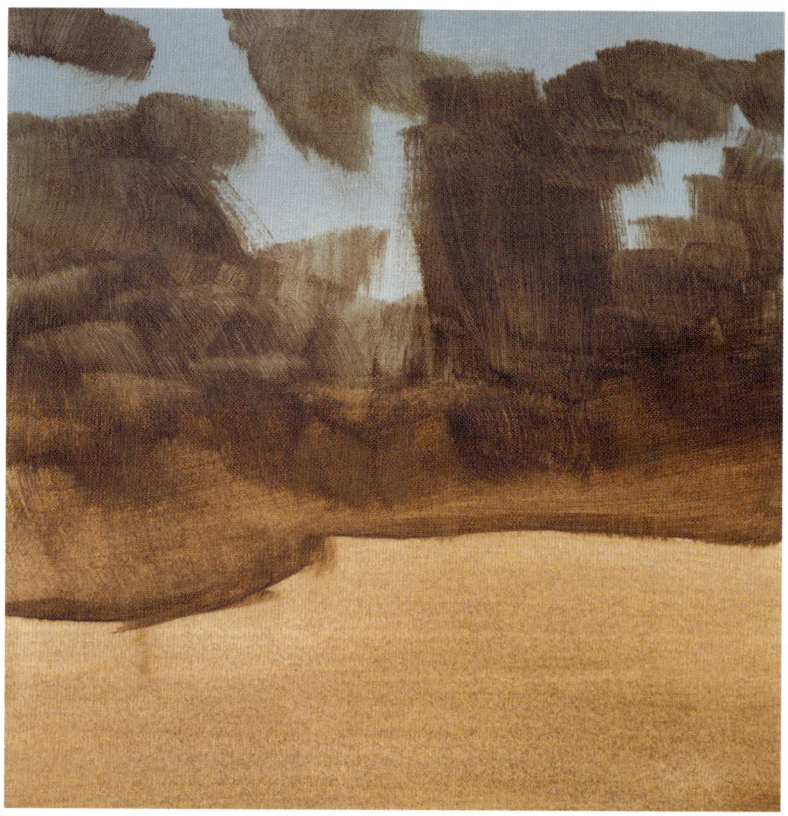

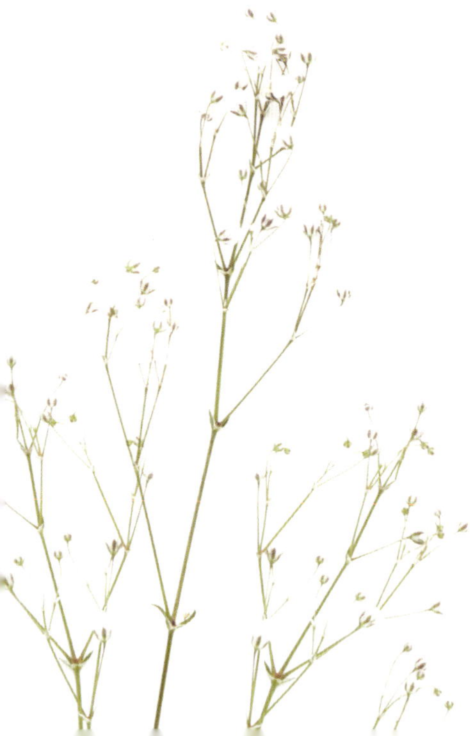

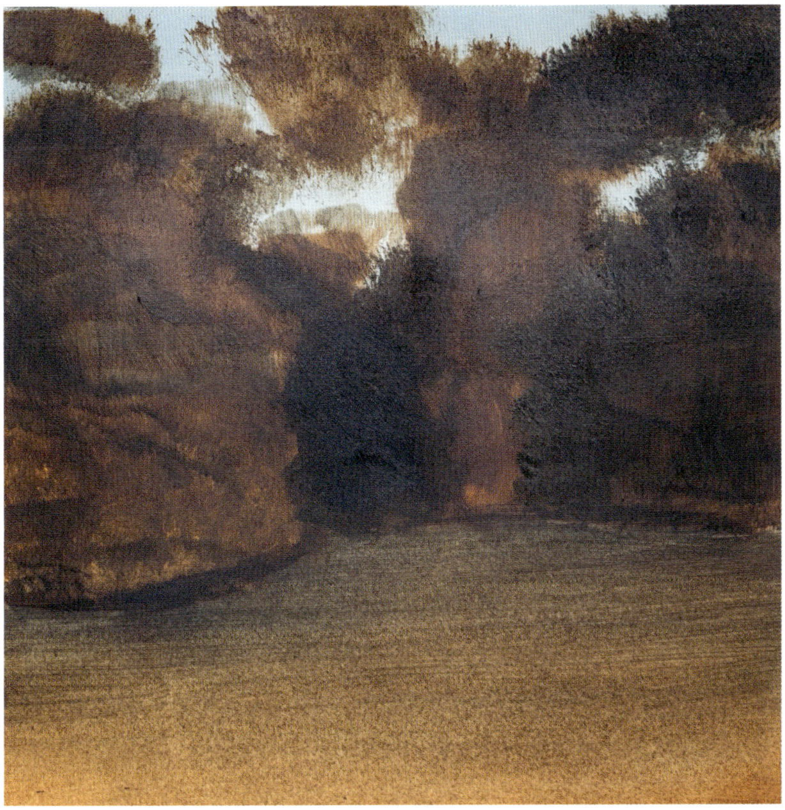

SCHRITT 3:

Tupfe mit deinem angemischten Schwarzton und dem kleineren Borstenpinsel die Schattenbereiche in die Bäume und Büsche.

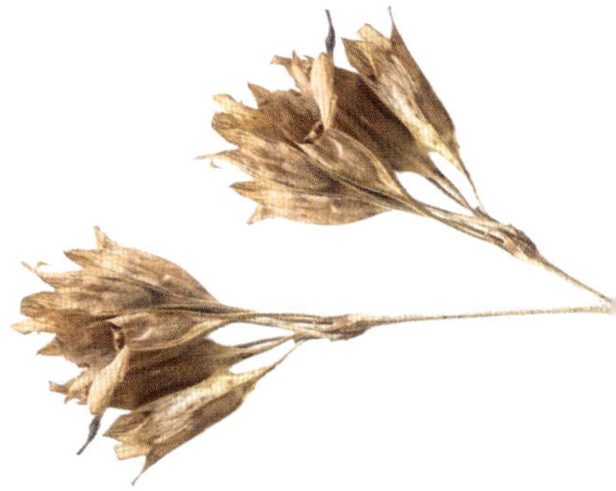

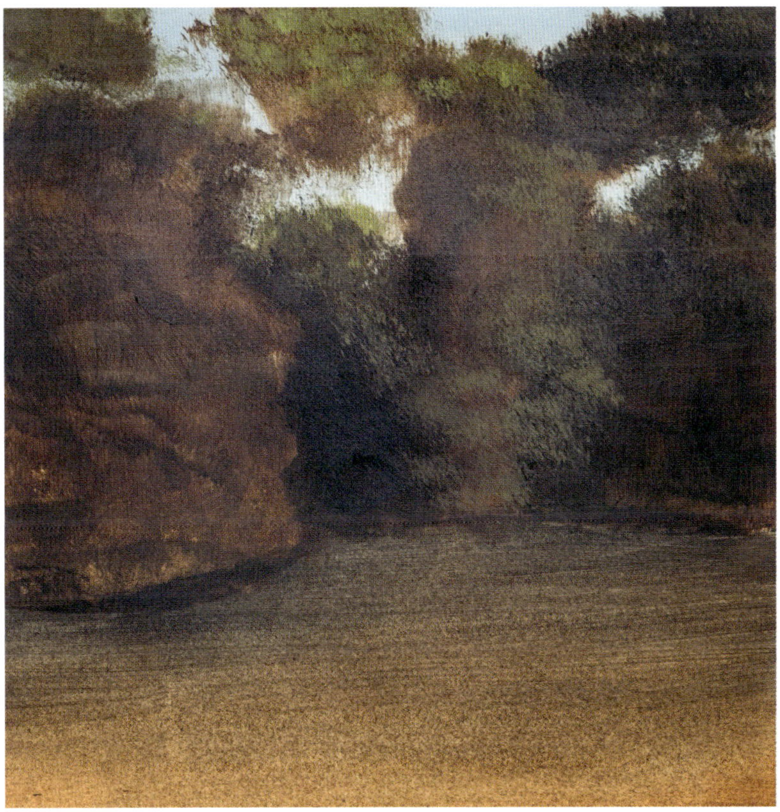

SCHRITT 4:

Gehe danach mit demselben Pinsel, ohne ihn vorher auszuwaschen, in den Olivgrünton und tupfe die erste Schicht des Blattwerks auf. Dadurch mischt sich das Grün auf dem Pinsel mit dem Schwarzton und wird abgetönt. Wasche anschließend den Pinsel aus, nimm neu vom Olivgrün auf und tupfe damit die Blätter des oberen Bildbereichs auf.

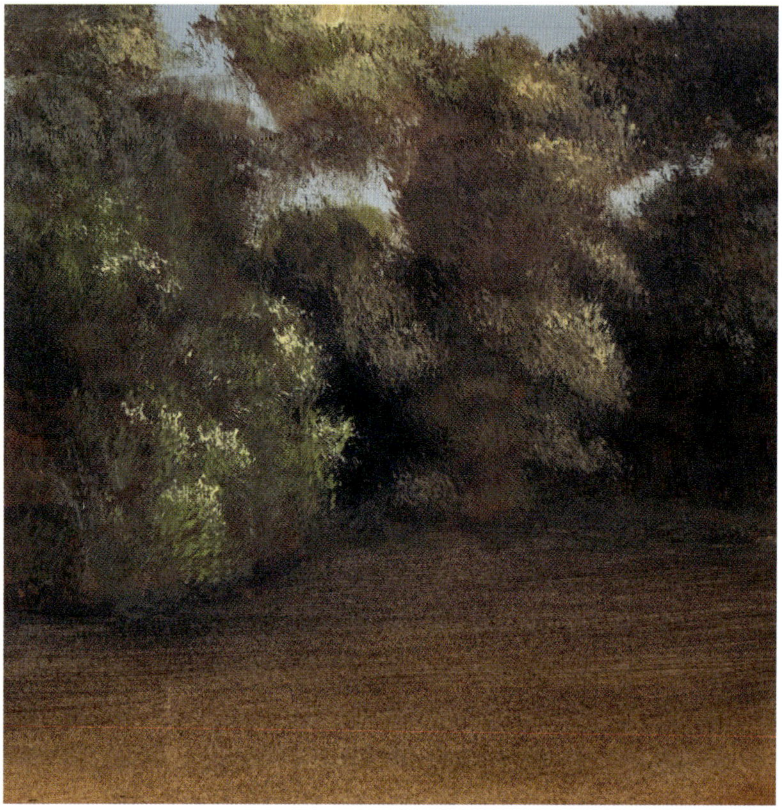

SCHRITT 5:

Mache weiter so und schichte immer mehr Grüntöne übereinander, dabei werden die Farben immer heller. Setze Highlights mit einem hellen Gelbton aus Neapelgelb hell und Titanweiß.

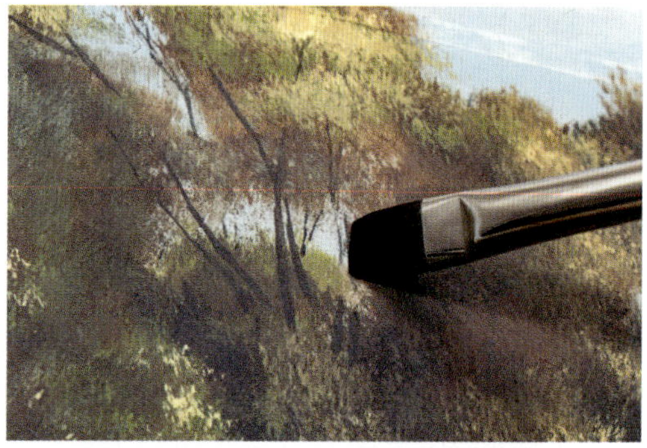

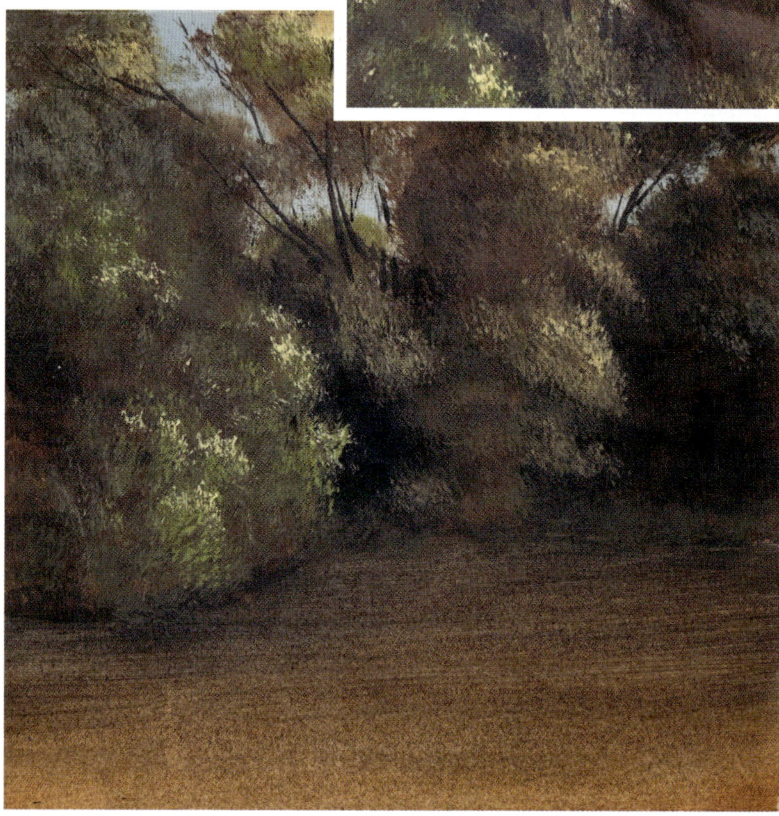

SCHRITT 6:

Nun malst du einzelne Äste ein. Nutze dafür die schmale Kante des Flachpinsels und den gemischten Schwarzton aus Umbra gebrannt und Preußischblau.

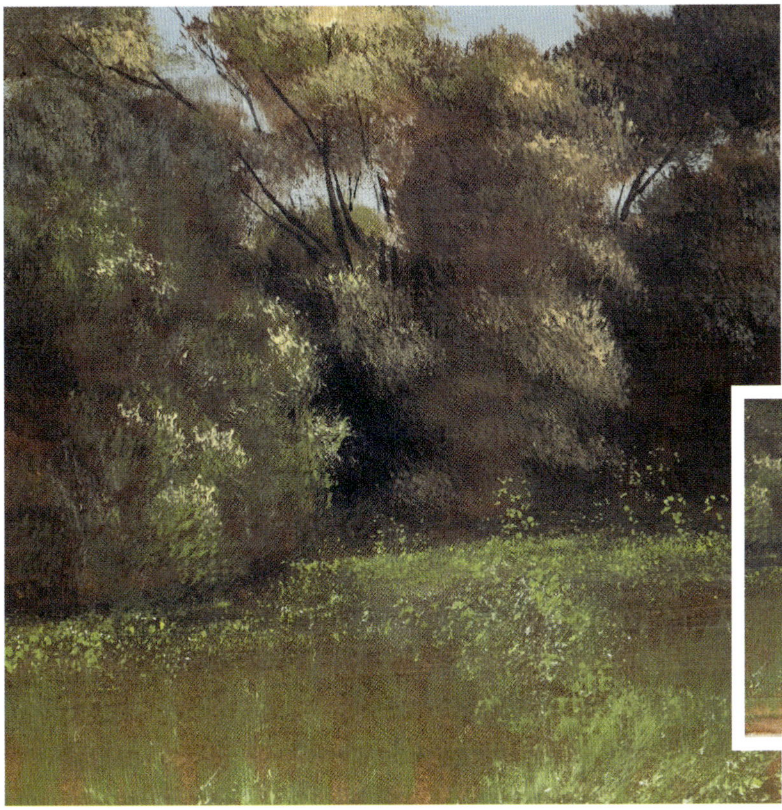

SCHRITT 7:

Jetzt geht es an die Wiese. Wische mit einem trockenen Borstenpinsel den Olivton im vorderen Bildbereich von unten nach oben auf den Untergrund. Tupfe darüber mit demselben Ton eine Grasstruktur. Dafür eignet sich der große Borstenpinsel sehr gut, weil er viel Fläche mit nur einem Tupfer abdeckt. Für größere Grasakzente im vorderen Bildbereich kannst du für punktuelle Tupfer gern nur die Ecke des großen Borstenpinsels einsetzen.

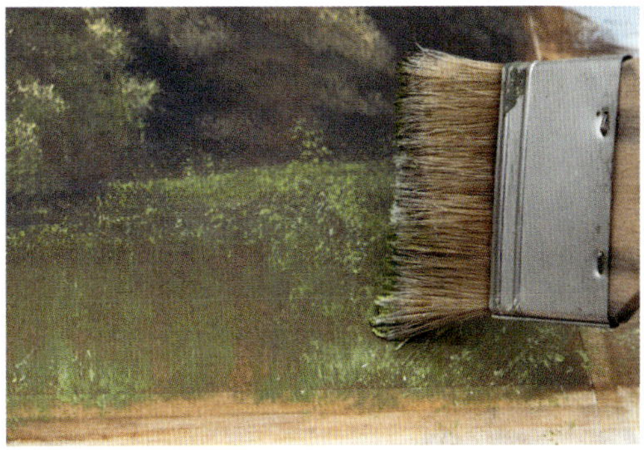

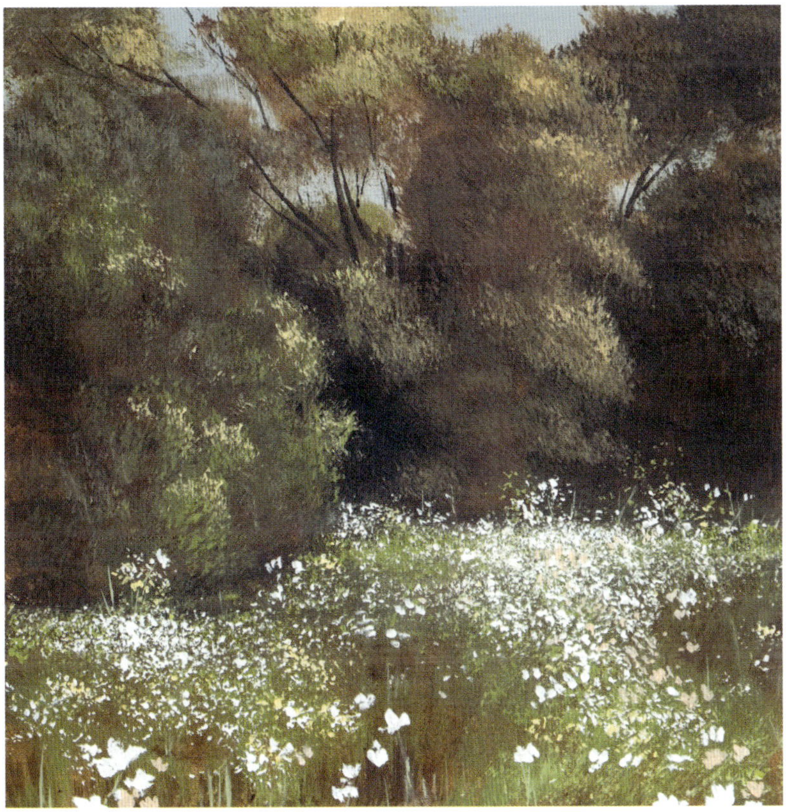

SCHRITT 8:

Füge zum Schluss noch einige Blumen in Titanweiß, einem hellen Gelb und einem hellen Pfirsichton hinzu. Male einzelne, größere Blüten mit der Ecke deines Flachpinsels und tupfe die Blütenblätter auf. Dadurch ist ein schmaler Rundpinsel in diesem Fall nicht zwingend notwendig.

TIPP

Äste in Bäume male ich nicht durchgehend. Ich lasse immer wieder kleine Zwischenräume frei, sodass es aussieht, als würde der Ast hinter Blattwerk liegen.

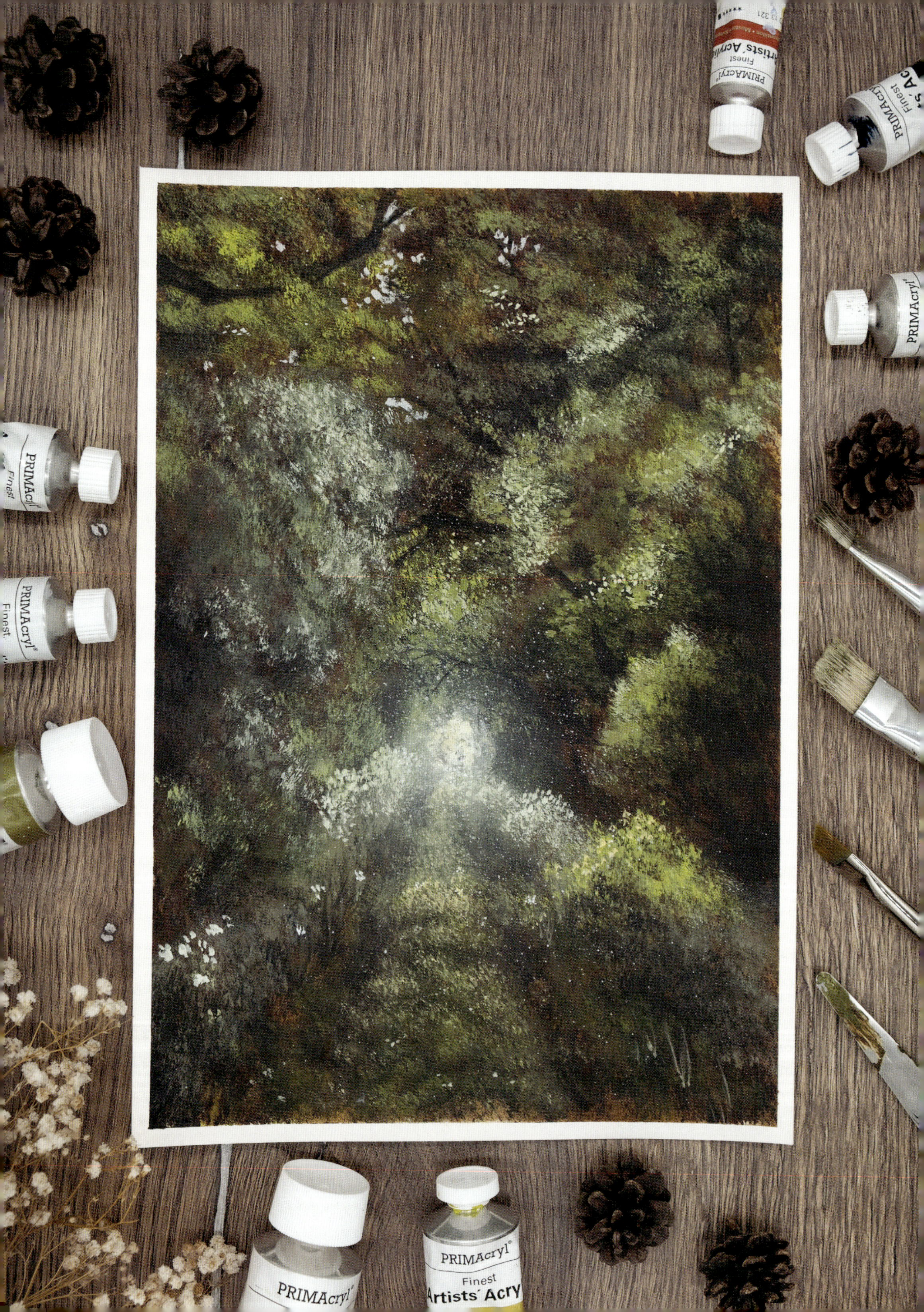
PRIMAcryl®
Finest

Dichter WALD

MÖCHTEST DU DEN BLICK IN EINEN DICHTEN WALD MALEN, KANNST DU DIE BÄUME EBENFALLS ALS EINE STRUKTURELL ZUSAMMENHÄNGENDE „BAUMMASSE“ GESTALTEN. WENN SEHR VIELE BÄUME NAH BEIEINANDERSTEHEN UND MAN SICH MITTEN UNTER IHNEN BEFINDET, NIMMT MAN OFT NUR NOCH GRÜNSCHATTIERUNGEN UND STRUKTUREN STATT EINZELNER BÄUME WAHR.

MATERIAL

PINSEL

- Borstenpinsel Größe 25, 16, 12
- Kapselpinsel Größe 12; alternativ eignet sich auch ein Make-up-Puderpinsel
- Rundpinsel Größe 20, 2 • Flachpinsel Größe 12
- Schrägpinsel Größe 4

FARBEN

- Umbra gebrannt • Preußischblau • Karminrot
- Neapelgelb hell • Olivgrün; alternativ kann der Ton aus Neapelgelb dunkel und Preußischblau gemischt werden
- Titanweiß • Mischweiß

MISCHFARBEN

- „Schwarz“, gemischt aus Umbra gebrannt und Preußischblau
- Dunkles Grün, gemischt aus Olivgrün und Preußischblau
- Helles Grün, gemischt aus Olivgrün und Titanweiß

Weitere Grünschattierungen könne durch Zugabe von Mischweiß, mehr Gelb- oder Blauanteil gemischt werden.

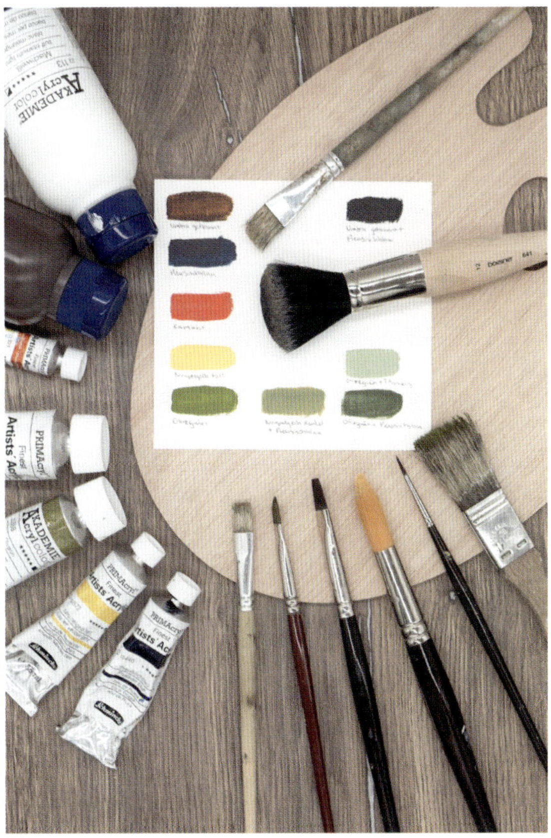

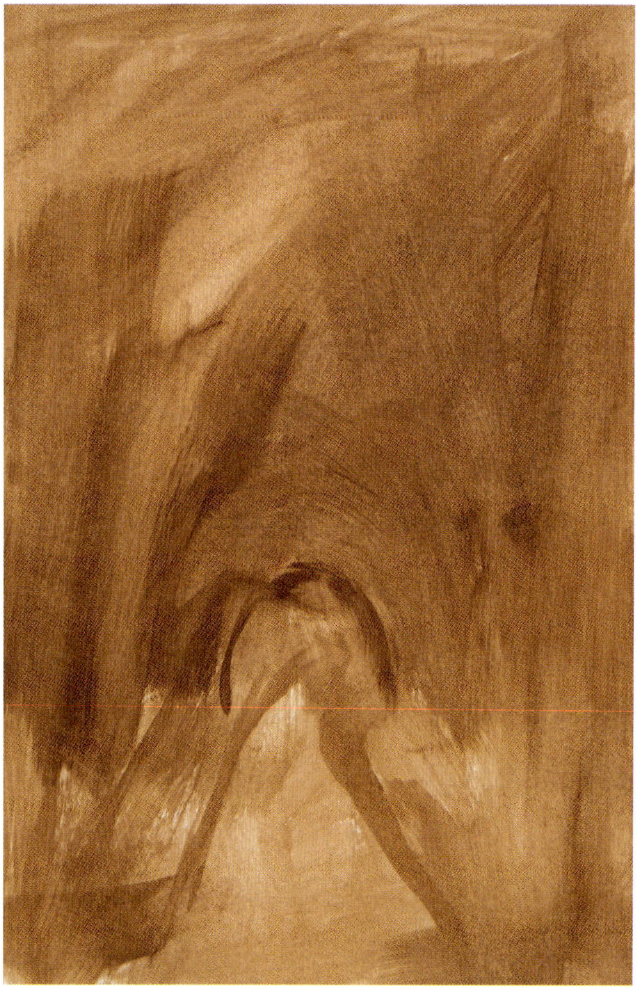

SCHRITT 1:

Grundiere wie immer mit verdünntem Umbra gebrannt und lege hier die grobe Formsprache des Bildes fest – ein Waldweg durch einen dichten Wald.

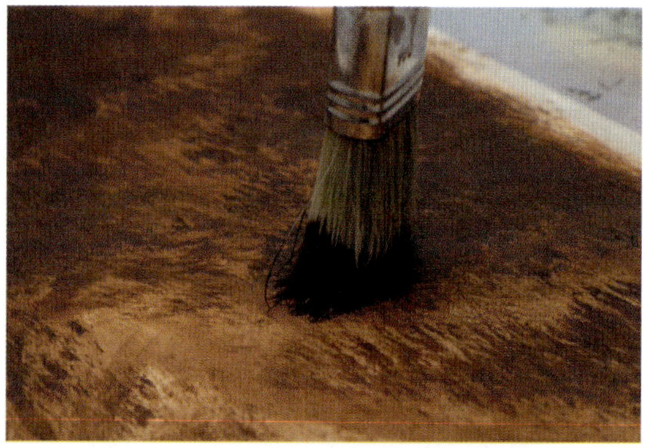

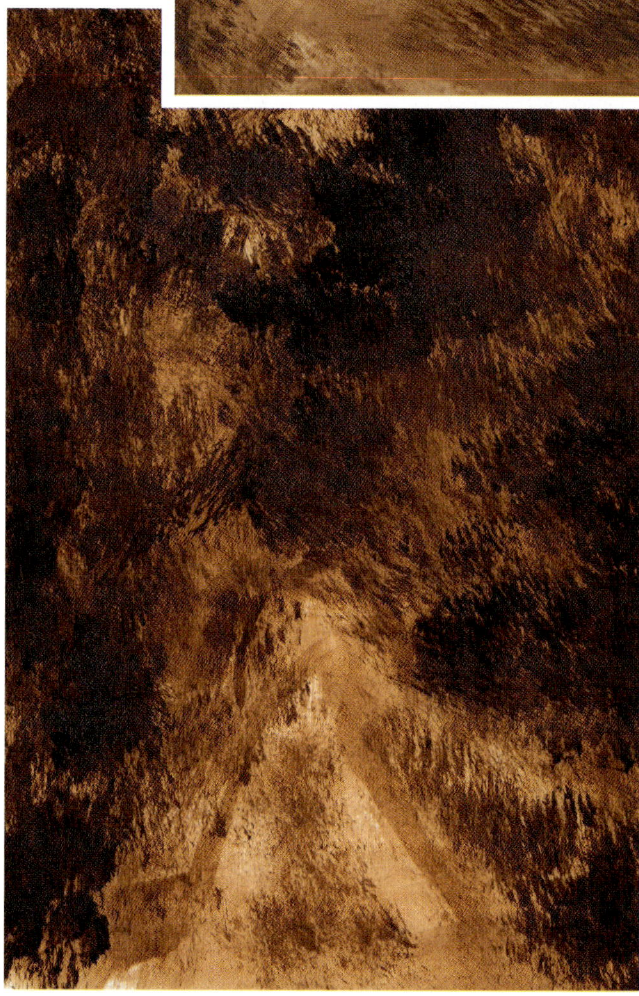

SCHRITT 2:

Tupfe mit dem großen Borstenpinsel eine Farbschicht mit Umbra gebrannt auf und sorge damit für die erste Schicht der späteren Blätterstruktur. Hier muss nicht ordentlich gearbeitet werden.

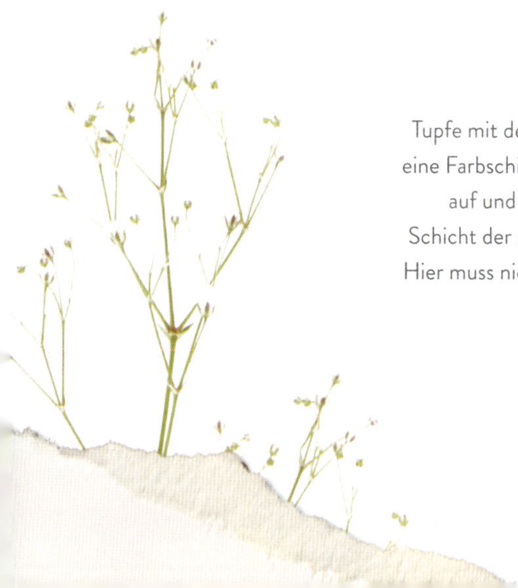

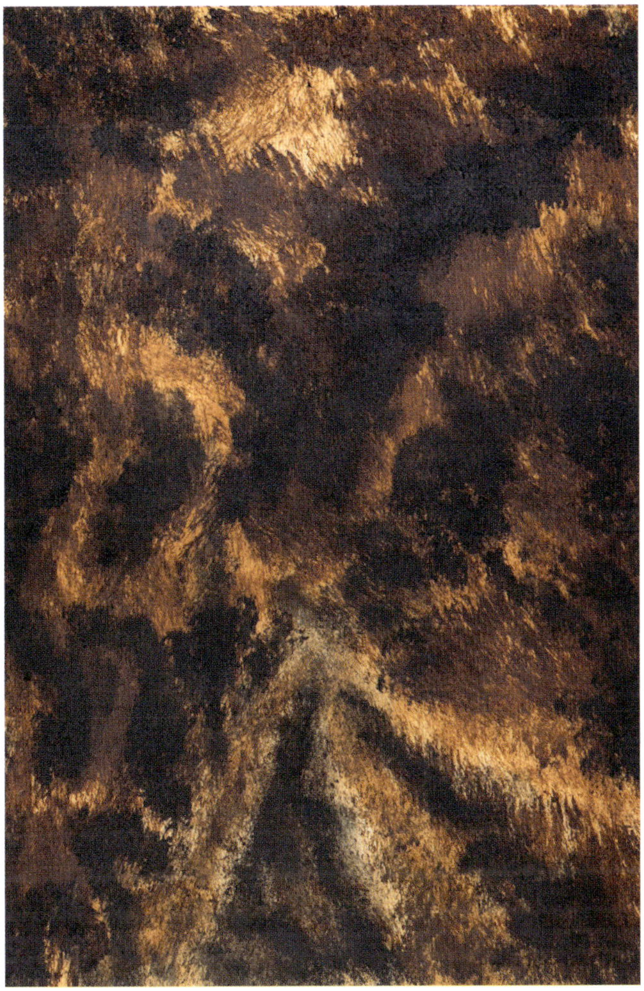

SCHRITT 3:

Intensiviere jetzt die Schatten mit deinem gemischten Schwarzton. Arbeite dabei den Waldweg in der Mitte schon etwas heraus.

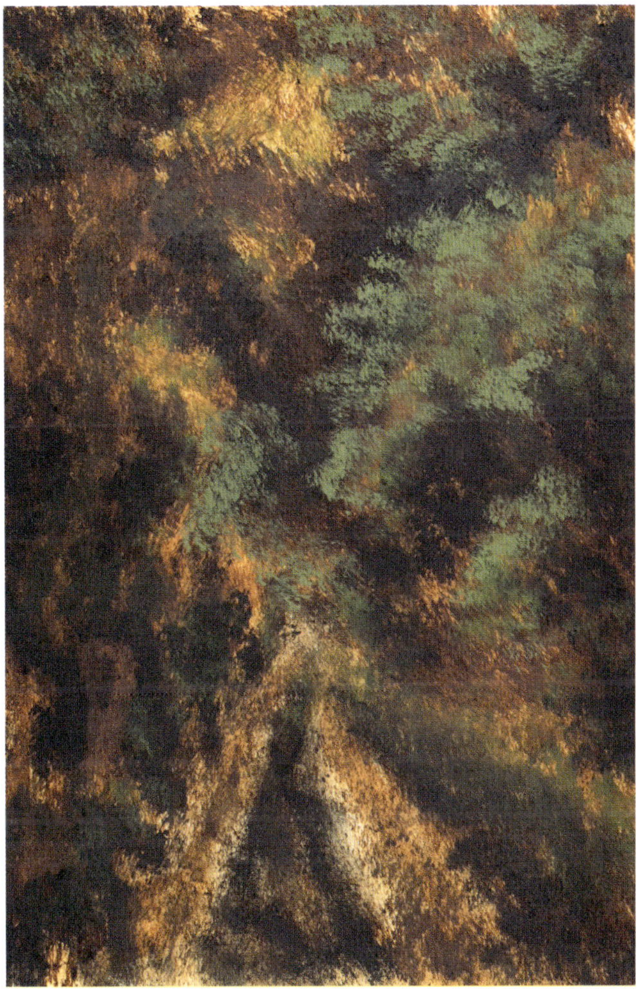

SCHRITT 4:

Tupfe die nächste Schicht mit einem kühlen Grünton, gemischt aus Olivgrün und Preußischblau, auf. Die Lichtquelle wird später am Ende des Wegs im unteren mittleren Drittel des Bildes sein, orientiere dich daher mit den helleren Stellen des Blattwerks in diese Richtung. Alles, was zur Lichtquelle hinzeigt, wird angestrahlt und ist somit heller.

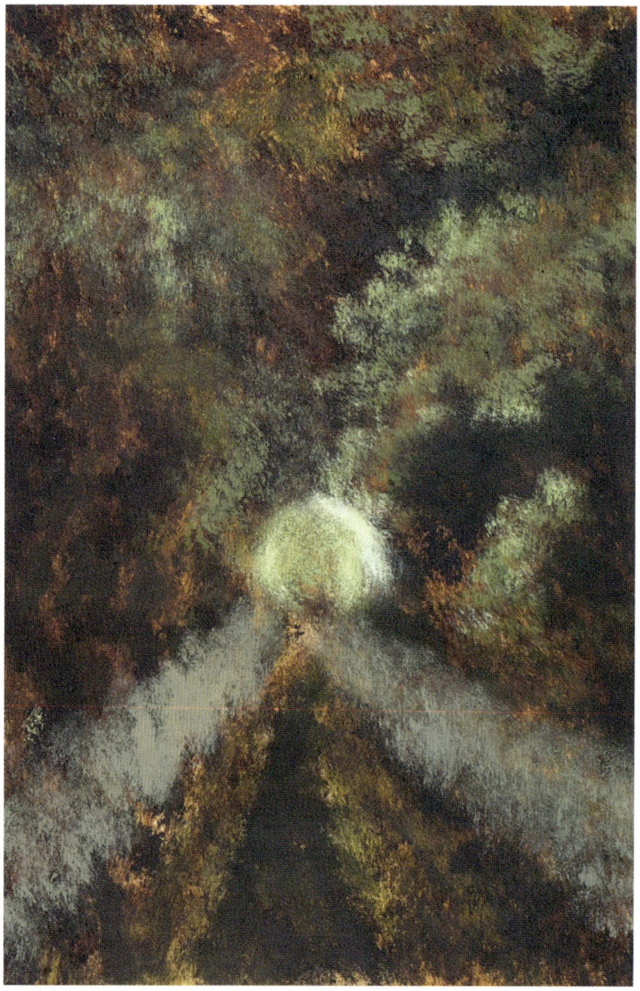

SCHRITT 5:

Trage weitere Grüntöne übereinander auf, dabei werden die Töne immer heller. Definiere den hellen Bereich am Ende des Wegs schon mal mit einem sehr hellen Grünton. Die Gräser und Büsche am Wegesrand kannst du ebenfalls schon einmal mit einem hellen, kühlen Grünton aus Titanweiß, Olivgrün und Preußischblau vortupfen. Arbeite hier mit dem trockenen Borstenpinsel mittlerer Größe.

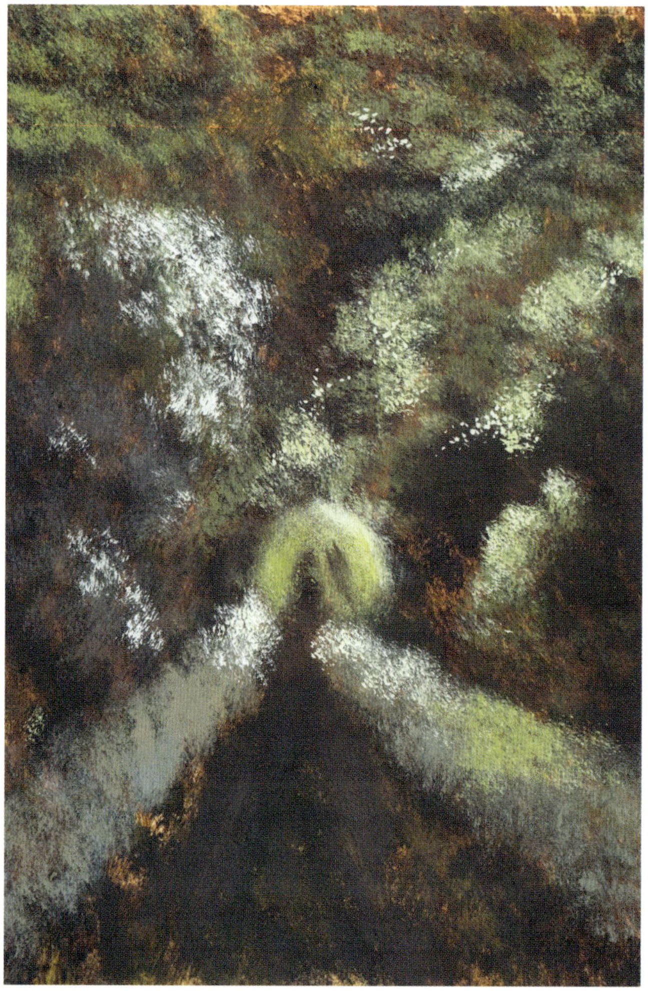

SCHRITT 6:

Dunkle nun den Weguntergrund noch etwas ab. Setze anschließend mit dem hellen, kühlen Grünton und dem Borstenpinsel eine leichte Struktur über den Waldweg. Tupfe dann mit demselben Farbton links ganz leicht eine weitere Schicht auf die Bäume. Setze danach mit dem kleinen Borstenpinsel Highlights mit sehr hellen Grüntönen: Links ist der Ton etwas kühler und im rechten Blattwerk etwas wärmer, also gelbstichiger. Das sorgt dafür, dass die Bäume visuell etwas besser als einzelne Exemplare erkennbar sind.

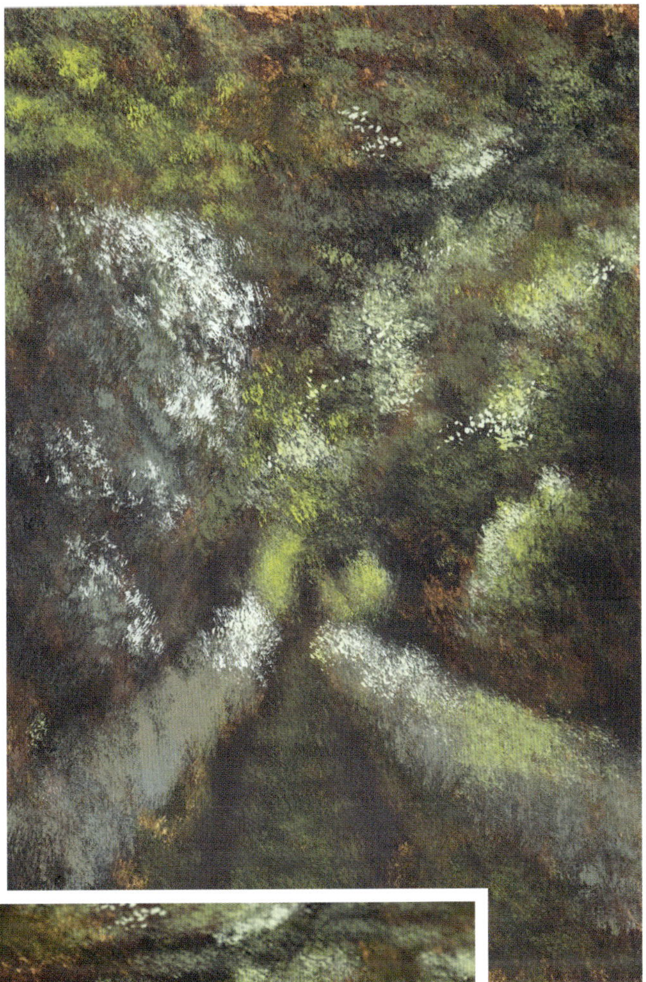

SCHRITT 7:

Gib noch einen warmen Grünton aus Olivgrün und etwas Neapelgelb hell darüber und setze einzelne, hellgelbe Akzente mit dem schmalen Rundpinsel und dem Borstenpinsel.

Tupfe mit einem mittleren Grünton auf den Waldweg eine leichte Struktur und setzte Highlights bei den Büschen am Wegesrand.

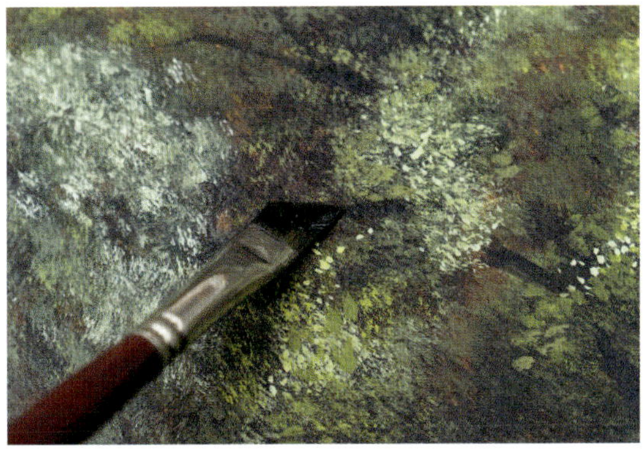

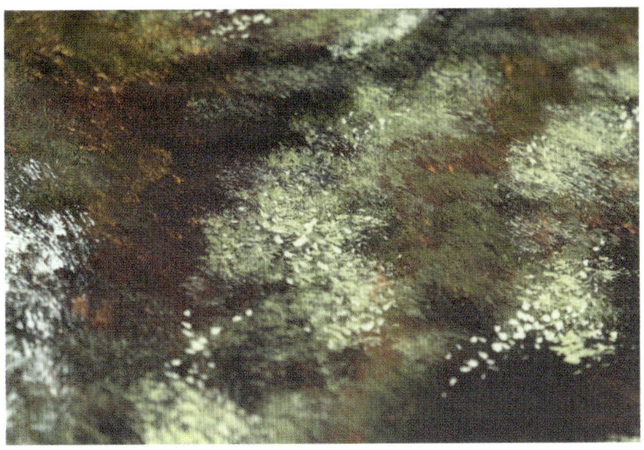

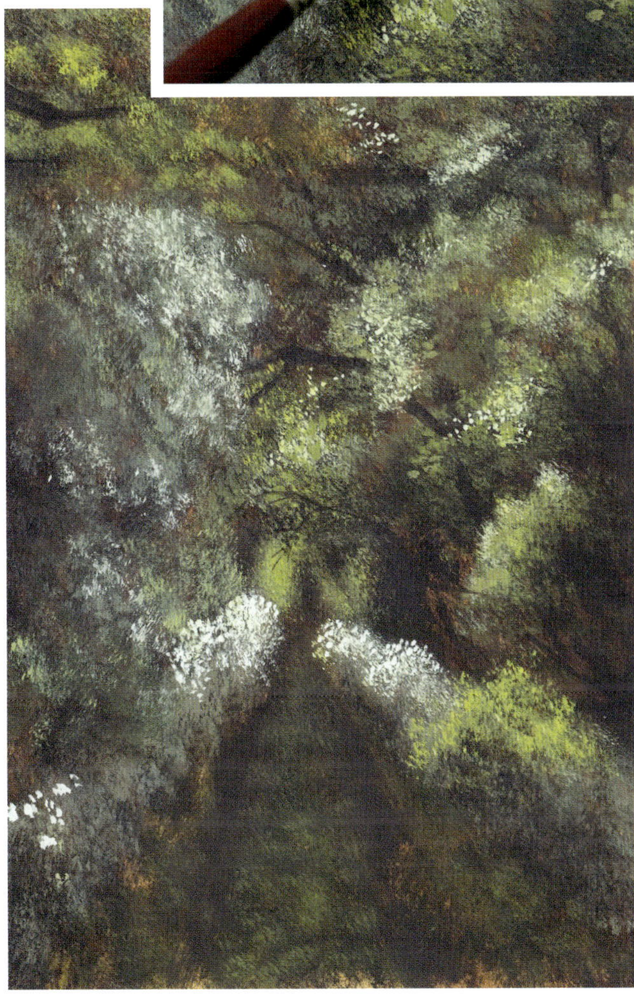

SCHRITT 8:

Mit dem Malen der Äste sorgst du nun für etwas Ordnung in dem ganzen Walddurcheinander. Unterbrich auch hier den Verlauf der Äste ab und zu – das wirkt natürlicher. In diesem Beispiel wurden die Äste mit einem Schrägpinsel gemalt. Du kannst entscheiden, ob es dir mit einem Flachpinsel oder einem Schrägpinsel leichter fällt.

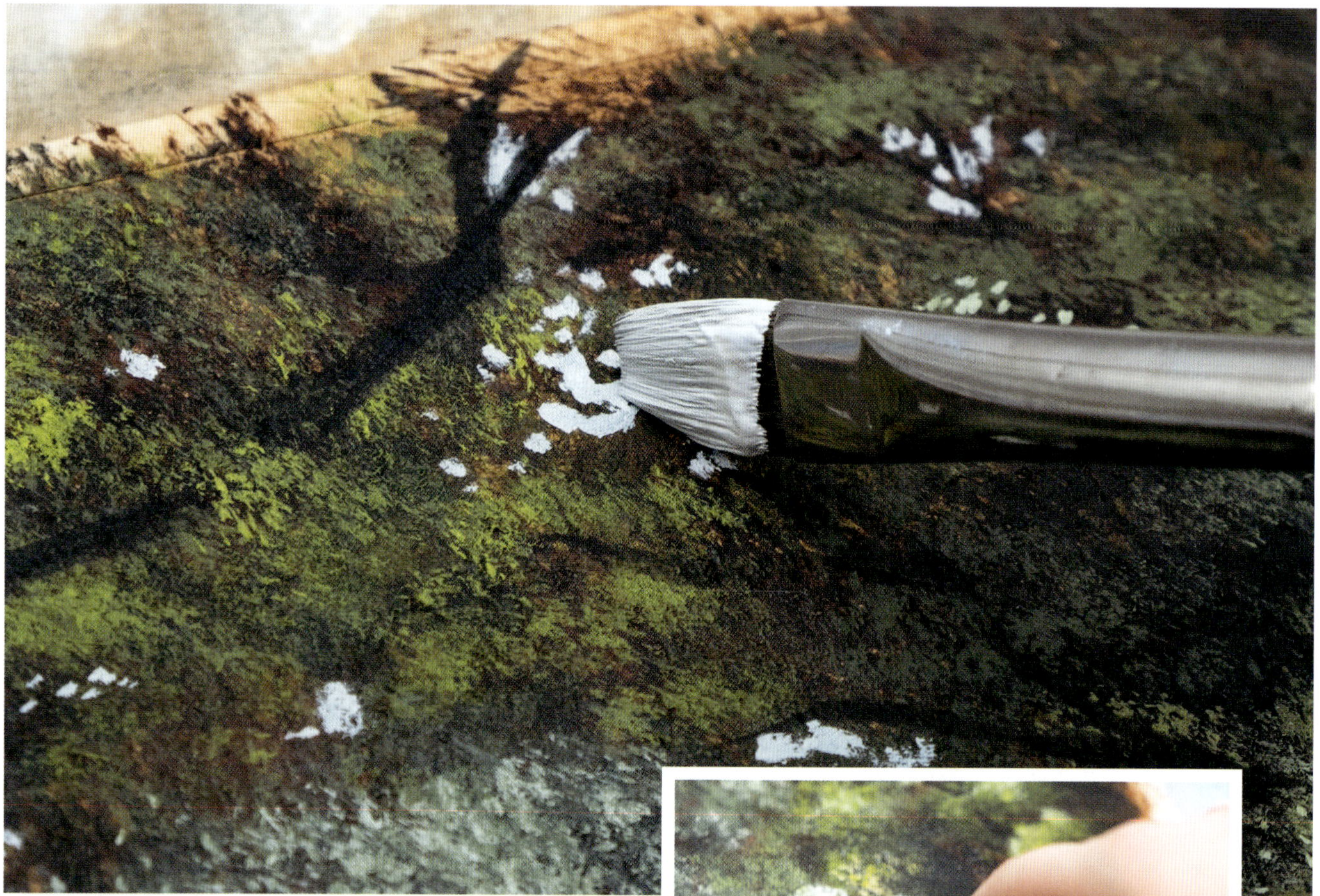

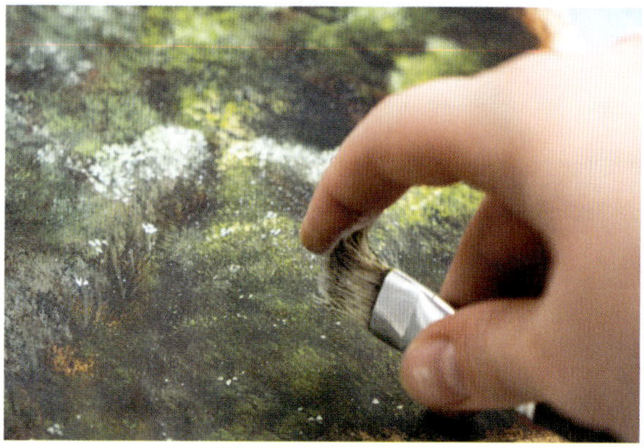

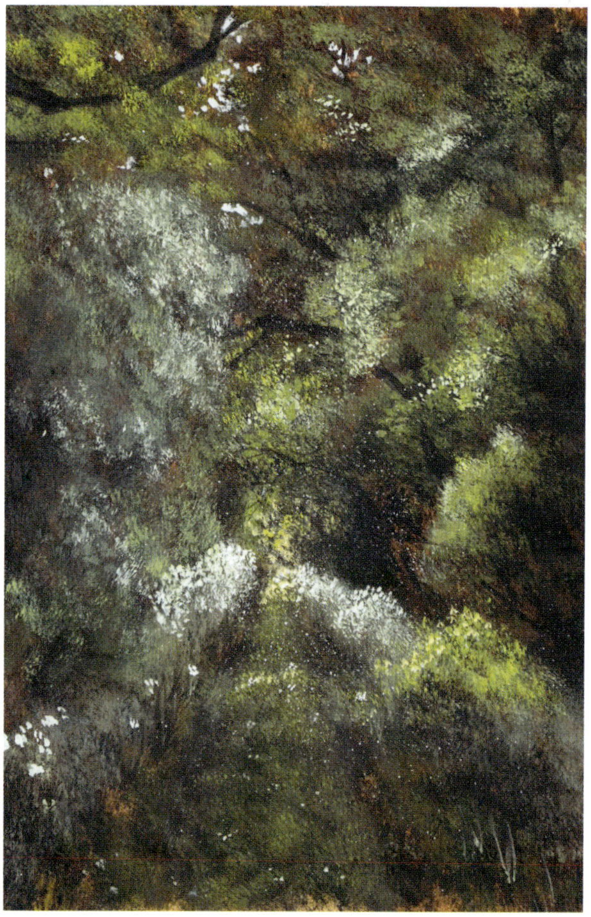

SCHRITT 9:

Im oberen Bildbereich scheint der Himmel an einigen Stellen durch die Blätter – male ihn mit dem Flachpinsel und einem sehr hellen Blau.

Füge im vorderen Bildbereich vereinzelte Blüten und Gräser in Weiß und Hellgrün hinzu. Es ist Frühling und die Pollen fliegen – nimm mit dem Borstenpinsel mit Wasser verdünntes Titanweiß auf und spritze kleine Farbsprenkel auf das Bild, indem du deinen Finger über die Borsten des Pinsels gleiten lässt.

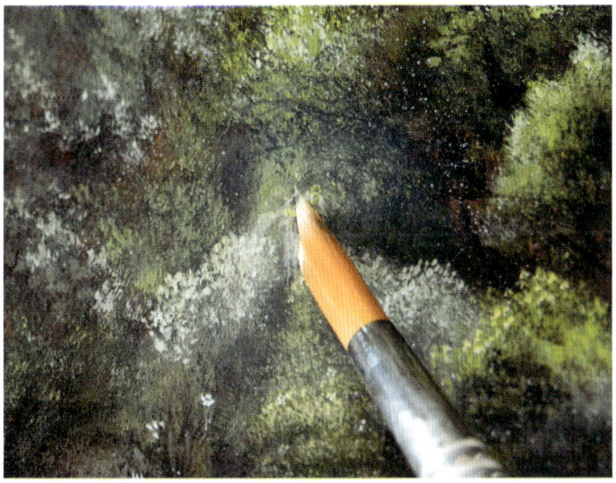

SCHRITT 10:

Gib zum Schluss eine Mischung aus Neapelgelb hell, Titanweiß und Wasser dick auf die Stelle, die das Ende des Wegs darstellt.

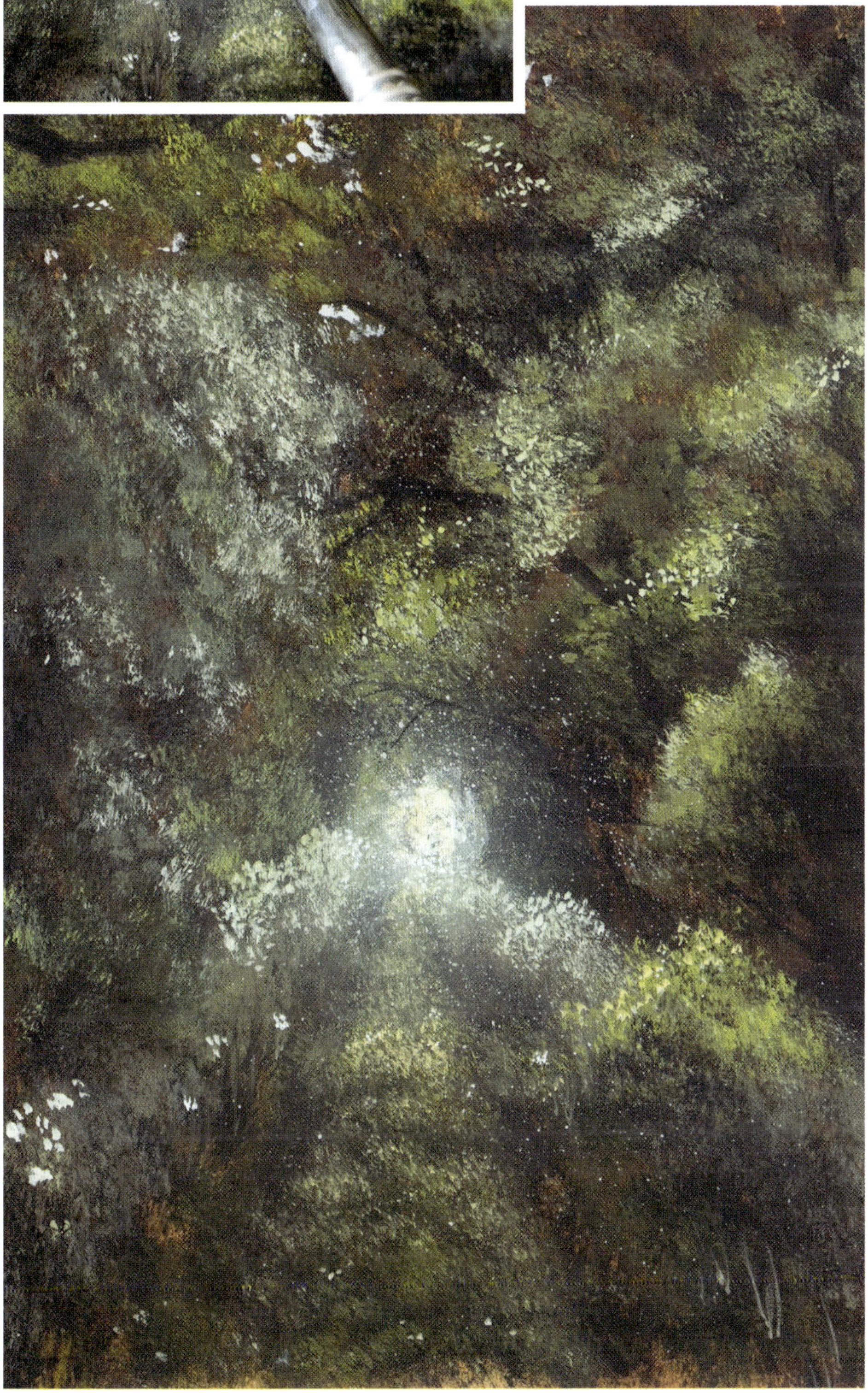

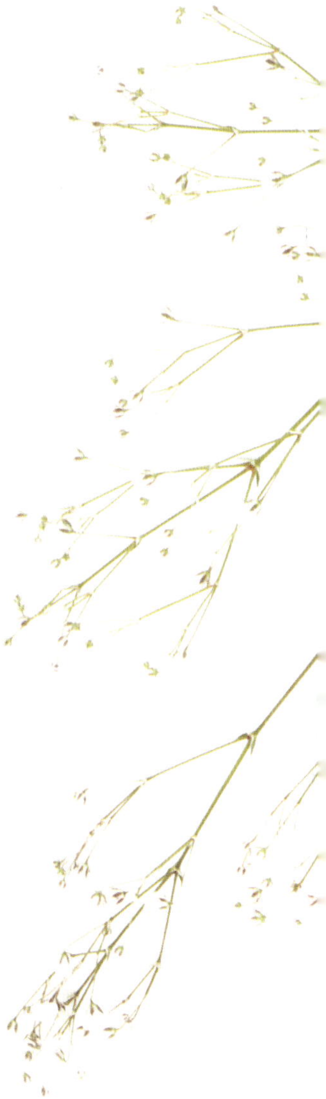

Verwische den Farbauftrag dann schnell in kreisenden Bewegungen mit dem buschigen, trockenen Kapselpinsel. Auf diese Weise erschaffst du einen Lichtschein, der vom Ende des Wegs her leuchtet.

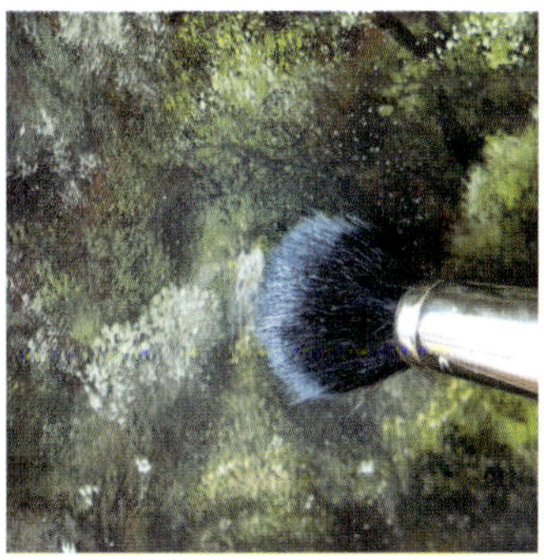

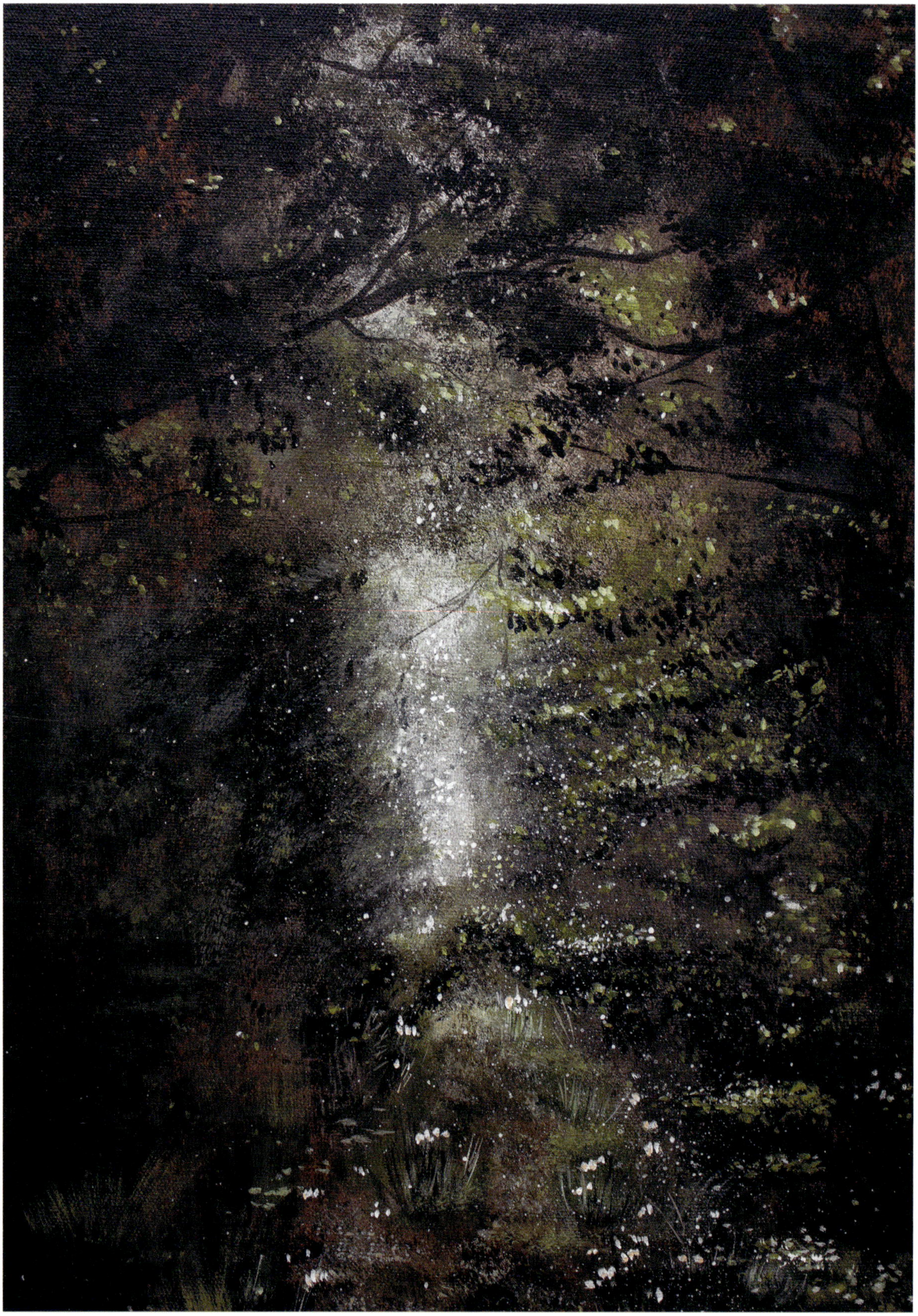

Hier siehst du noch weitere Motivbeispiele, die den Blick in einen dichten Wald darstellen.
Durch unterschiedliche Farbgebung und Lichtstimmung lassen sich verschiedene Wirkungen erzielen.

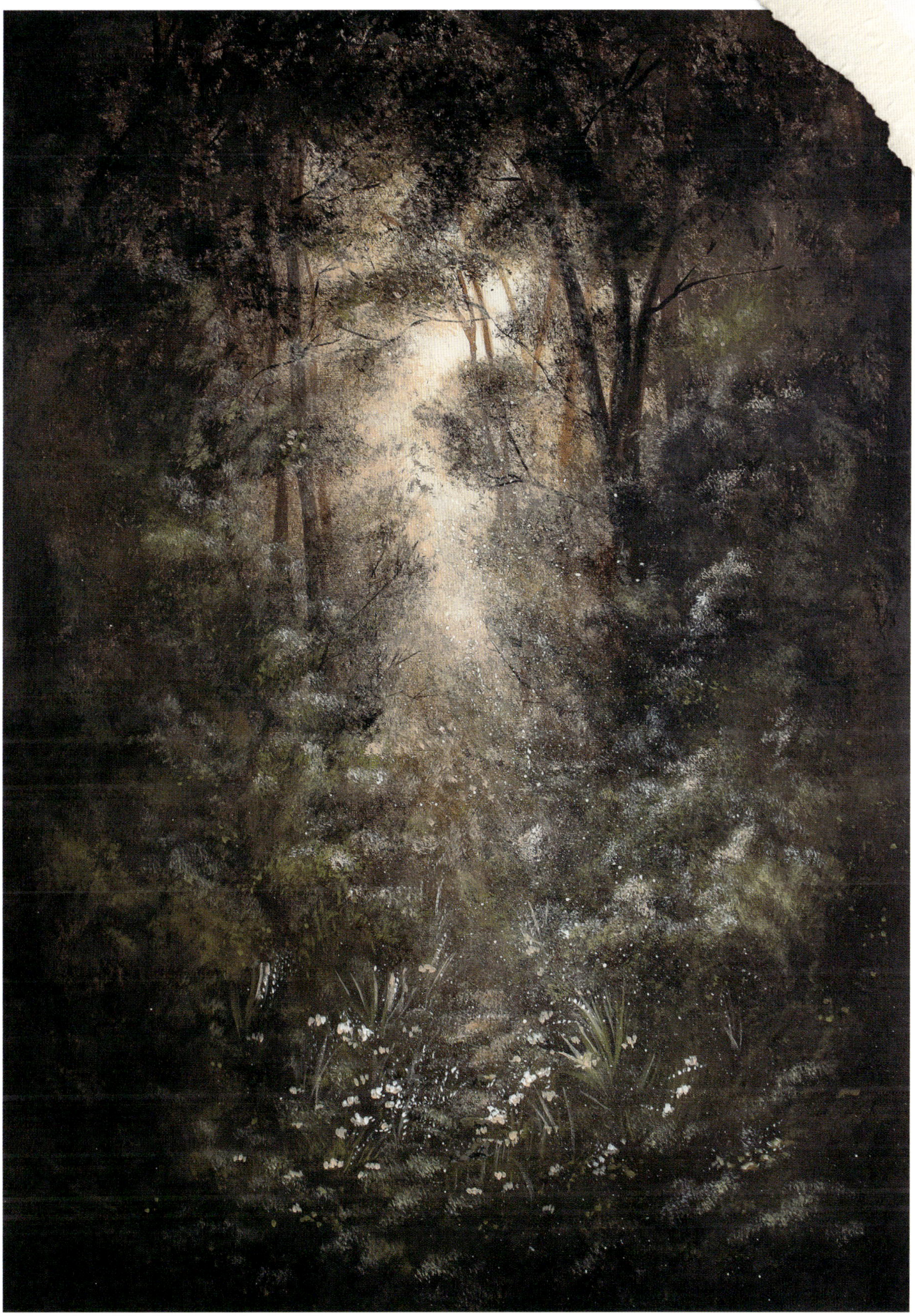

DICHTER WALD

HOW TO:

Atmosphärische Bilder

Atmosphärische Landschaftsbilder sind schön anzusehen und gar nicht so schwer zu malen. Um die gewünschte Stimmung zu kreieren, kannst du dir verschiedene Parameter zunutze machen –die Farbgebung, die Lichtsituation oder Wetterphänomene. Ich stelle dir hier meine liebsten zwei Arten vor, Atmosphäre zu schaffen: einmal durch das Darstellen einer nebeligen Landschaft und einmal durch eine Lichtstimmung, wie einen Sonnenuntergang.

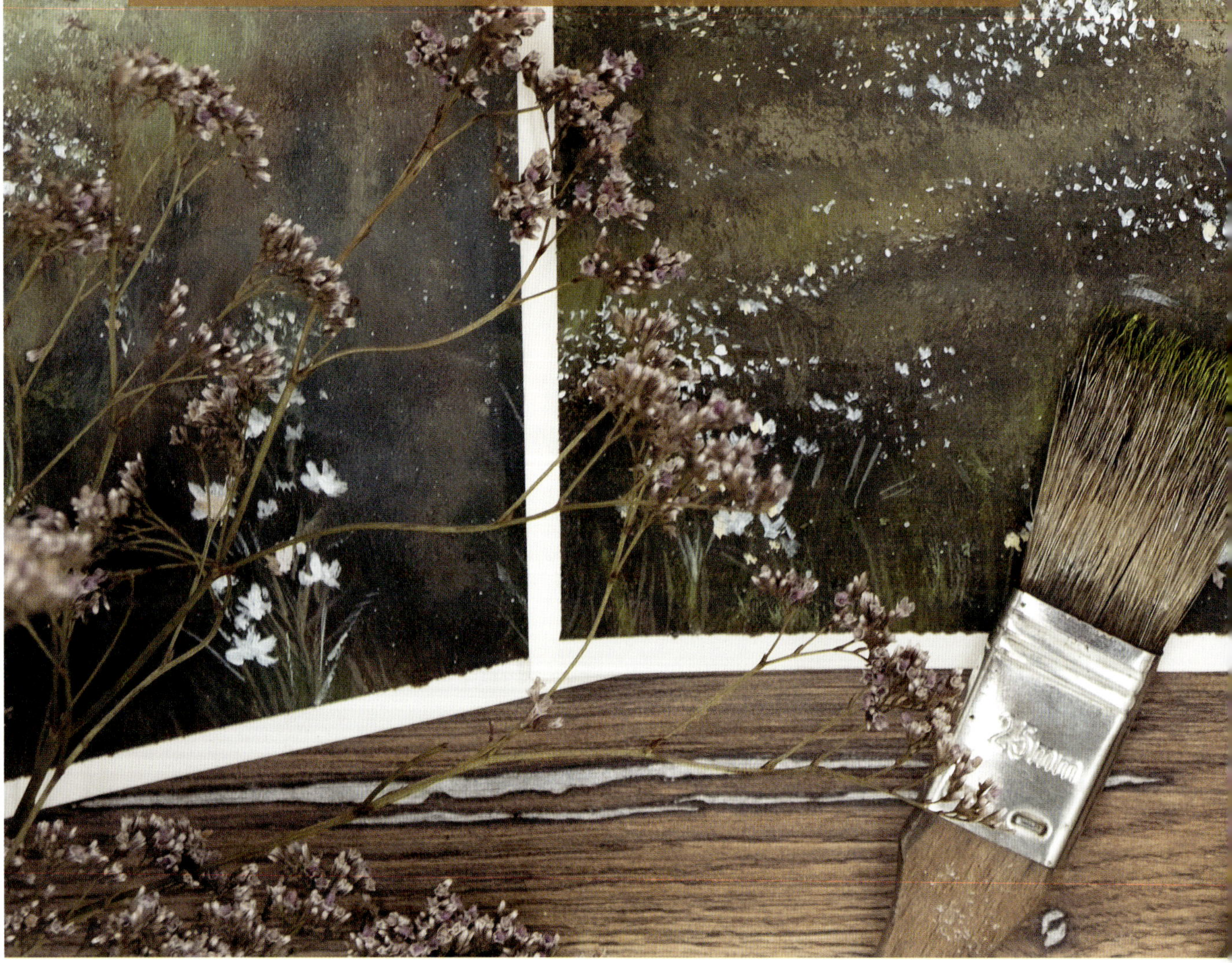

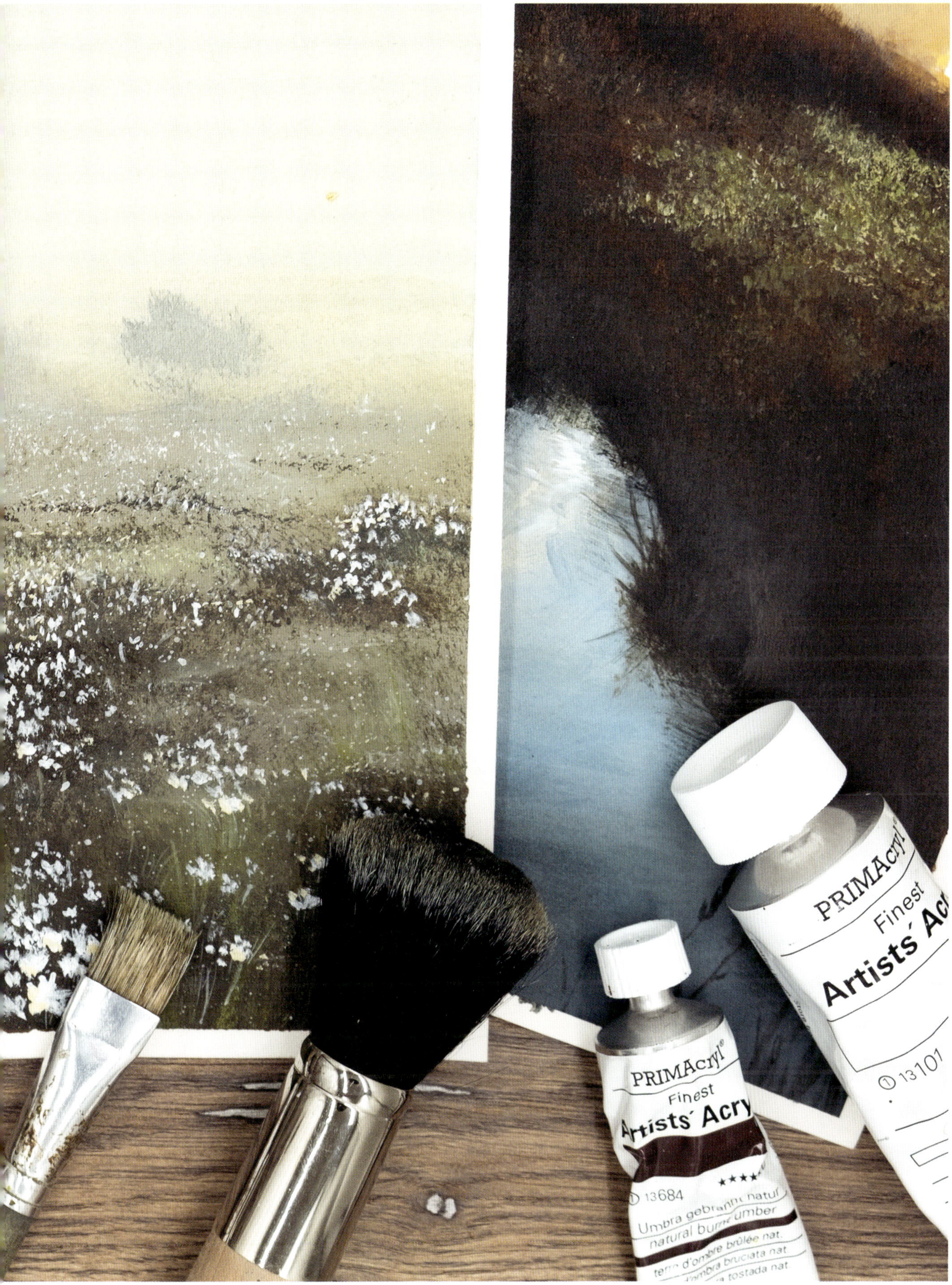
PRIMAcryl®
Finest
Artists´ Ac
13101
PRIMAcryl®
Finest
Artists´ Acry
13684
natural burnt umber
terre d'ombre brûlée nat.

Nebel über EINER WIESE

DIESES MOTIV IST VON DER HERANGEHENSWEISE ÄHNLICH WIE DIE MOTIVE IM KAPITEL WIESE (SIEHE SEITE 44FF.). ICH ZEIGE DIR, WIE DU AUS EINER RECHT EINFACHEN WIESE EINE NEBELVERHANGENE, MORGENDLICHE HERBSTSTIMMUNG ZAUBERN KANNST.

MATERIAL

PINSEL

- Borstenpinsel Größe 60, 16
- Kapselpinsel Größe 12; hier eignet sich auch ein fluffiger Make-up-Puderpinsel • Rundpinsel Größe 2
- Flachpinsel Größe 60, 24 • Fächerpinsel Größe 1

FARBEN

- Umbra gebrannt • Preußischblau • Neapelgelb dunkel
- Olivgrün; alternativ kann der Ton aus Neapelgelb dunkel und Preußischblau gemischt werden
- Elfenbein; alternativ kann der Ton aus Neapelgelb dunkel, einem Hauch Preußischblau und Titanweiß gemischt werden • Titanweiß • Mischweiß

MISCHFARBEN

- „Schwarz", gemischt aus Umbra gebrannt und Preußischblau • Dunkles Grün, gemischt aus Olivgrün und Preußischblau • Helles Grün, gemischt aus Olivgrün und Titanweiß • Helles kühles Grün, gemischt aus Olivgrün, Preußischblau und Titanweiß

Weitere Grünschattierungen könne durch Zugabe von Mischweiß, mehr Gelb- oder Blauanteil gemischt werden.

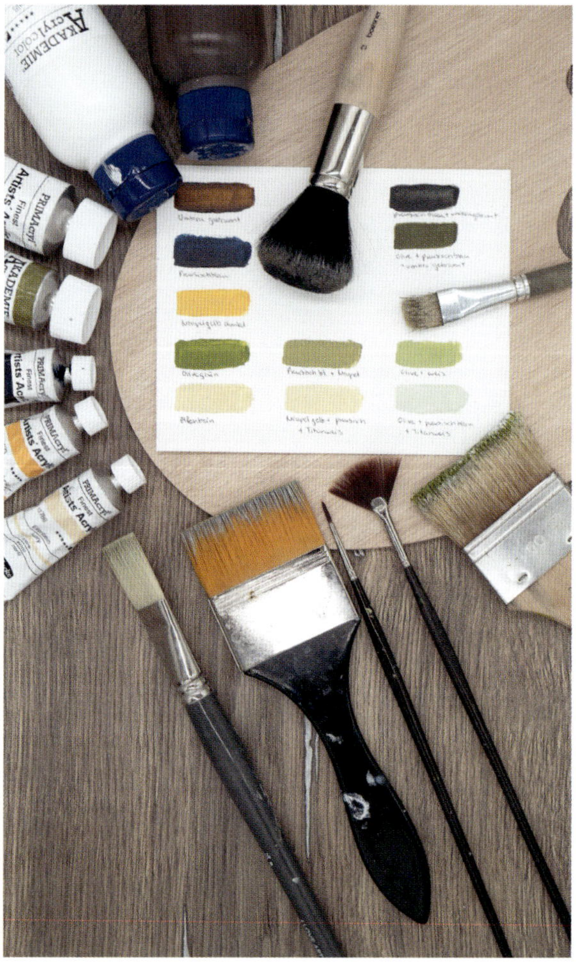

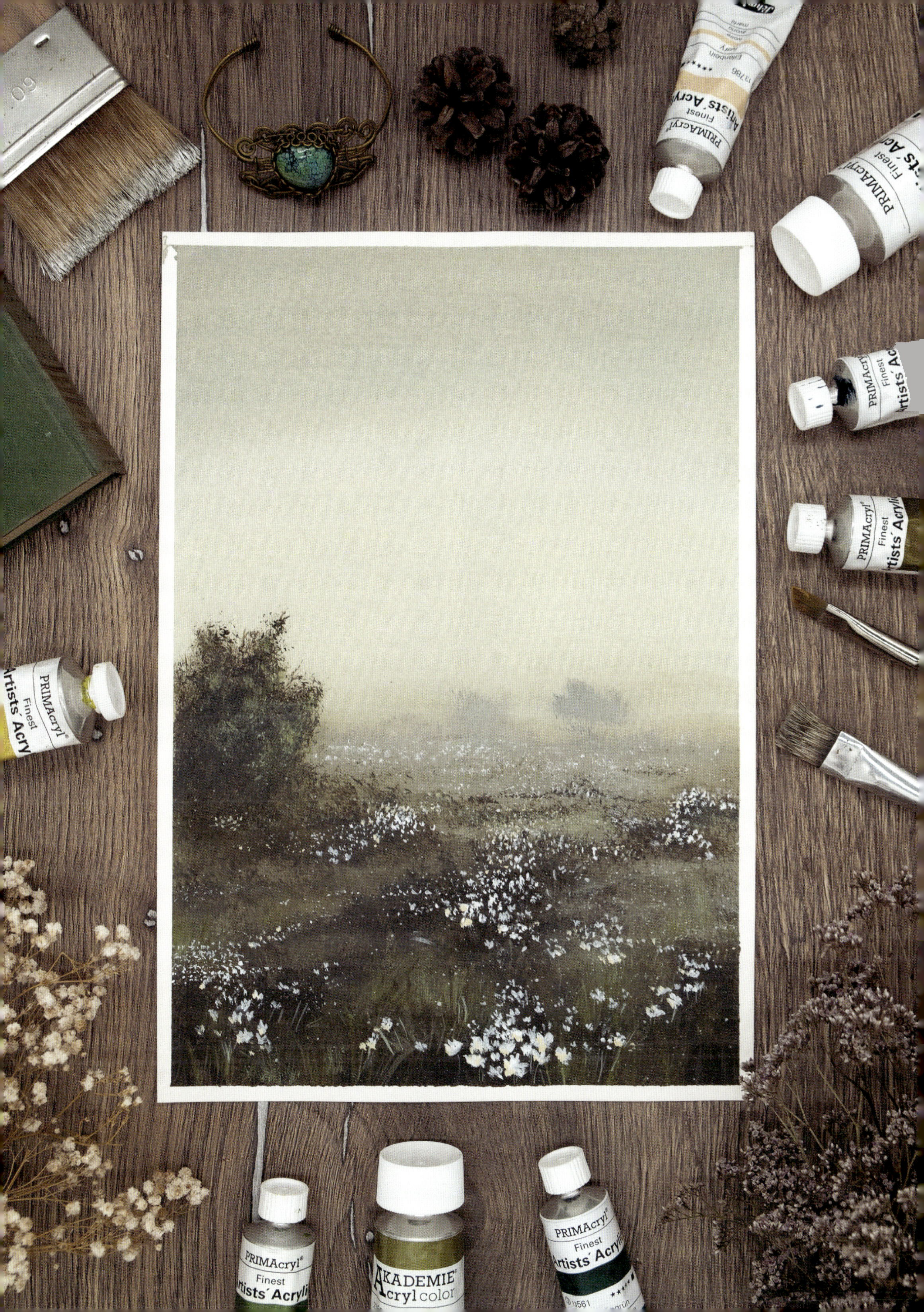
PRIMAcryl®
Finest
Artists' Acrylic
AKADEMIE®
Acryl color

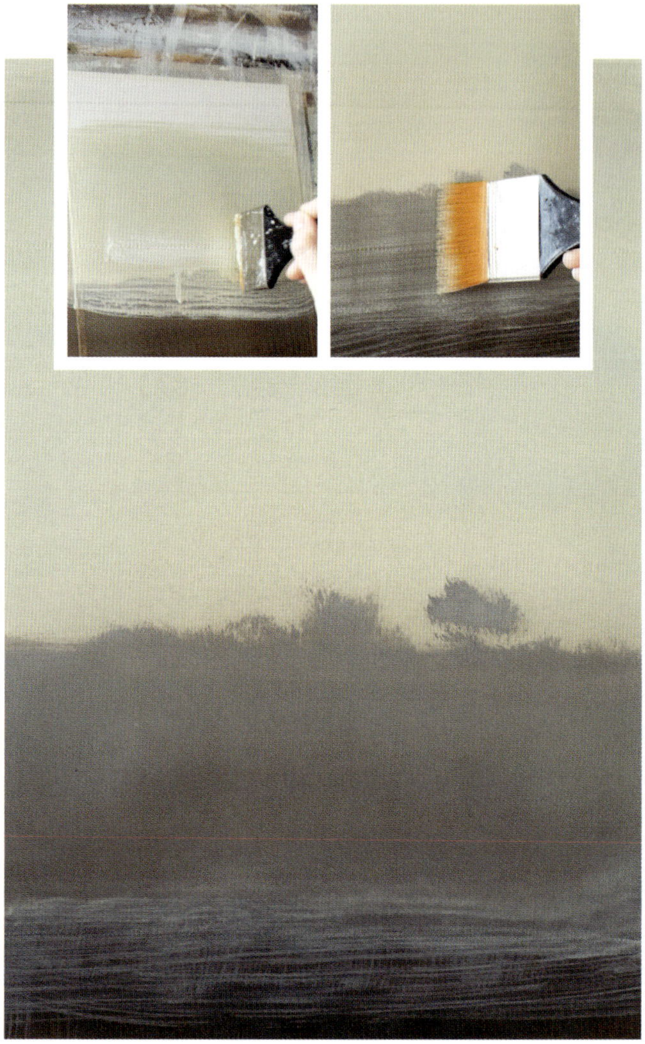

SCHRITT 1:
Beginne mit einer Mischung aus Umbra gebrannt und Titanweiß und trage sie in einem leichten Verlauf im unteren Drittel des Bildes auf. Nach oben hin wird der Farbton etwas heller. Deute die Silhouette von Bäumen und Büschen im Hintergrund mit einem Borstenpinsel an.

SCHRITT 2:
Verdünne Mischweiß und ein klein wenig von dem hellen, kühlen Grünton mit ausreichend Wasser. Es soll eine milchig-trübe Mischung entstehen. Nimm den großen, weichen Flachpinsel zur Hand und wische die Mischung mit zügigen Pinselstrichen über das Bild.

TIPP

Sollte der Malgrund beim Auftragen der Nebelschicht zu nass werden, kannst du überschüssige Flüssigkeit mit einem trockenen, großen Flachpinsel abtragen.

Dann muss es schnell gehen: Arbeite die milchige Farbmischung mit dem trockenen Kapselpinsel in kreisenden Bewegungen richtig in das Papier ein. An den Stellen, an denen du mehr Farbe mit dem Pinsel abträgst, erscheint es heller. Wische deshalb den Pinsel zwischendurch an einem trockenen Lappen ab und trage im mittleren Bereich und beim Übergang zum Horizont mehr Farbe ab – ein leichter Farbübergang entsteht. Oft wird dieser erst erkennbar, wenn die Farbe vollständig getrocknet ist.

Diesen Schritt kannst du mehrmals wiederholen, bis der Nebelton die gewünschte Farbe hat.

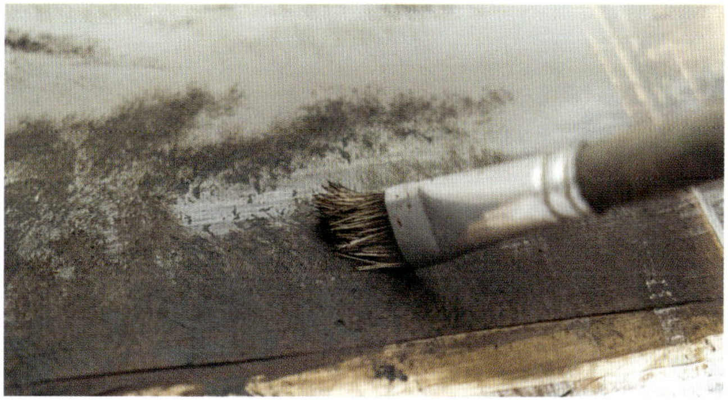

SCHRITT 3:

Tupfe mit einem trockenen Borstenpinsel deinen Schwarzton auf die Wiese und beginne so, die Grasstruktur aufzubauen. Trage den dunklen Ton im hinteren Wiesenbereich leichter auf, da der Nebel dort dichter ist. Tupfe am linken Bildrand noch die Silhouette eines Strauchs.

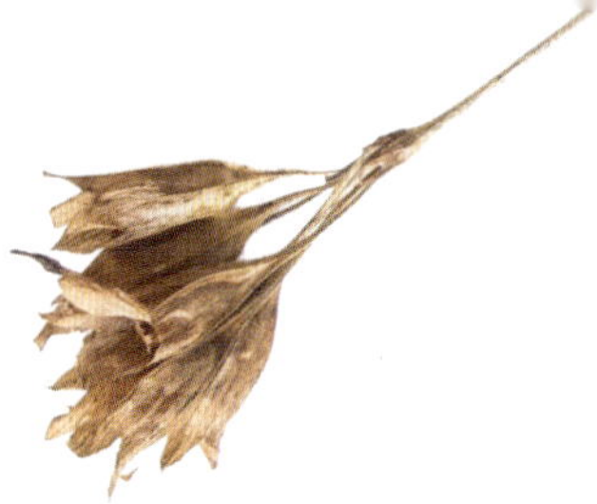

SCHRITT 4:

Kreiere die Wiesenstruktur mit Farbaufträgen aus verschiedenen Grüntönen und dem Borstenpinsel. Halte dich im hinteren Bildbereich mit dunklen Farben zurück. Arbeite mit derselben Farbe die Details des Busches deutlicher heraus.

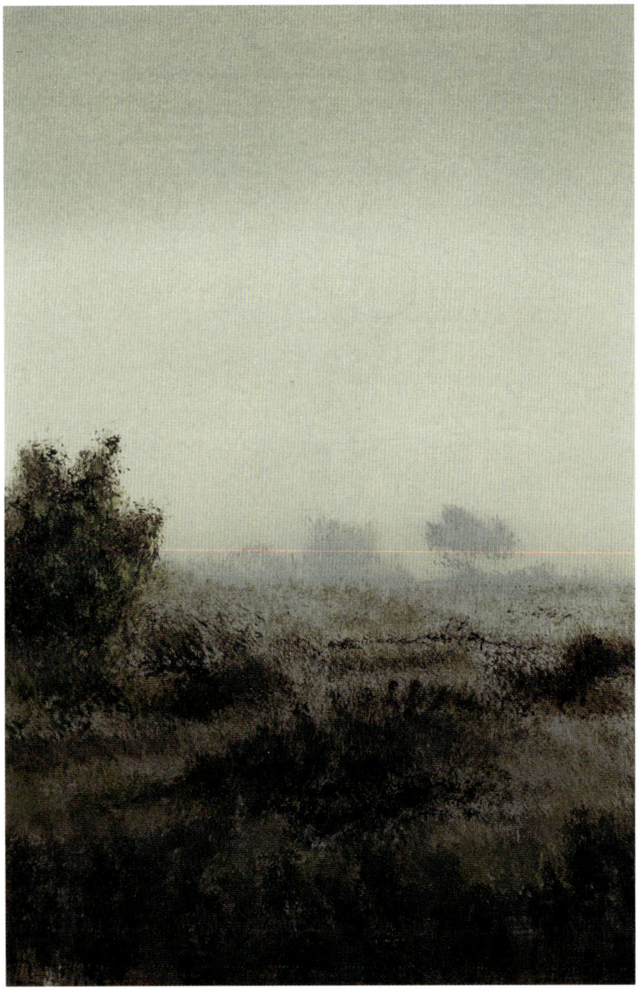

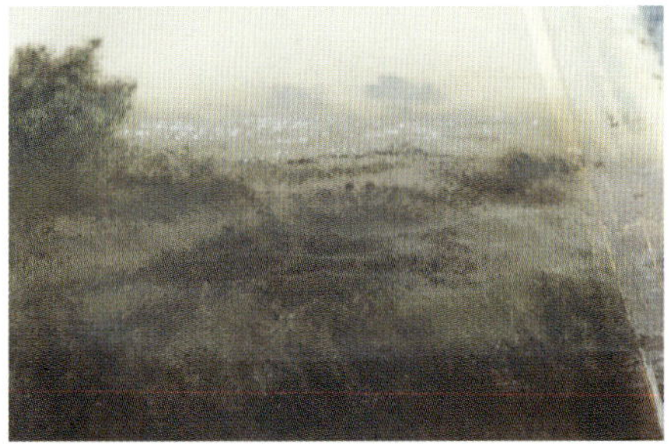

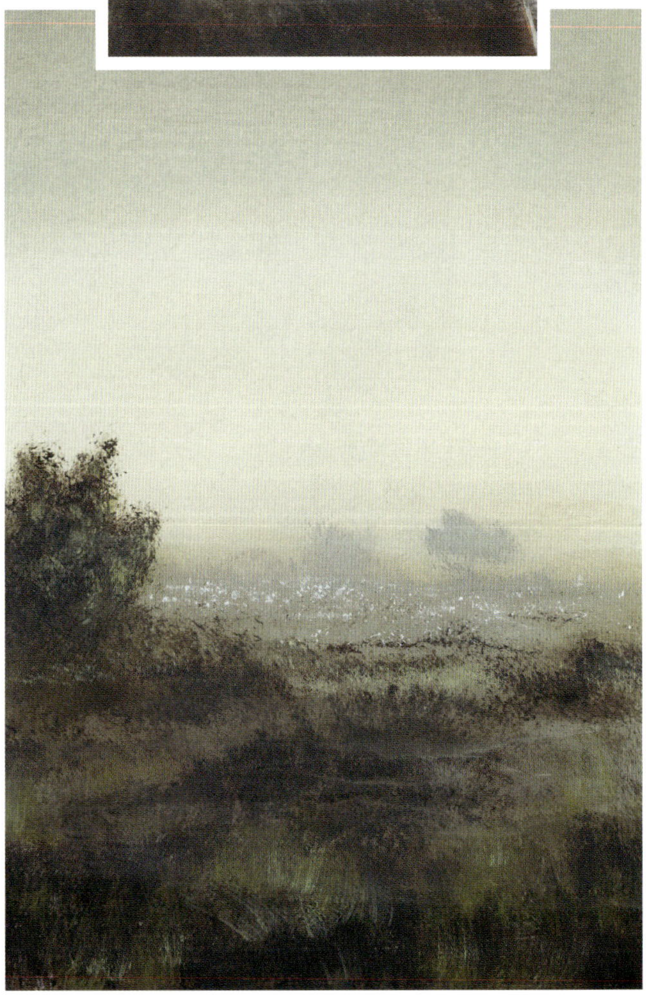

SCHRITT 5:

Greife anschließend zum breiten Flachpinsel, feuchte ihn gut an und nimm etwas Titanweiß auf. Male damit nun Schlieren über die Wiese und verwische sie anschließend mit dem Kapselpinsel in kreisenden Bewegungen.

Dabei dürfen leichte Schlieren entstehen, diese wirken wie Nebelschwaden, die über dem Gras schweben.

Tupfe nun nahe des Horizontes mit dem breiten Borstenpinsel und Titanweiß kleine Blüten auf. Füge noch mit dem trockenen Borstenpinsel und Hellgrün Grasdetails am unteren Bildrand hinzu.

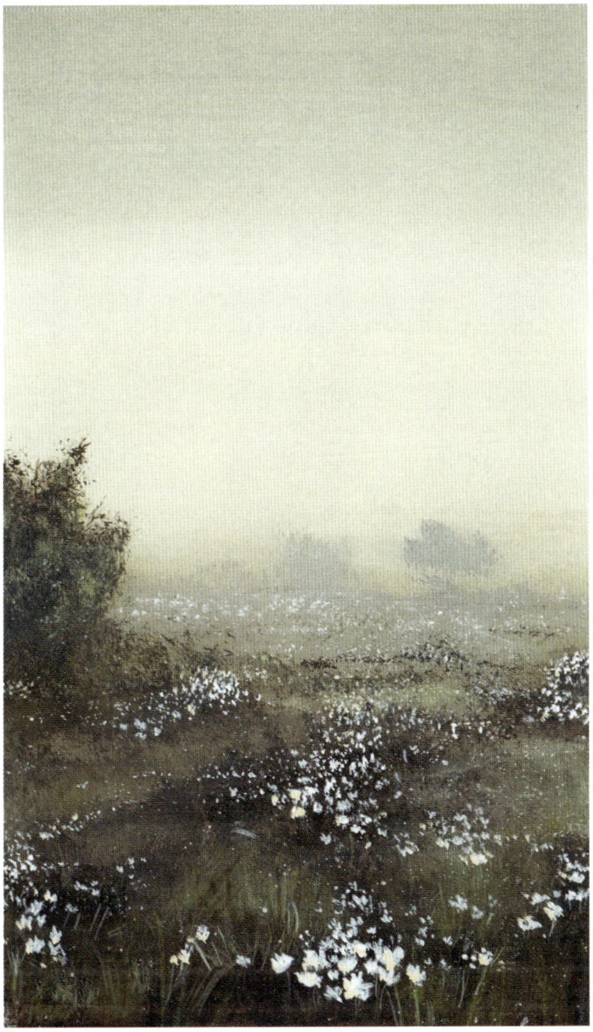

SCHRITT 6:

Tupfe mit dem Fächerpinsel und dem schmalen Rundpinsel mehr Blüten in den vorderen Bereich der Landschaft. Verwende dazu Titanweiß und einen Elfenbeinton. Spritze abschließend mit wasserverdünntem Titanweiß und einem Borstenpinsel noch ein paar Sprenkel auf das Bild – für mehr Struktur in der Wiese.

TIPP

Auch wenn du ungeduldig wirst – das Warten zwischen den einzelnen Nebelschichten ist sehr wichtig. Wenn du zu schnell an der nächsten Schicht arbeitest und die Farbe darunter noch feucht ist, kann Farbe abgetragen werden und es entstehen helle Flecken, an denen der Malgrund durchscheint.

Wenn es schneller gehen soll, kann ein Haarföhn helfen, mit dem du das Bild vorsichtig trockenföhnst.

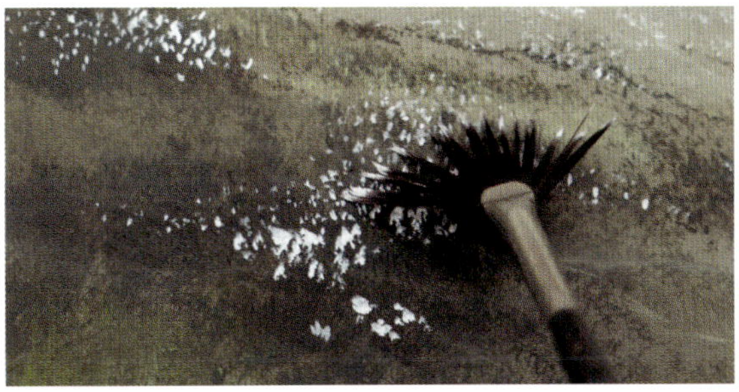

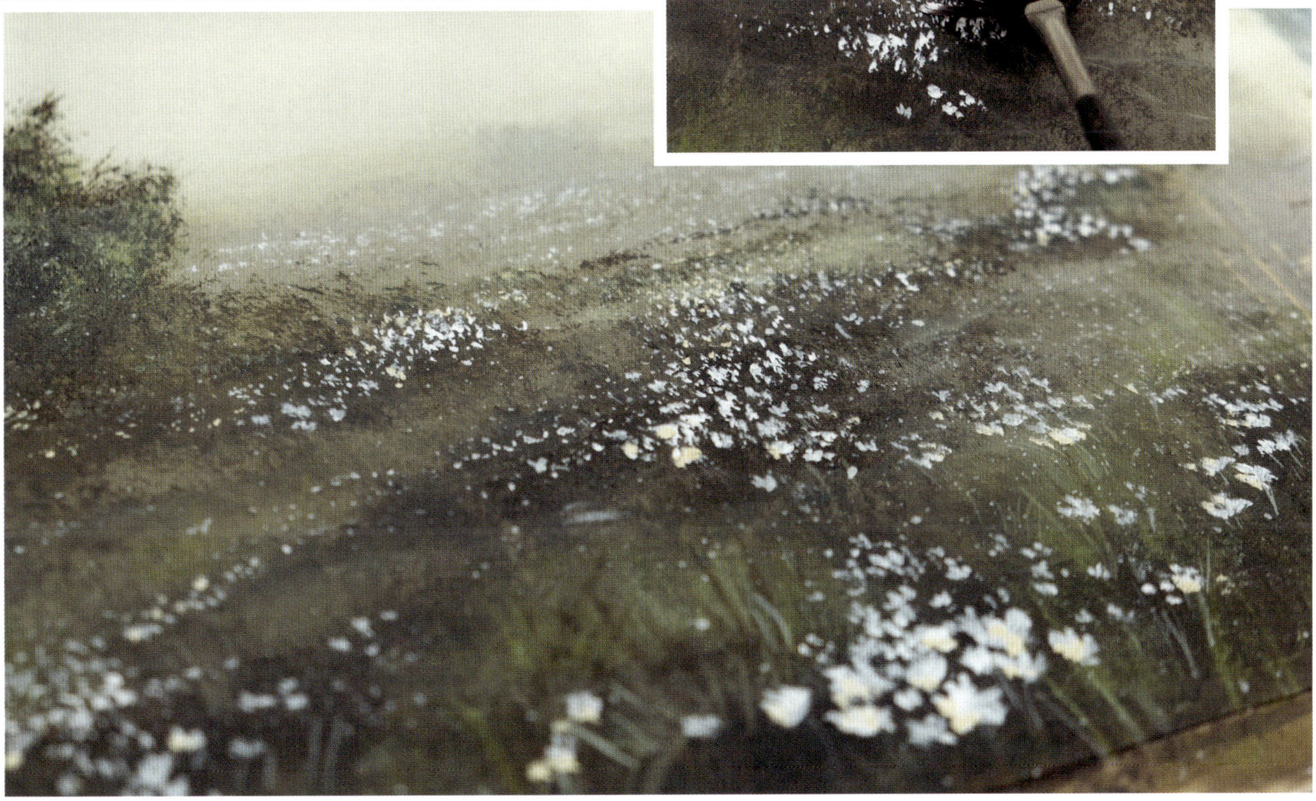

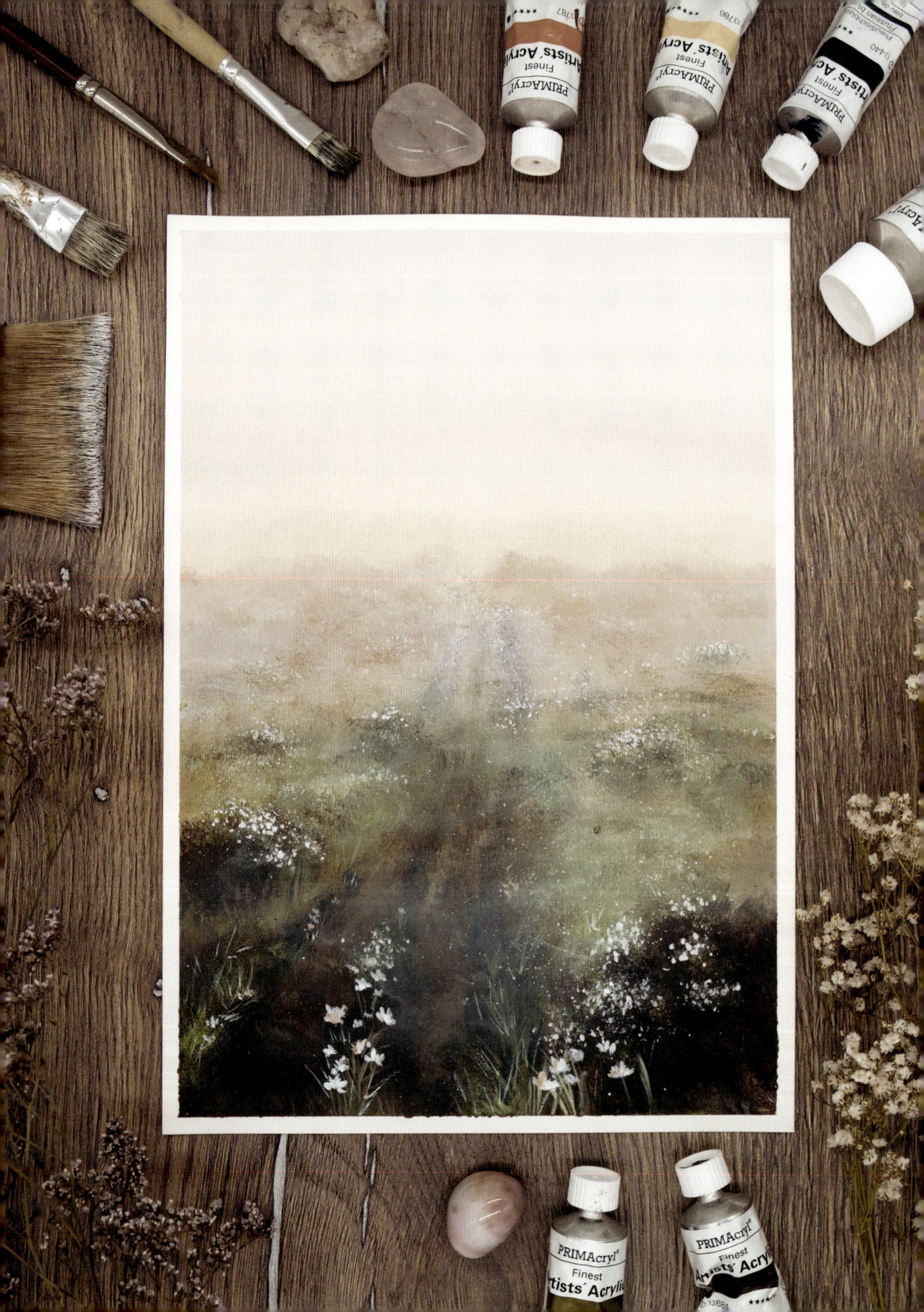
PRIMAcryl®
Finest
PRIMAcryl®
Finest

Feldweg im NEBEL

HIER SIEHST DU, WIE ICH EINEN FELDWEG IM NEBEL MALE.
DIE HERANGEHENSWEISE IST DIESELBE WIE BEIM VORHERIGEN MOTIV.

MATERIAL

PINSEL

- Borstenpinsel Größe 16
- Kapselpinsel Größe 12; hier eignet sich auch ein fluffiger Make-up-Puderpinsel
- Dünner Rundpinsel Größe 2
- Flachpinsel Größe 60, 24
- Fächerpinsel Größe 1

FARBEN

- Umbra gebrannt
- Preußischblau
- Karminrot
- Olivgrün; alternativ kann der Ton aus Neapelgelb dunkel und Preußischblau gemischt werden
- Titanweiß
- Mischweiß

MISCHFARBEN

- „Schwarz“, gemischt aus Umbra gebrannt und Preußischblau
- Dunkles Grün, gemischt aus Olivgrün und Preußischblau
- Dunkles kühles Grün, gemischt aus Olivgrün und Preußischblau
- Heller Rosaton, gemischt aus Karminrot, Umbra gebrannt und Titanweiß
- Heller Violettton, gemischt aus Karminrot, Preußischblau, Umbra gebrannt und Titanweiß

Weitere Schattierungen könne durch Zugabe von Mischweiß erzielt werden.

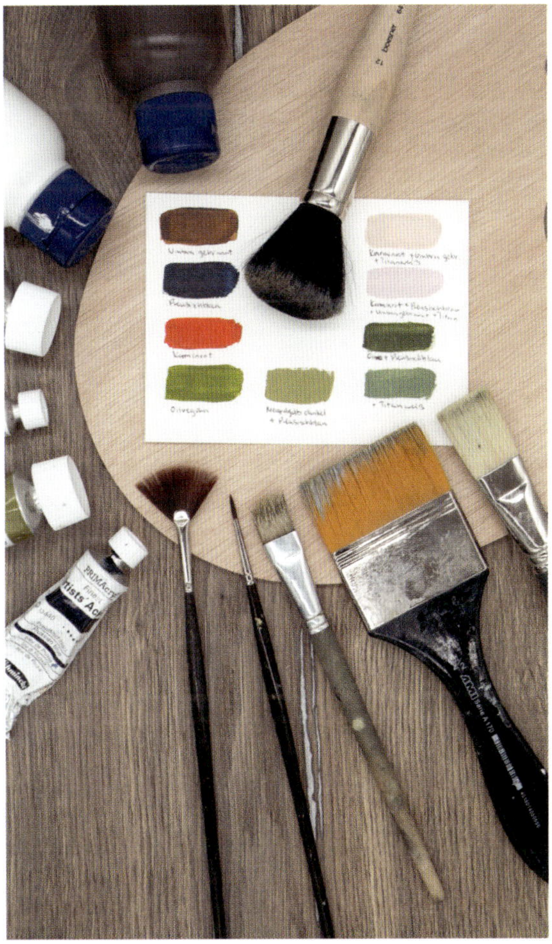

SCHRITT 1:

Beginne wieder mit einem Farbverlauf für den Boden. Verwende Umbra gebrannt und Titanweiß – Richtung Horizont wird die Farbe heller.

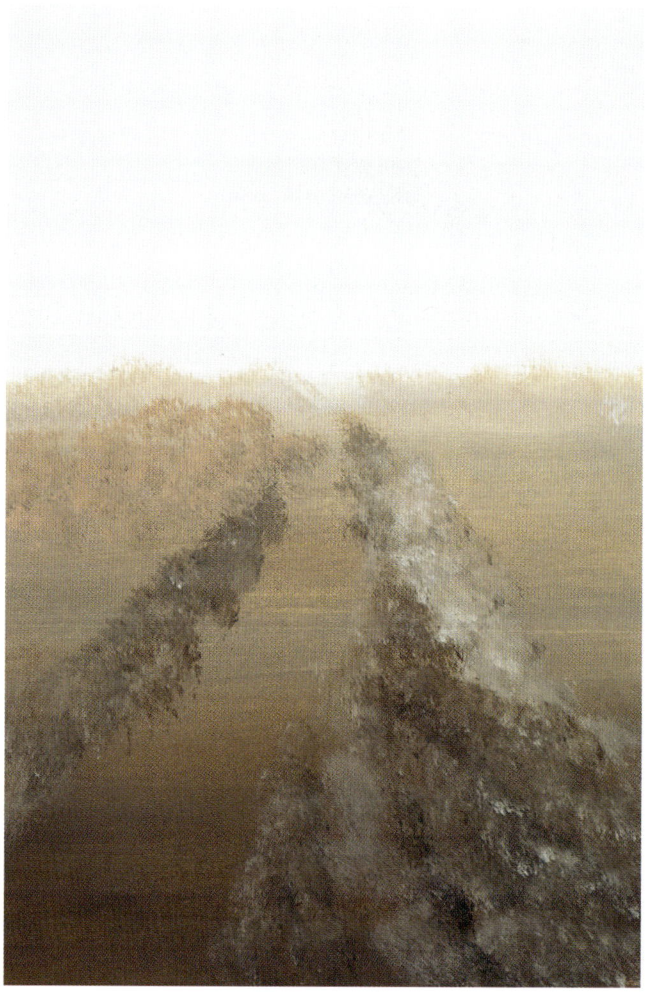

SCHRITT 2:

Tupfe mit dem Borstenpinsel und dem Rosaton am Horizont helle Buschsilhouetten auf und lege den Verlauf eines Feldwegs an. Je weiter du dich zum unteren Bildrand vorarbeitest, desto höher wird der Anteil an Umbra gebrannt in deiner Farbmischung.

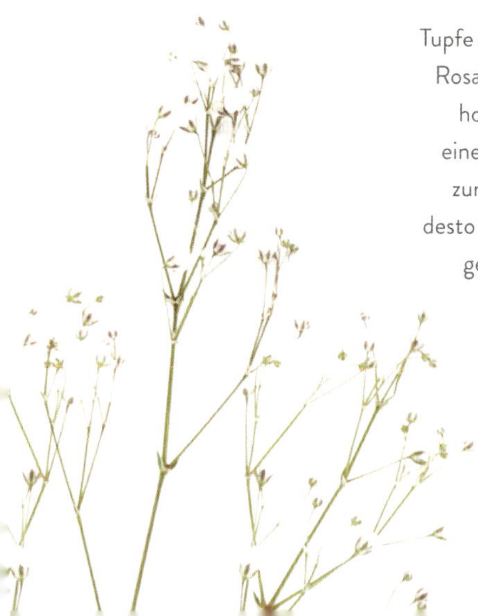

SCHRITT 3:

Tupfe mit Olivgrün die Wiesenstruktur auf und intensiviere die Farbgebung des Feldwegs mit Umbra gebrannt und einem gräulichen Ton aus Umbra gebrannt, Preußischblau und Titanweiß.

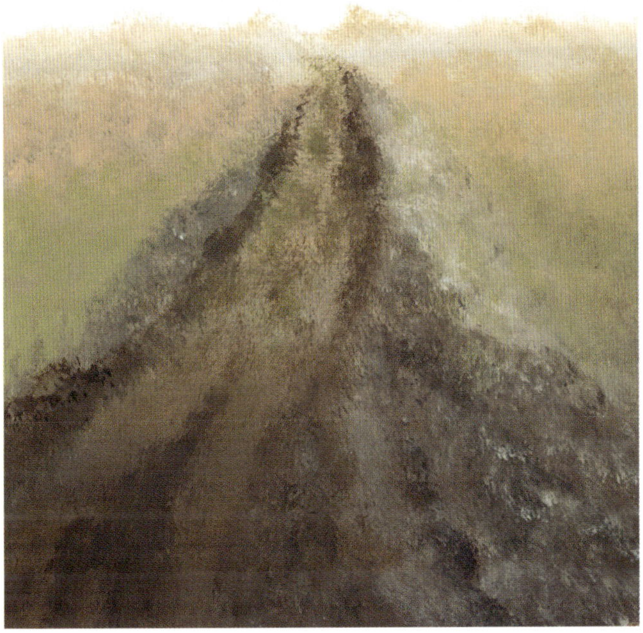

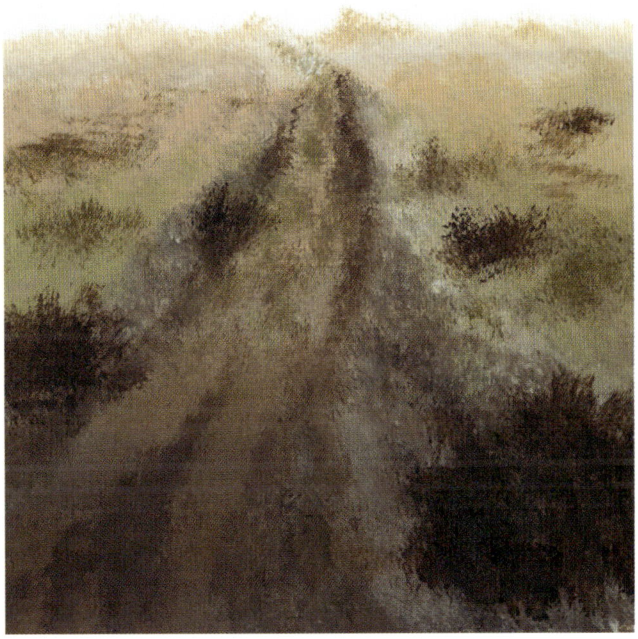

SCHRITT 4:

Gestalte mit tupfenden Pinselbewegungen des Borstenpinsels und dem gemischten Schwarzton aus Umbra gebrannt und Preußischblau kleine Büsche und dunklere Grasstrukturen.

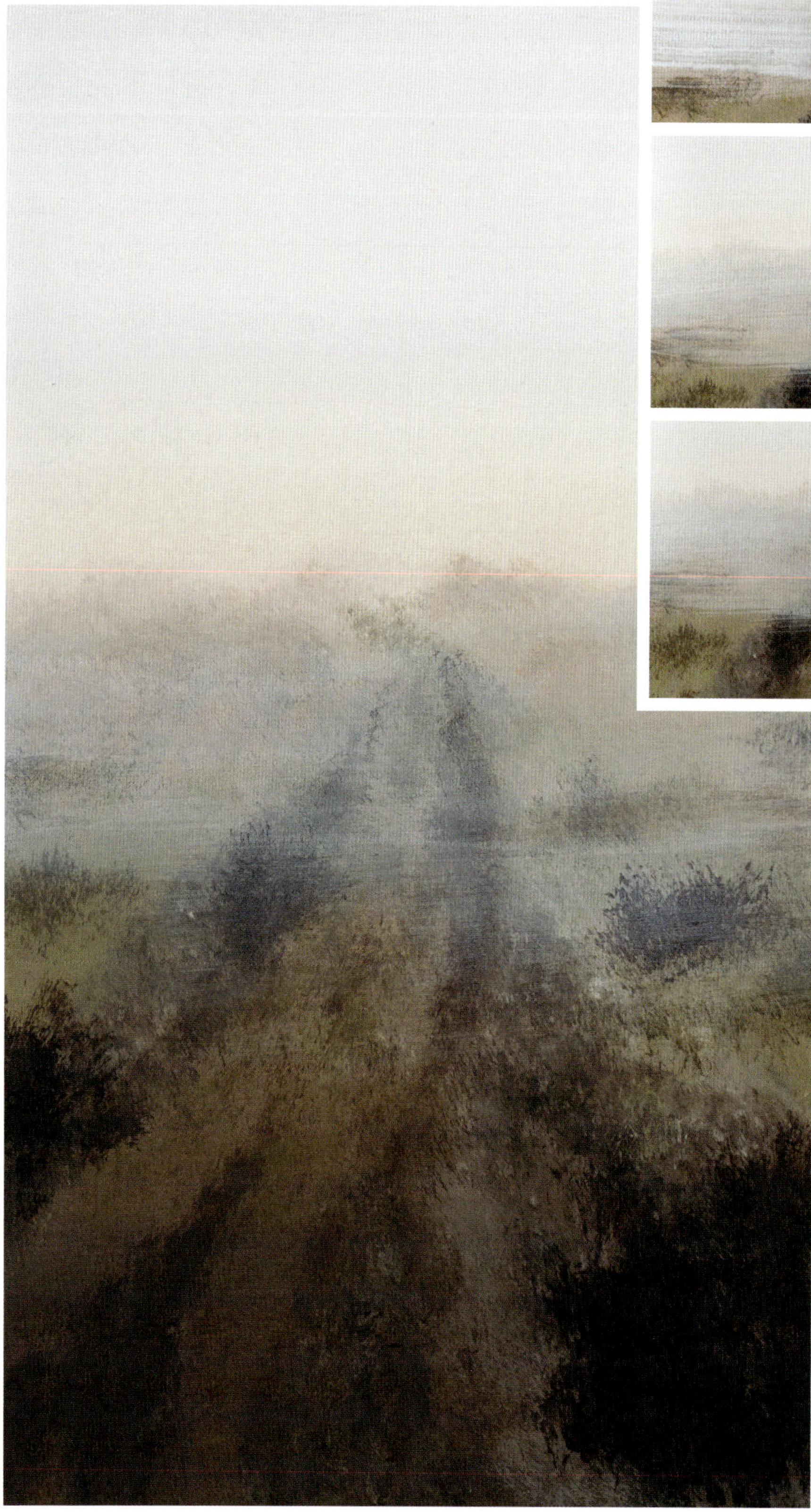

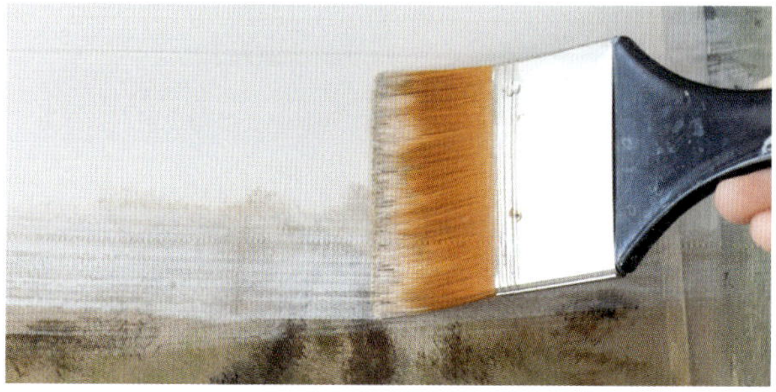

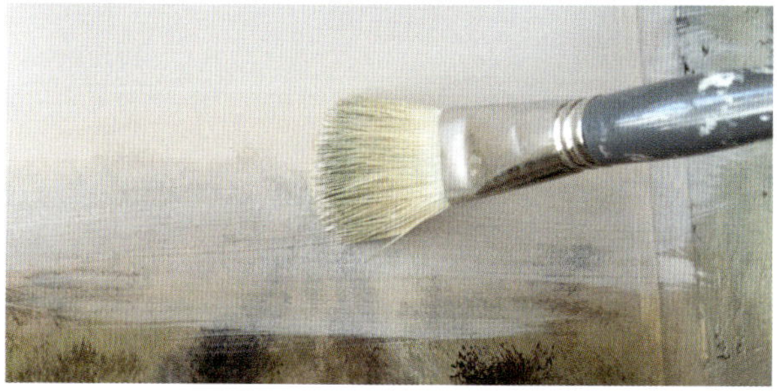

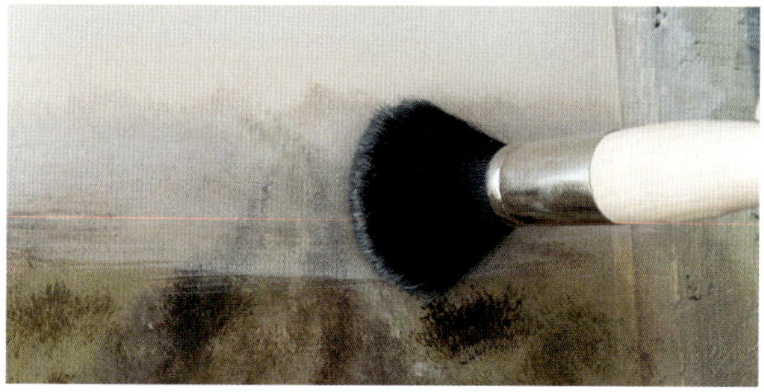

SCHRITT 5:

Nimm den großen Flachpinsel zur Hand und trage eine wasserverdünnte Farbmischung aus Mischweiß, Karminrot, Umbra gebrannt und Preußischblau auf.

Nimm überschüssige Flüssigkeit zügig mit einem trockenen Flachpinsel ab.

Verblende anschließend den „Nebel" mit einem trockenen Kapselpinsel in kreisenden Bewegungen wie in Schritt 2 des vorhergehenden Motivs (siehe Seite 94).

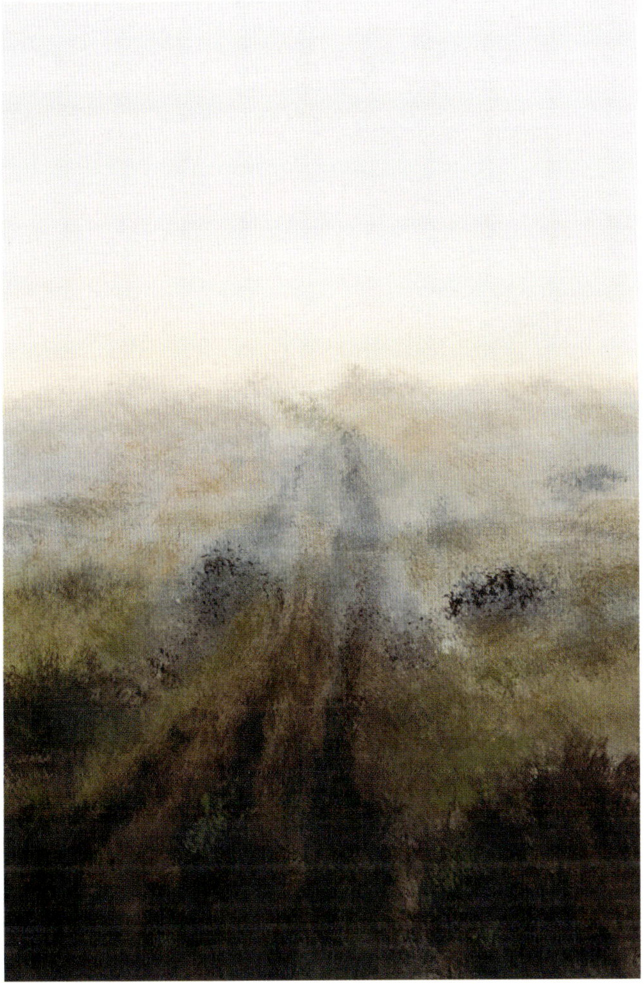

SCHRITT 6:

Nachdem die Nebelschlieren getrocknet sind, kannst du dem Gras im vorderen Bildbereich mit Olivgrün und einem Borstenpinsel etwas mehr Struktur verleihen. Intensiviere auch die dunklen Bereiche im Bild mit Hilfe des Borstenpinsels und dem Schwarzton, indem du die Farbe tupfend aufträgst.

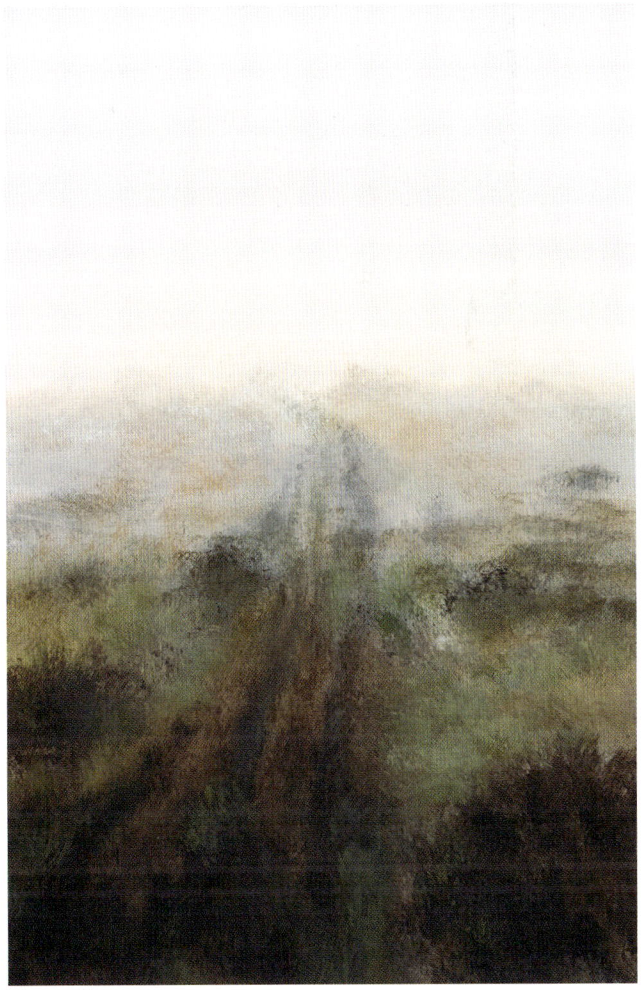

SCHRITT 7:

Setze mit wischenden Pinselbewegungen des trockenen Borstenpinsels und einem hellen Grünton aus Olivgrün, Preußischblau und Titanweiß einzelne Gräser in die Wiese – das macht die Stimmung freundlicher.

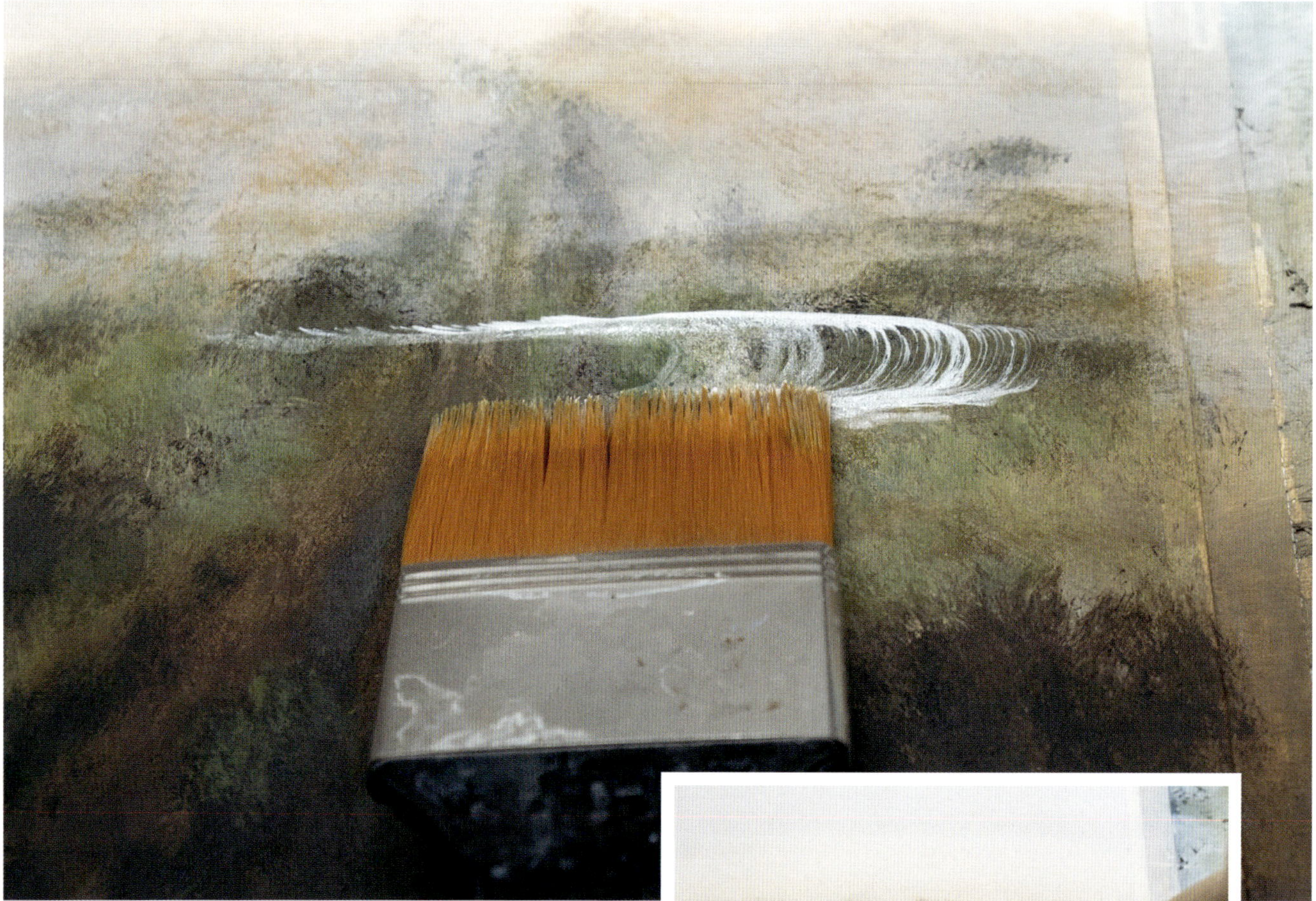

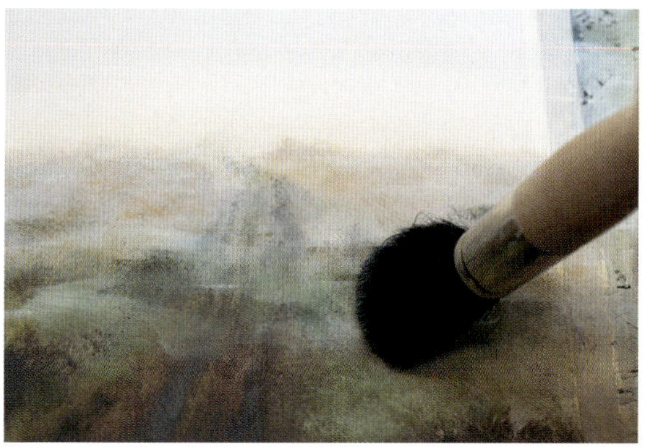

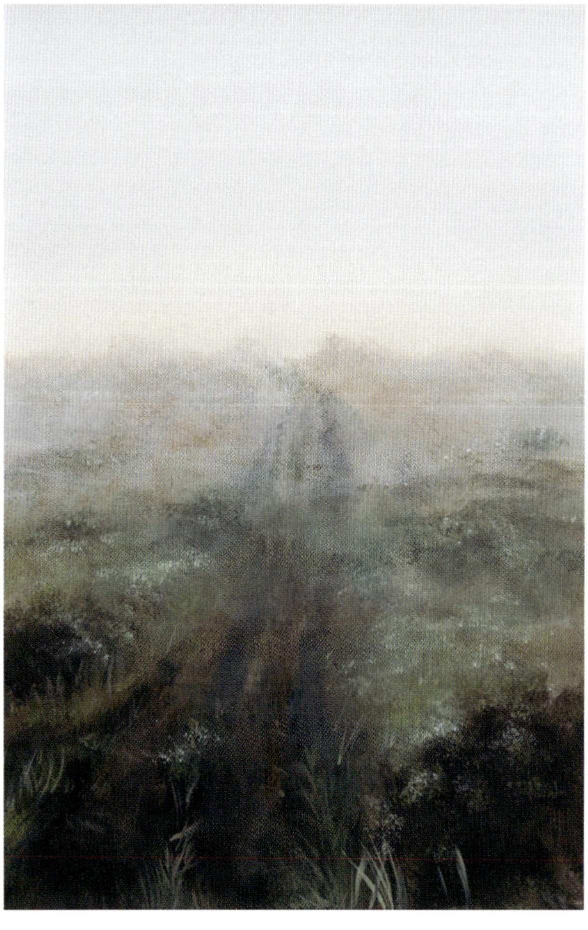

SCHRITT 8:

Trage mit einem großen, feuchten Flachpinsel mit Titanweiß Schlieren über dem Gras- und Wegbereich auf.

Verblende die noch nasse Farbe anschließend gleich mit dem trockenen Kapselpinsel.

Tupfe mit dem Borstenpinsel leichte Highlights in das Gras und auf die Sträucher am Wegesrand. Ergänze den unteren Bereich des Weges mit einzelnen Grashalmen in hellem Grün, für die du einen dünnen Rundpinsel einsetzt.

SCHRITT 9:

Füge zum Schluss der Szenerie mit dem Fächerpinsel und dem schmalen Rundpinsel weiße Blüten hinzu. Akzentuiere einige davon mit einem hellen Rosaton. Spritze abschließend mit dem Borstenpinsel und wasserverdünntem Titanweiß ein paar kleine Farbsprenkel auf das Bild, um den mystischen Eindruck zu unterstreichen.

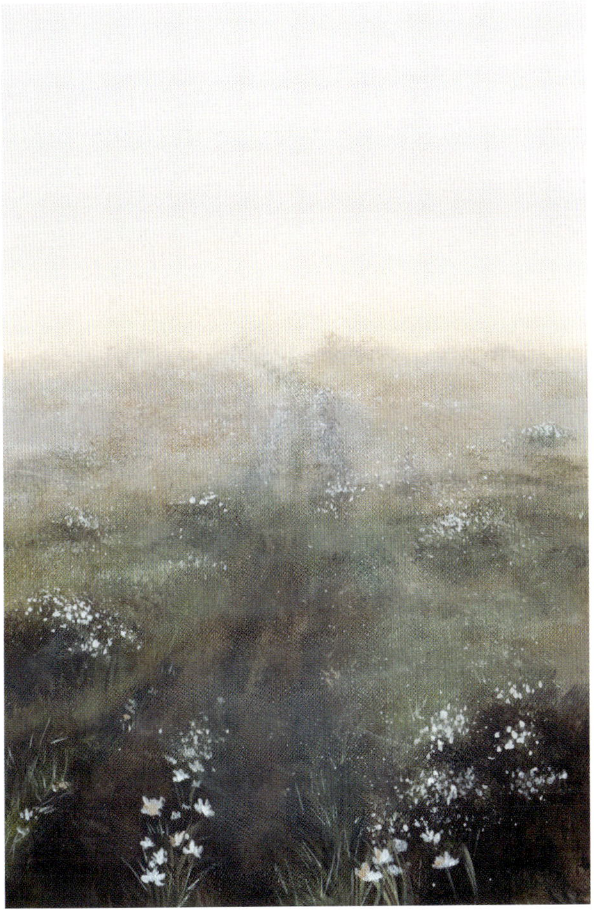

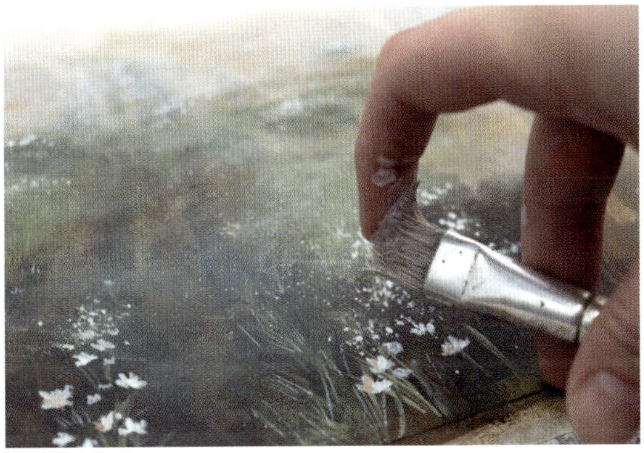

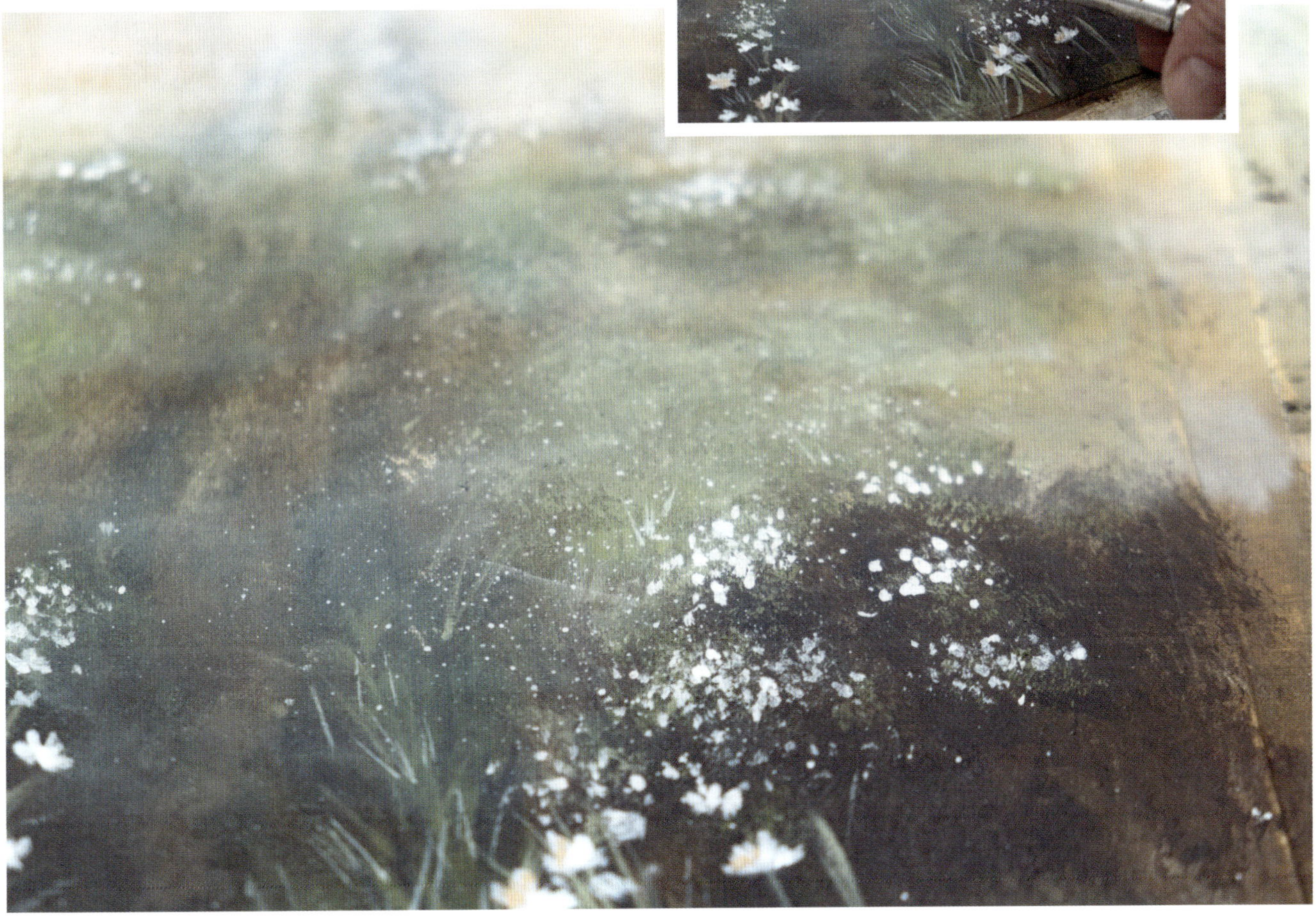

Jedes Landschaftsmotiv, das du malen möchtest, lässt sich mit einer Lavur aus einem abgetönten Weißton zu einer stimmungsvollen, nebligen Szenerie gestalten. Hier siehst du ein paar Beispiele dafür.

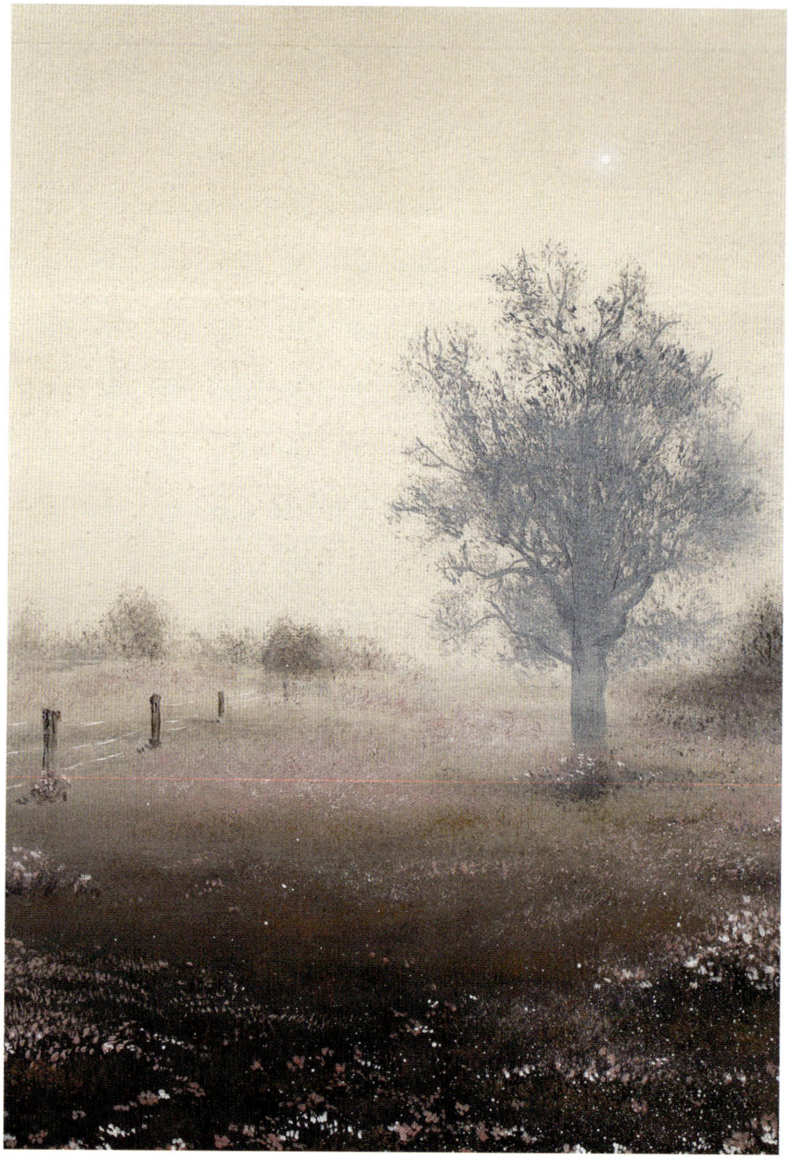

Ein alleinstehender Baum.

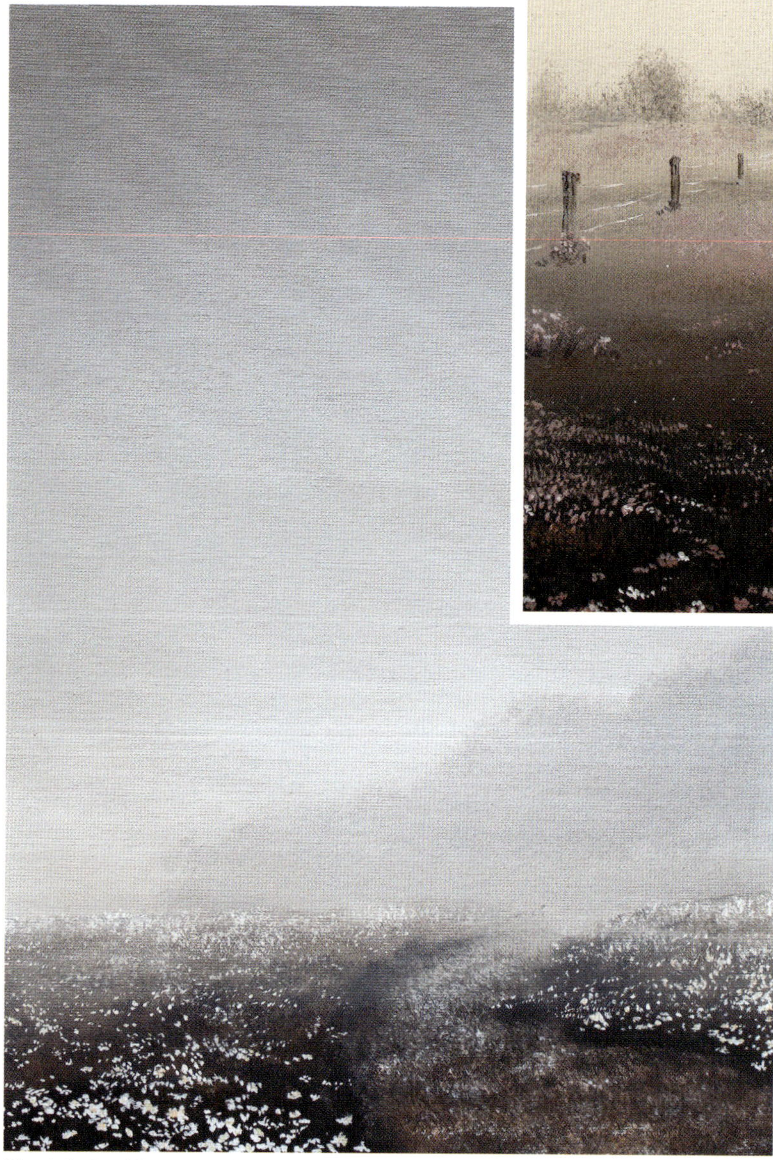

Ein einfacher Weg, der auf einen im Nebel liegenden Wald zuläuft.

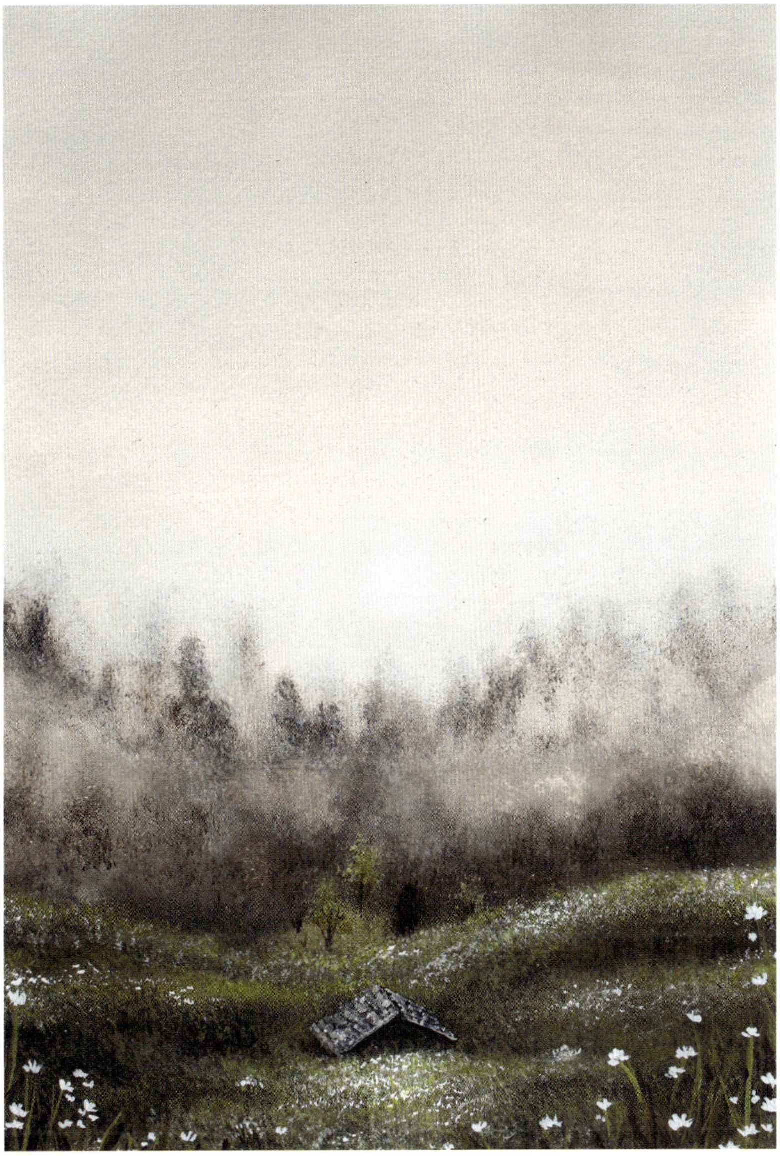

Eine Hütte in einer Hügelsenke.

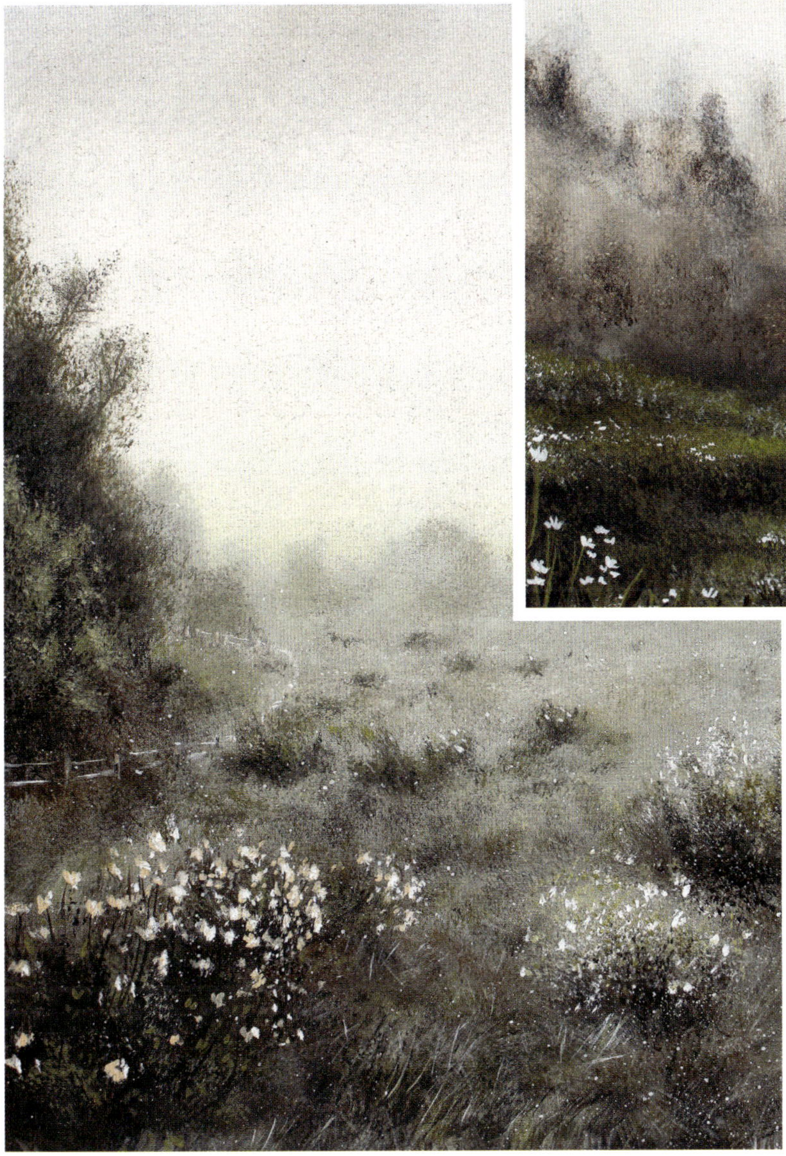

Ein neblige Morgenstimmung, ähnlich unserem ersten Motiv auf Seite 92ff.

Sonnenuntergang AM TEICH

MIT EINEM SONNENUNTERGANG, DER FÜR EINE DRAMATISCHE LICHTSTIMMUNG SORGT, KANNST DU EBENFALLS EINE ATMOSPHÄRISCHE LANDSCHAFTSSTIMMUNG SCHAFFEN. WENN DIE SONNE ALLES IN IHR WARMES LICHT TAUCHT, ERSCHEINEN DIE FARBEN ANDERS ALS ZUM BEISPIEL ZUR MITTAGSZEIT. DURCH DEN HOHEN ROTANTEIL IM LICHT WIRKEN ALLE GRÜNTÖNE AUF UNS ALS BETRACHTENDE DEUTLICH ENTSÄTTIGT. DAS FOLGENDE MOTIV ENTSTAND NACH EINEM FOTO.

MATERIAL

PINSEL

- Borstenpinsel Größe 60, 16
- Kapselpinsel Größe 12; hier eignet sich auch ein fluffiger Make-up-Puderpinsel • Dünner Rundpinsel Größe 2 • Flachpinsel Größe 16

FARBEN

- Umbra gebrannt • Preußischblau • Neapelgelb dunkel
- Neapelgelb hell • Karminrot
- Olivgrün; alternativ kann der Ton aus Neapelgelb dunkel und Preußischblau gemischt werden
- Titanweiß • Mischweiß

MISCHFARBEN

- „Schwarztöne", gemischt aus Umbra gebrannt und Preußischblau • Orangeton, gemischt aus Neapelgelb hell und Karminrot • Helles Grün, gemischt aus Olivgrün und Titanweiß

Die einzelnen Töne lassen sich mit Mischweiß nach Belieben aufhellen.

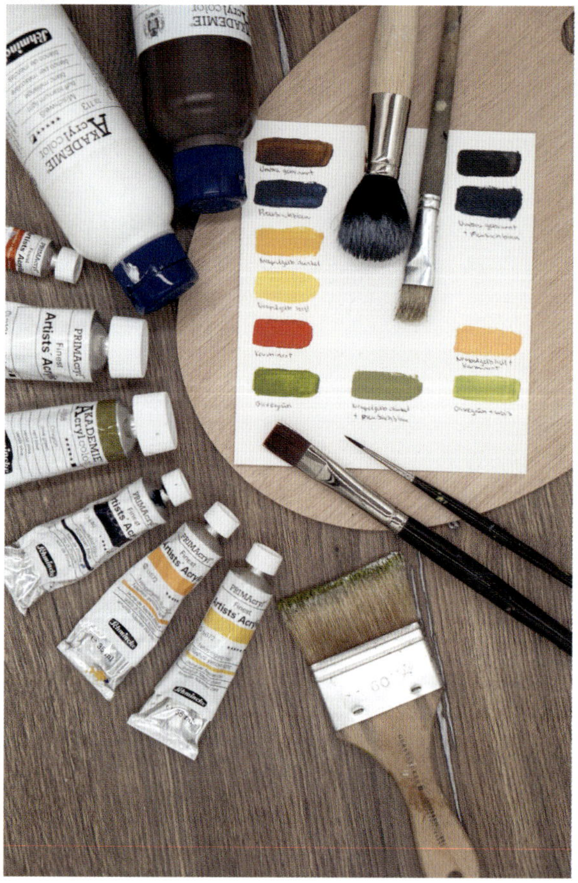

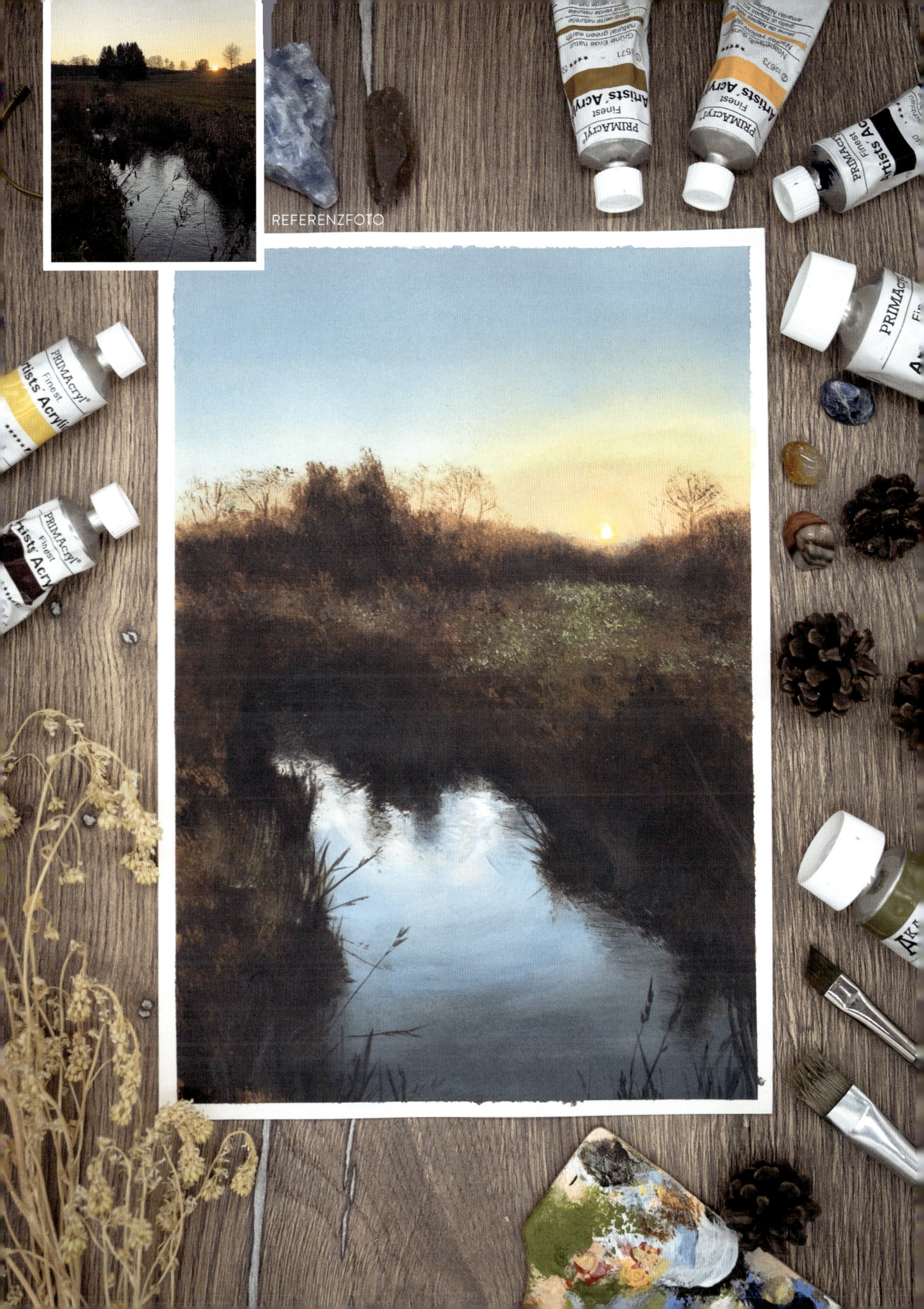
REFERENZFOTO
PRIMAcryl®
Finest
Artists' Acrylic

SCHRITT 1:

Starte mit einem Farbverlauf von Preußischblau über Napelgelb hell zu einem Orangeton. Verdünne dafür die einzelnen Farbtöne mit Wasser und etwas Titanweiß und trage sie dann mit einem feuchten Flachpinsel zügig nacheinander auf. Gehe dann wie bei den Nebelbildern vor und verblende die einzelnen, noch nassen Farben in kreisenden Bewegungen mit einem Kapselpinsel ineinander.

Achte darauf, im rechten Teil des Himmels den Gelbton kuppelförmig aufzumalen. Hier wird später die Sonne sein.

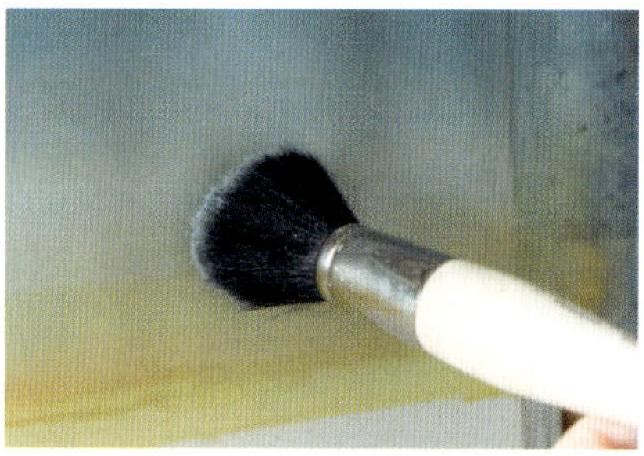

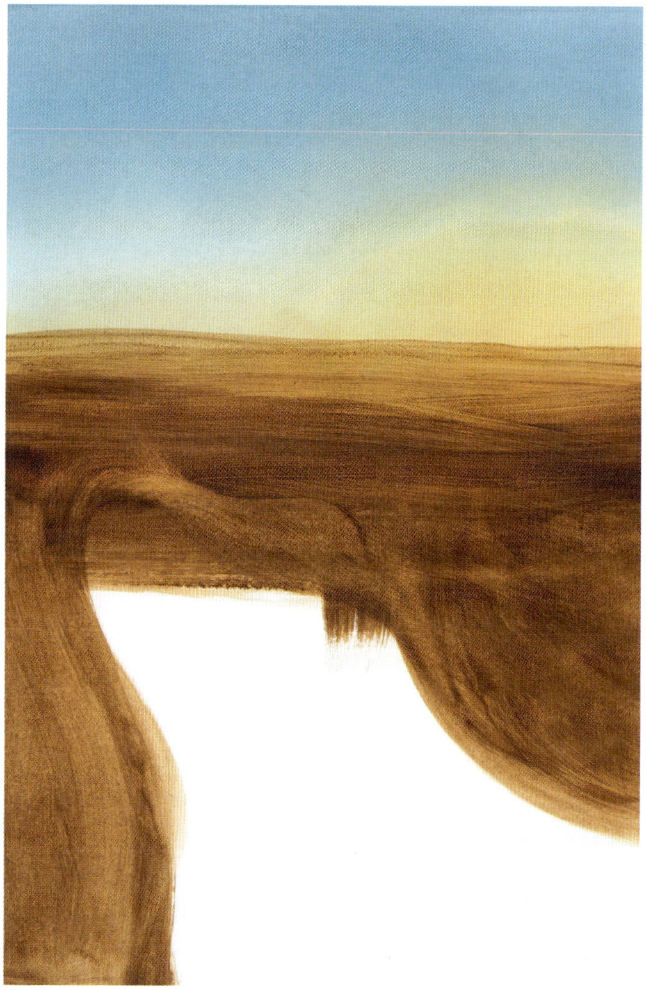

SCHRITT 2:

Grundiere die unteren zwei Drittel des Bildes mit Umbra gebrannt und lasse dabei den Teil, der später zum Teich werden soll, frei. Orientiere dich bei der Form des Teichs am Referenzfoto.

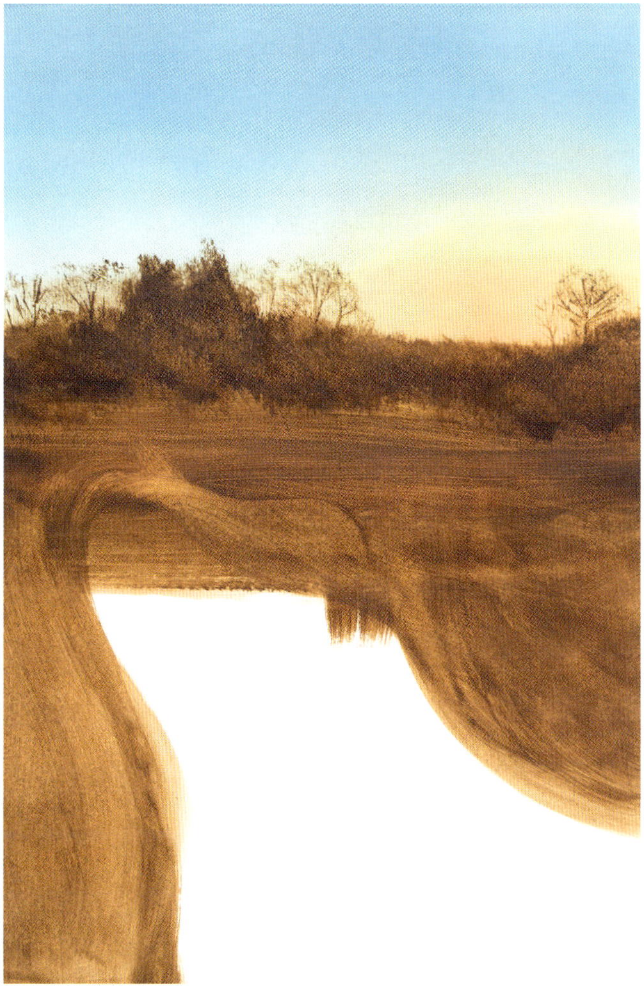

SCHRITT 3:

Tupfe mit Umbra gebrannt und einem trockenen Borstenpinsel eine Baumgruppe an die Horizontlinie. Male bei einzelnen Bäumen die Silhouette der Äste mit der schmalen Kante des Flachpinsels auf. Tupfe für deren Baumkrone den Borstenpinsel nur ganz sanft auf den Malgrund, sodass vom Himmel viel Farbe durchscheinen kann.

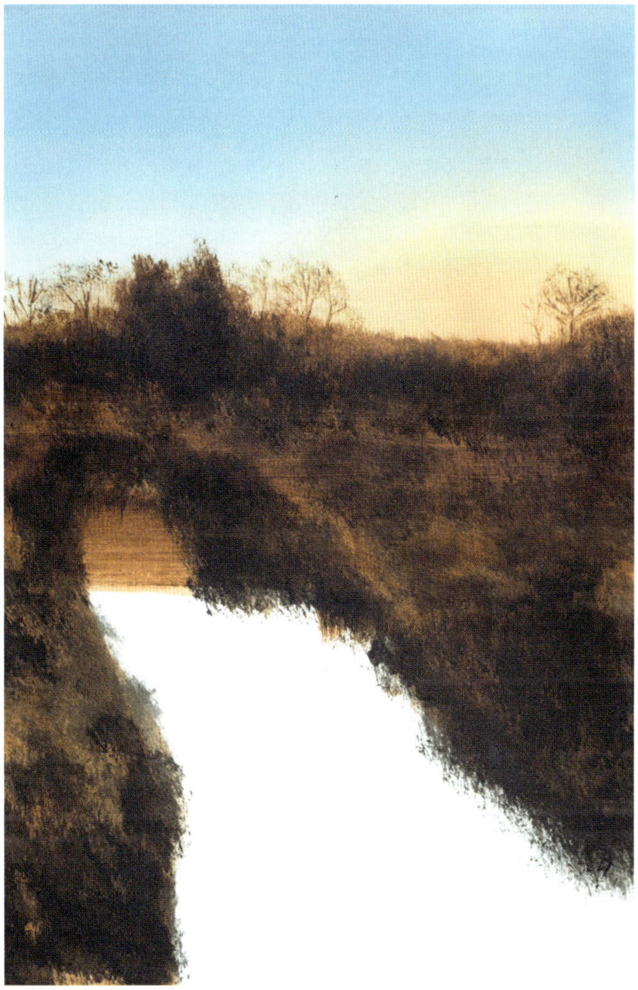

SCHRITT 4:

Dunkle nun die Bäume im Hintergrund mit deinem gemischten Schwarzton aus Preußischblau und Umbra gebrannt ab. Tupfe mit demselben Farbton einen breiten „Rand" um den Bereich des Teichs und ebenso über die gesamte Wiese.

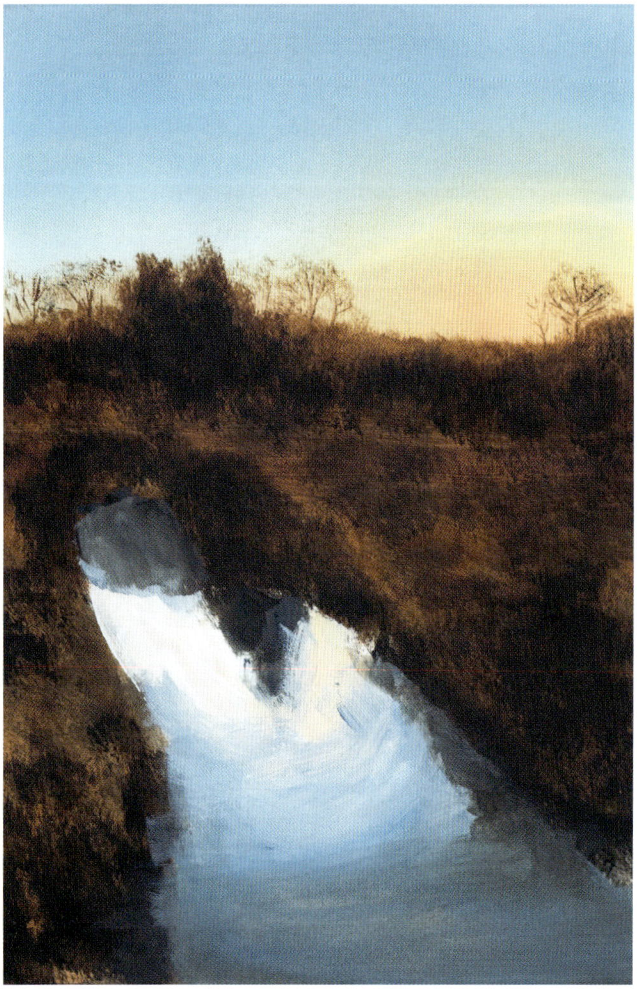

SCHRITT 5:

Widme dich nun mit einem feuchten Flachpinsel dem Teich. Die Farben des Himmels spiegeln sich im Gewässer – versuche, diese Spiegelung umzusetzen. Nutze dafür einen hellen Gelbton, Titanweiß, das leicht mit Umbra gebrannt abgeschwächt wird, sowie einen Blauton, den du aus Preußischblau, Umbra gebrannt und Titanweiß mischst. Am unteren Bildrand wird der Blauton dunkler. Auf dem Referenzfoto spiegeln sich im hinteren Bereich des Teichs Sträucher im Wasser, lege deshalb dort noch Schattenbereiche an.

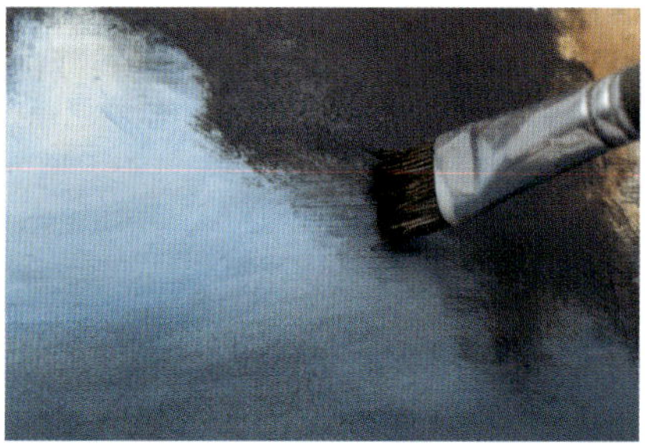

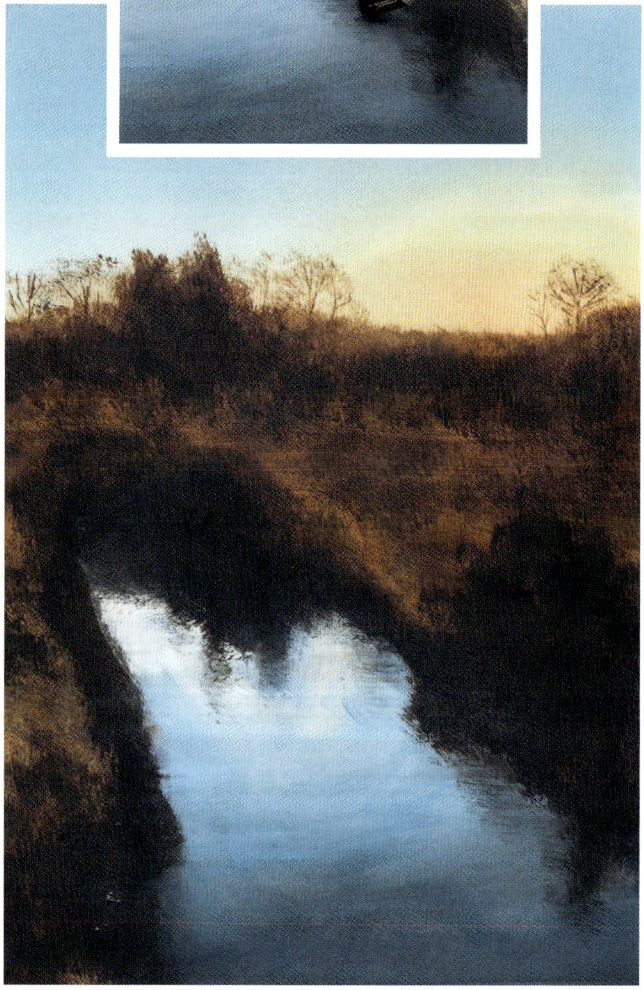

SCHRITT 6:

Verblende die Oberfläche des Teichs, indem du mit einem sehr feuchten Flachpinsel den Blauton von eben noch einmal in horizontalen Pinselstrichen über den Teich malst und so die harten Farbübergänge abschwächst. Male anschließend mit einem trockenen Borstenpinsel und deinem Schwarzton die leichten Spiegelungen der Gräser und Sträucher vom Teichrand in die Wasseroberfläche und tupfe Sträucher an den Teichrand.

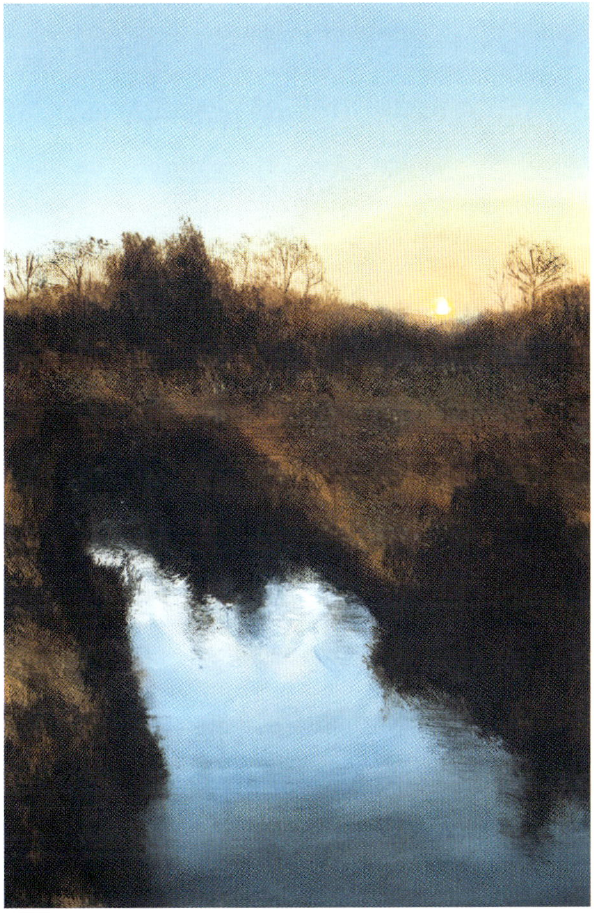

SCHRITT 7:

Tupfe im nächsten Schritt zunächst mit wasserverdünntem Olivgrün und einem Borstenpinsel eine leichte Struktur auf den Wiesenbereich. Widme dich dann der Sonne. Male mit einem schmalen Rundpinsel und Neapelgelb dunkel sowie einem rötlichen Orangeton ihre Position ins Bild. Setze in das Zentrum ein Highlight aus Titanweiß.

Gib anschließend einen wasservedünnten, hellgelben Ton darauf und verblende ihn in kreisenden Bewegungen mit dem Kapselpinsel. Auf diese Weise entsteht ein leichter, heller Schein direkt um die Sonne.

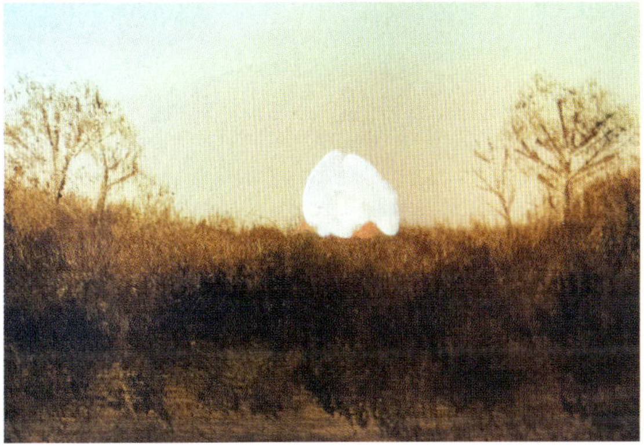

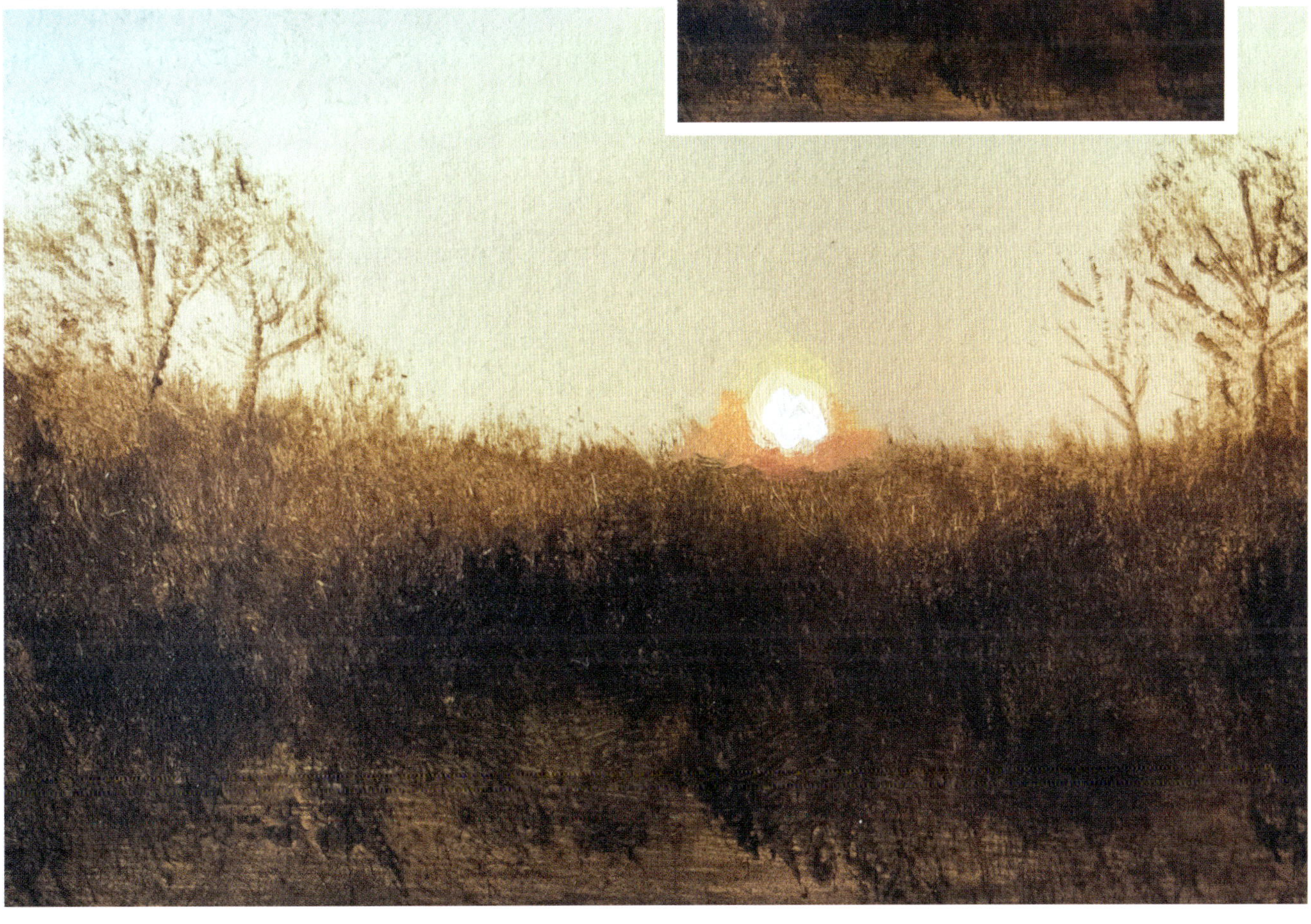

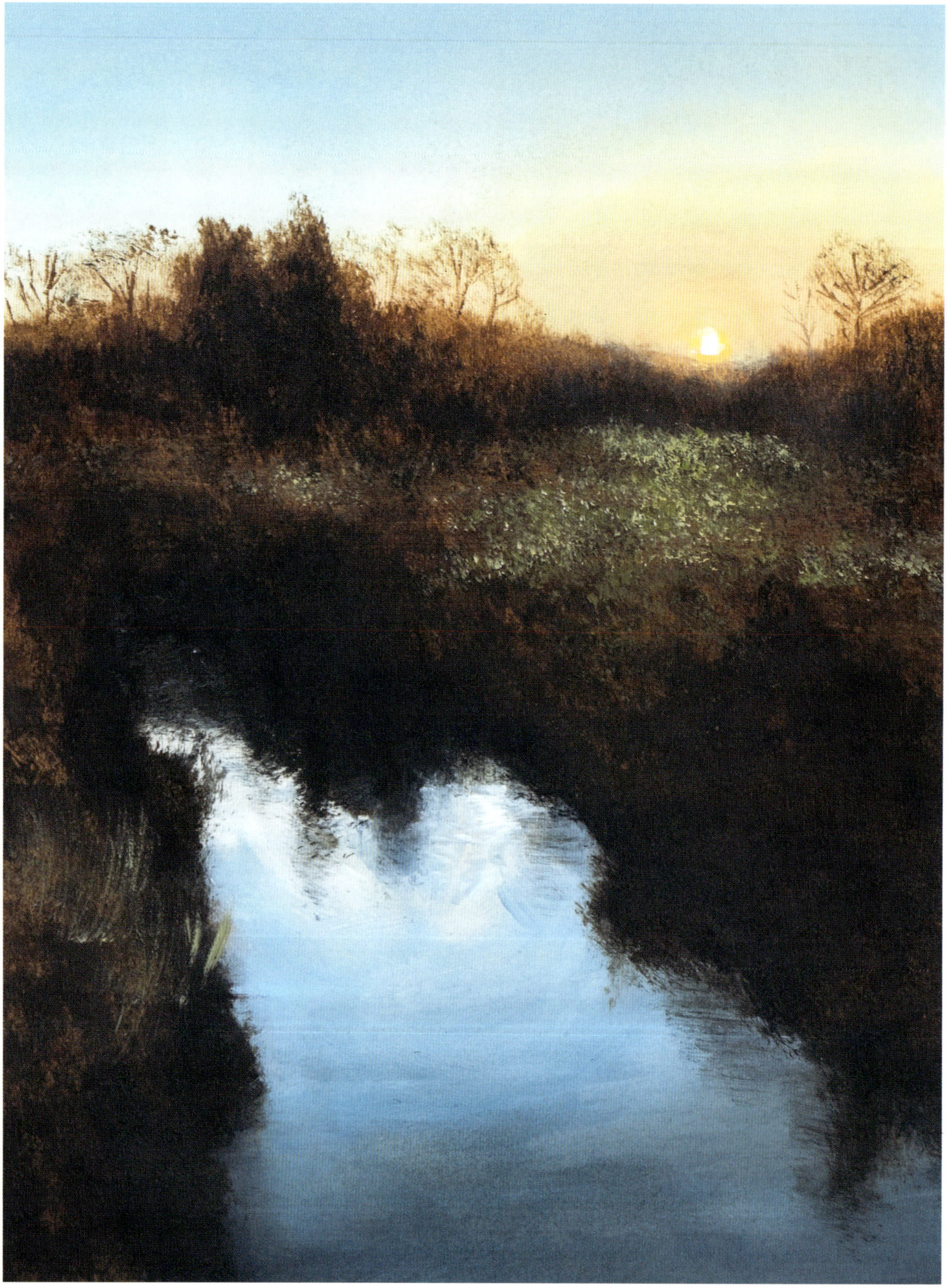

SCHRITT 8:

Bereite eine Mischung aus Olivgrün und Titanweiß vor. Nimm sie mit dem breiten Borstenpinsel auf und betupfe den Bereich, der die letzten Sonnenstrahlen des Tages abbekommt. Lasse den Farbauftrag gut trocknen und tupfe in einer zweiten Schicht vereinzelt Highlights in Neapelgelb hell auf.

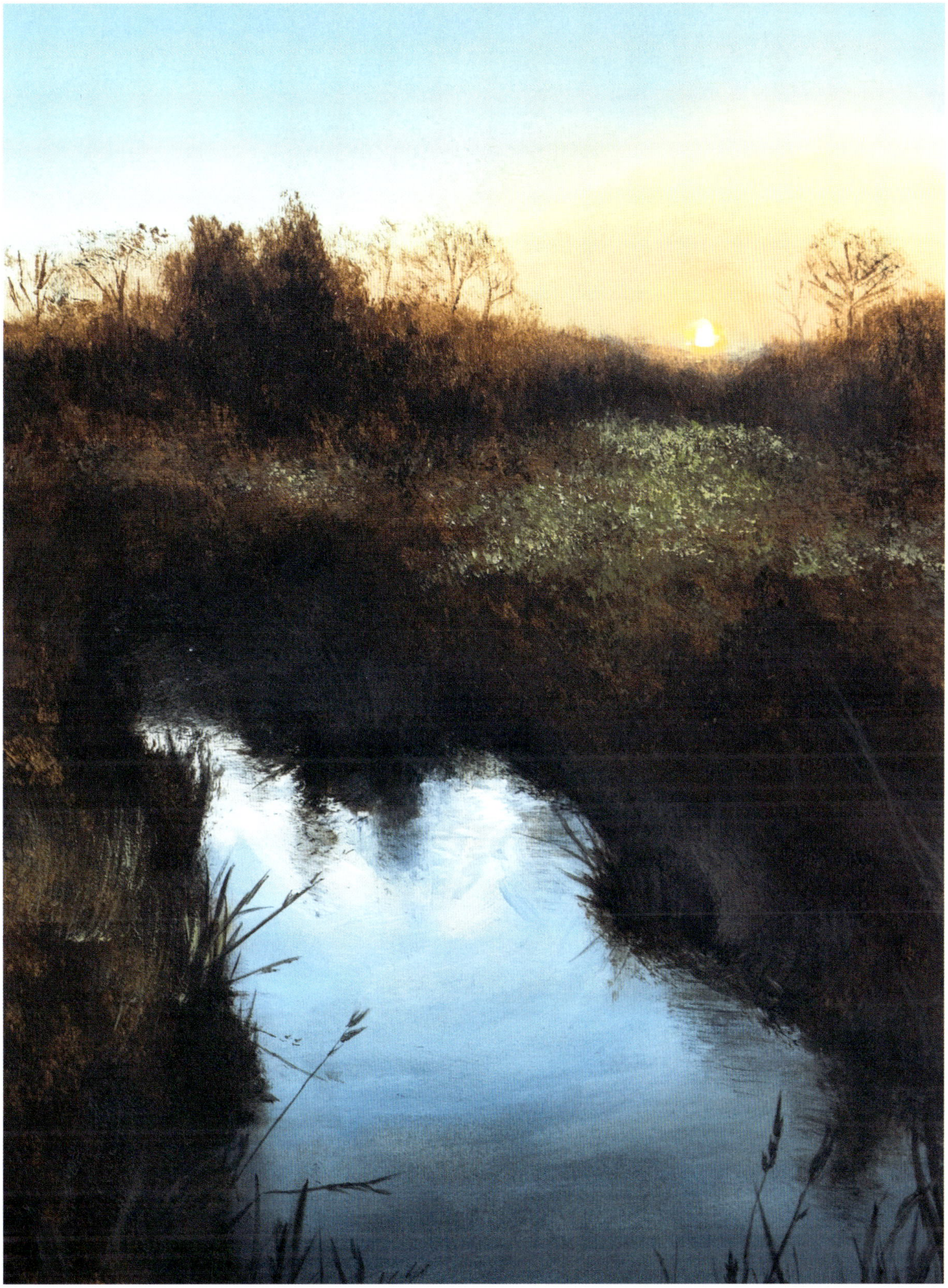

SCHRITT 9:

Gestalte im letzten Schritt den Bereich um den Teich herum etwas detaillierter, indem du mit dem kleineren Borstenpinsel in wischenden Pinselbewegungen helle Gräser am Teichufer aufträgst. Verwende dazu einfach die Restfarbe des Neapelgelbs vom vorherigen Schritt, das noch zwischen den Borsten des Pinsels hängt. Setze mit dem schmalen Rundpinsel und einem Schwarzton abschließend einzelne Gräser am unteren Bildrand, die ins Bild wachsen.

Eine weitere Möglichkeit, ein Landschaftsbild atmosphärisch zu gestalten, besteht darin, sich in einer Farbfamilie zu bewegen und ähnliche Farbtöne einzusetzen. Bei den folgenden Beispielen habe ich mich auf eine fast schon monochrome Farbwelt konzentriert. Die einzigen, stark gesättigten Farbflächen sind vereinzelt in der Wiese als warme Grüntöne vertreten. Dadurch entsteht eine ganz eigene, atmosphärische Stimmung in der dargestellten Szenerie.

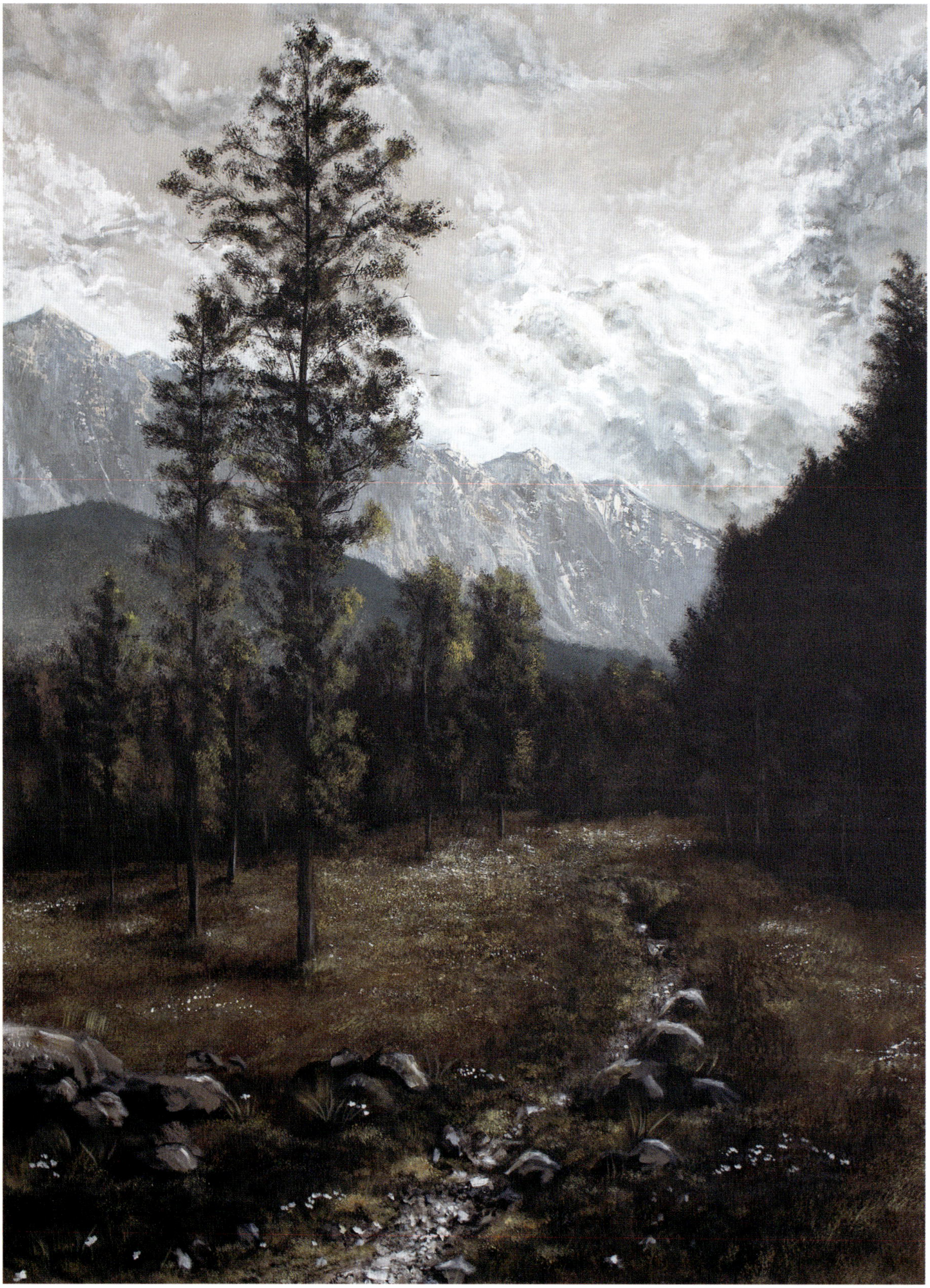

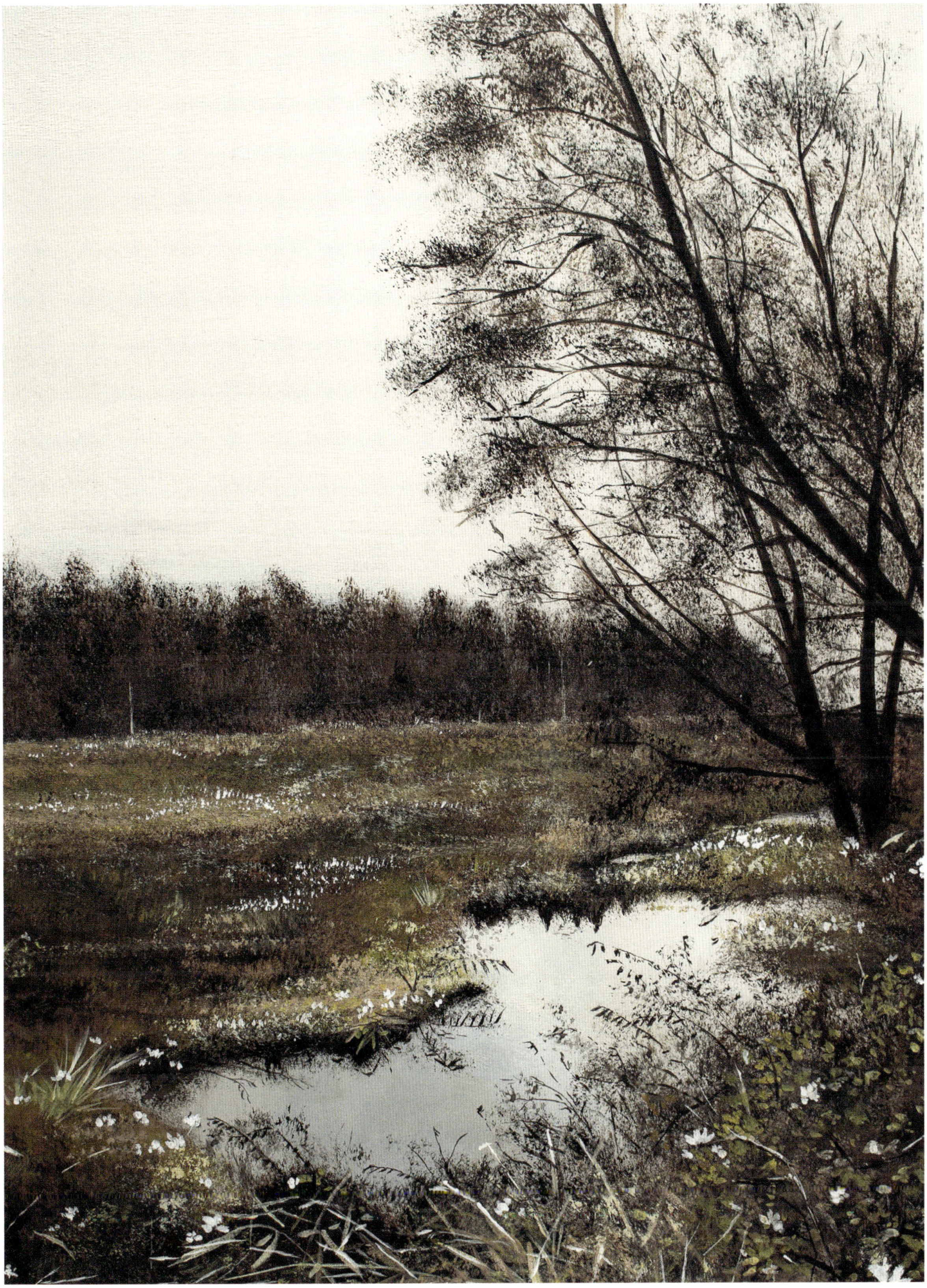

SONNENUNTERGANG AM TEICH

HOW TO:

Gut zu wissen

Auf den vorhergehenden Seiten hast du viele Elemente der Landschaftsmalerei kennengelernt und bestimmt auch schon viel geübt. Jetzt möchte ich dir zeigen, was noch alles dazugehört, um Landschaftsbilder auch kompositorisch spannend aufzubauen. Dabei geht es um die Verteilung der Bildelemente auf deinem Bild, um Linienführung und darum, wie du den Blick derjenigen lenken kannst, die dein Bild betrachten.

Du sitzt manchmal vor dem weißen Blatt Papier und dir fehlt die Inspiration, um einfach mit dem Malen loszulegen? Ich gebe dir Tipps, wie du mit solchen Situationen gut umgehen kannst. Und du erfährst, warum es sich unbedingt lohnt, im Freien nach der Natur zu malen und was du alles dafür brauchst.

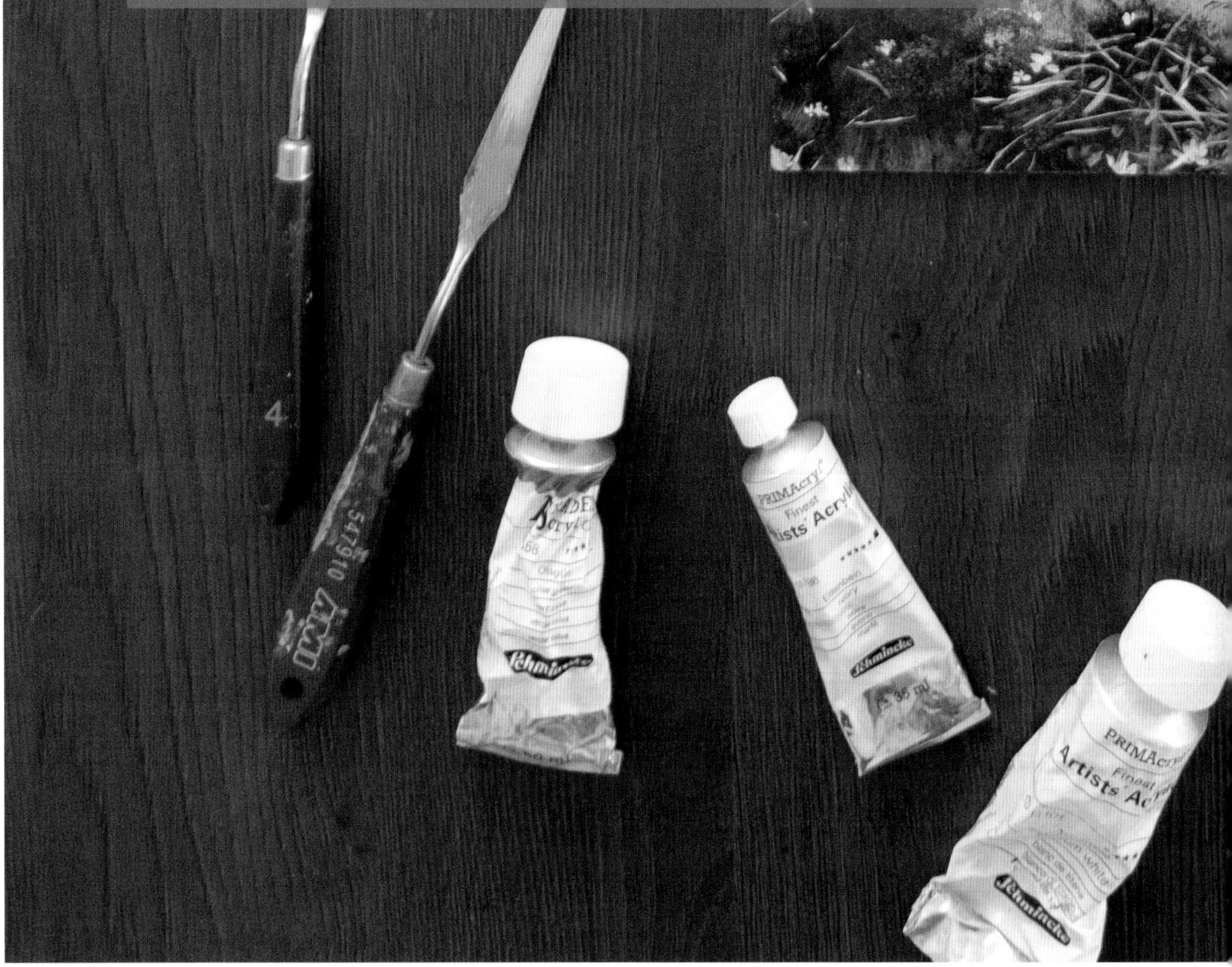

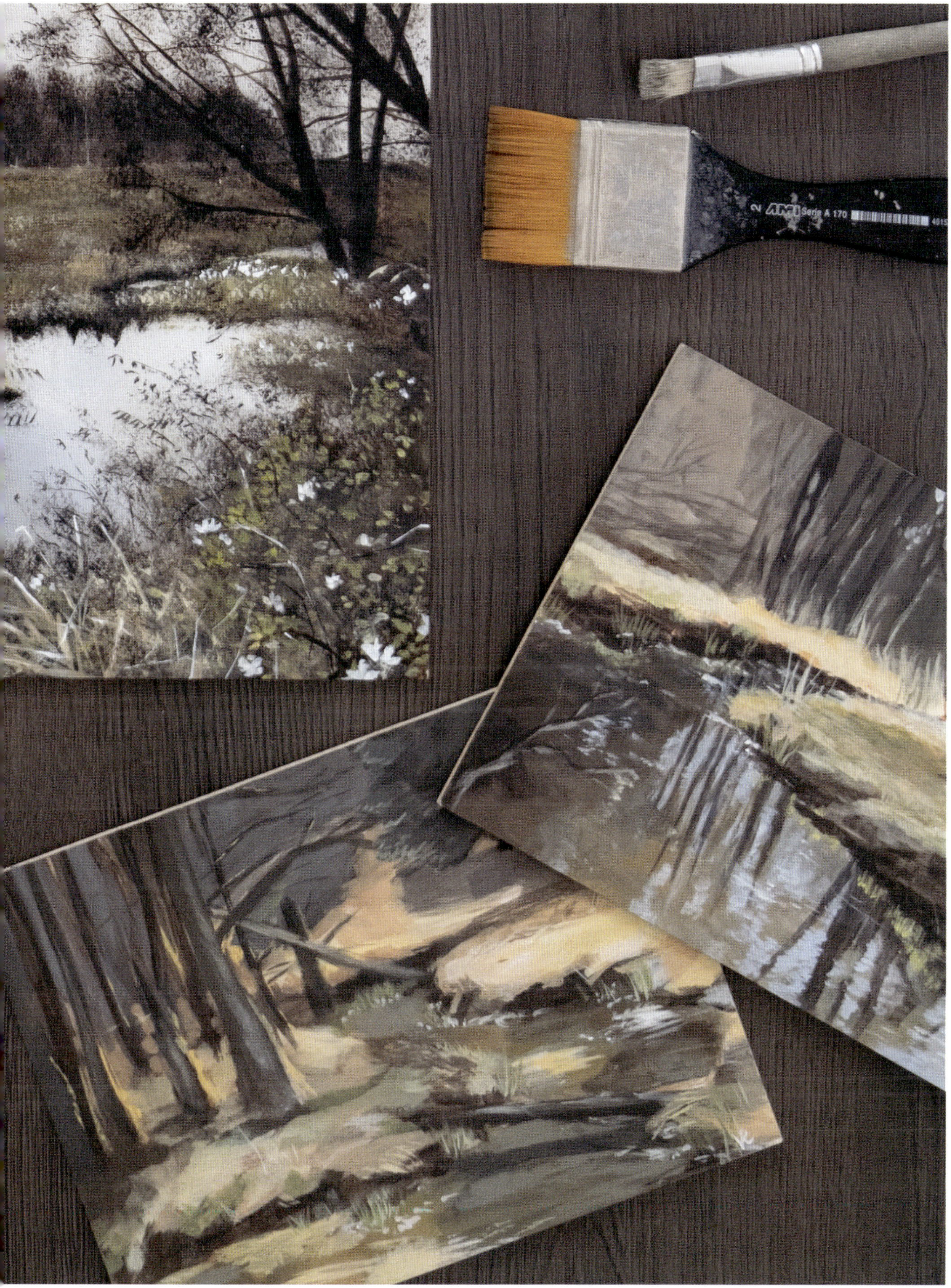
Serie A 170

DIE BILD-KOMPOSITION

DAS WORT KOMPOSITION KOMMT AUS DEM LATEINISCHEN UND BEDEUTET SO VIEL WIE „ZUSAMMENSTELLEN". DU STELLST DEIN BILD ALSO UNTER VERSCHIEDENEN GESICHTSPUNKTEN ZUSAMMEN, DIE DU FREI WÄHLEN KANNST, BEISPIELSWEISE DAS FORMAT, DIE AUFTEILUNG VON VORDER- UND HINTERGRUND ODER SICH WIEDERHOLENDE BILDELEMENTE. WENN DU ÜBER DIESE ASPEKTE UND IHRE WIRKUNG GUT BESCHEID WEISST, FÄLLT ES DIR LEICHT, EIN SPANNUNGSREICHES BILD ZU „KOMPONIEREN".

BILDFORMAT

Hoch- oder Querformat, eventuell quadratisch, oder doch etwas ganz anderes, vielleicht rund?

VORDER-, MITTEL- UND HINTERGRUND

Um den Eindruck räumlicher Tiefe zu erzeugen, wird ein Landschaftsbild in Vordergrund, Mittelgrund und Hintergrund gegliedert. Jeder Bereich kann dabei zur visuellen Abgrenzung unterschiedlich gestaltet werden.

Hintergrund: Beim Betrachten einer Landschaft wirken die Objekte im Hintergrund weniger kontrastreich. Durch die Luftperspektive erscheinen sie zudem bläulicher, gräulicher oder bräunlicher. Daher sehen Berge in weiter Entfernung immer blau aus.

Mittelgrund: Hier werden die dargestellten Objekte als Einzelnes sichtbarer. Bäume und Büsche haben zum Beispiel mehr Details und die Kontraste sind höher.

Vordergrund: Im Vordergrund erscheint alles am detailliertesten. Hier besteht auch der höchste Kontrast.

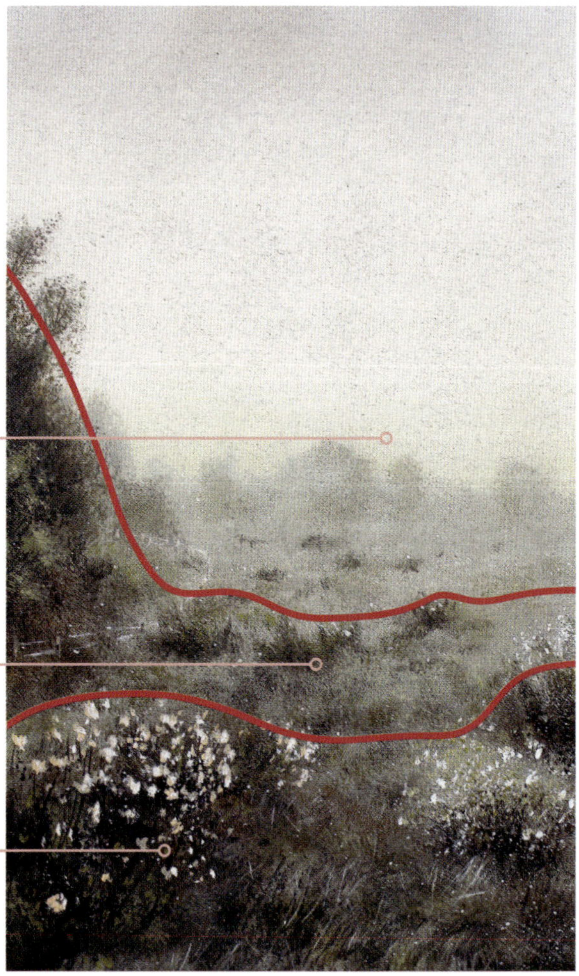

RASTER

WENN ICH EIN LANDSCHAFTSMOTIV PLANE, TEILE ICH DAS BILD IN MEINEM KOPF GERN IN EIN RASTER EIN UND PLATZIERE OBJEKTE DEM RASTER ENTSPRECHEND.

DRITTEL-REGEL

Die Drittel-Regel ist ein recht einfaches Kompositionsprinzip. Dabei unterteilst du die Bildfläche senkrecht oder waagerecht in Drittel. Anhand dieser Aufteilung gelingen dir ausgewogene, harmonische Motive. Du kannst dir gedanklich auch ein Raster aus senkrechten und waagerechten Linien vorstellen. Dinge, die den Betrachtenden deines Bildes ins Auge fallen sollen, platzierst du dann bevorzugt auf den vier Kreuzungspunkten der Linien.

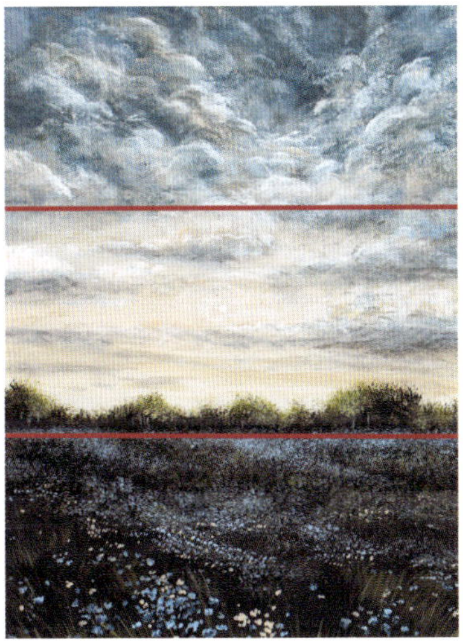

Die Querlinien teilen das Bild in die Bereiche Wiese, Himmel und die dramatischen Wolken im oberen Drittel.

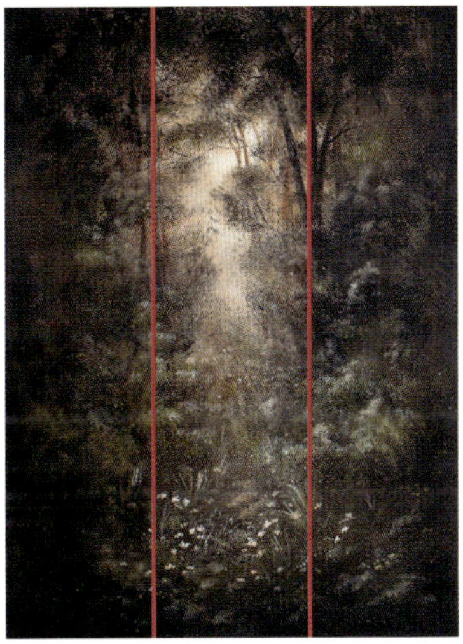

Die vertikalen Linien grenzen die dunklen Waldbereiche von dem erhellten Bereich ab.

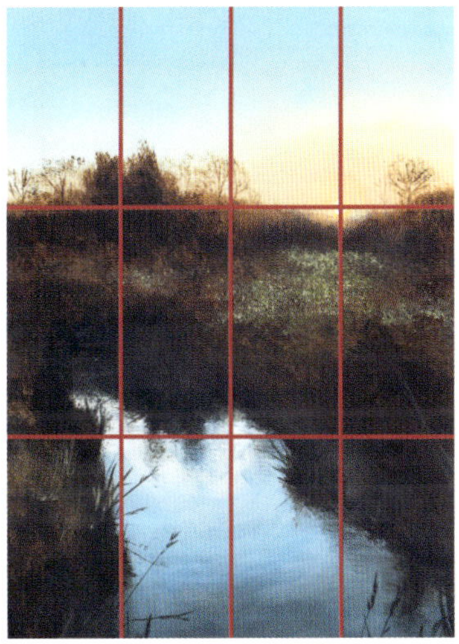

Du kannst auch eigene Raster erstellen und dich an ihnen orientieren. Hier habe ich das Bild quer in Drittel geteilt, aber horizontal in Viertel. Die Sonne habe ich am oberen rechten Schnittpunkt platziert.

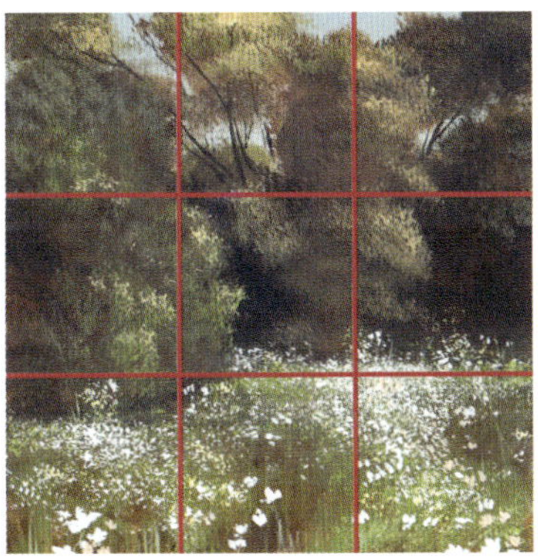

Hier habe ich die untere, horizontale Linie als Abschluss für die Wiese verwendet. Die vertikalen Linien definieren die Position für die vorderen beiden Bäume.

TIPP

Vor dem Malen kannst du dir mit Bleistift ein Raster auf deinen Malgrund skizzieren.

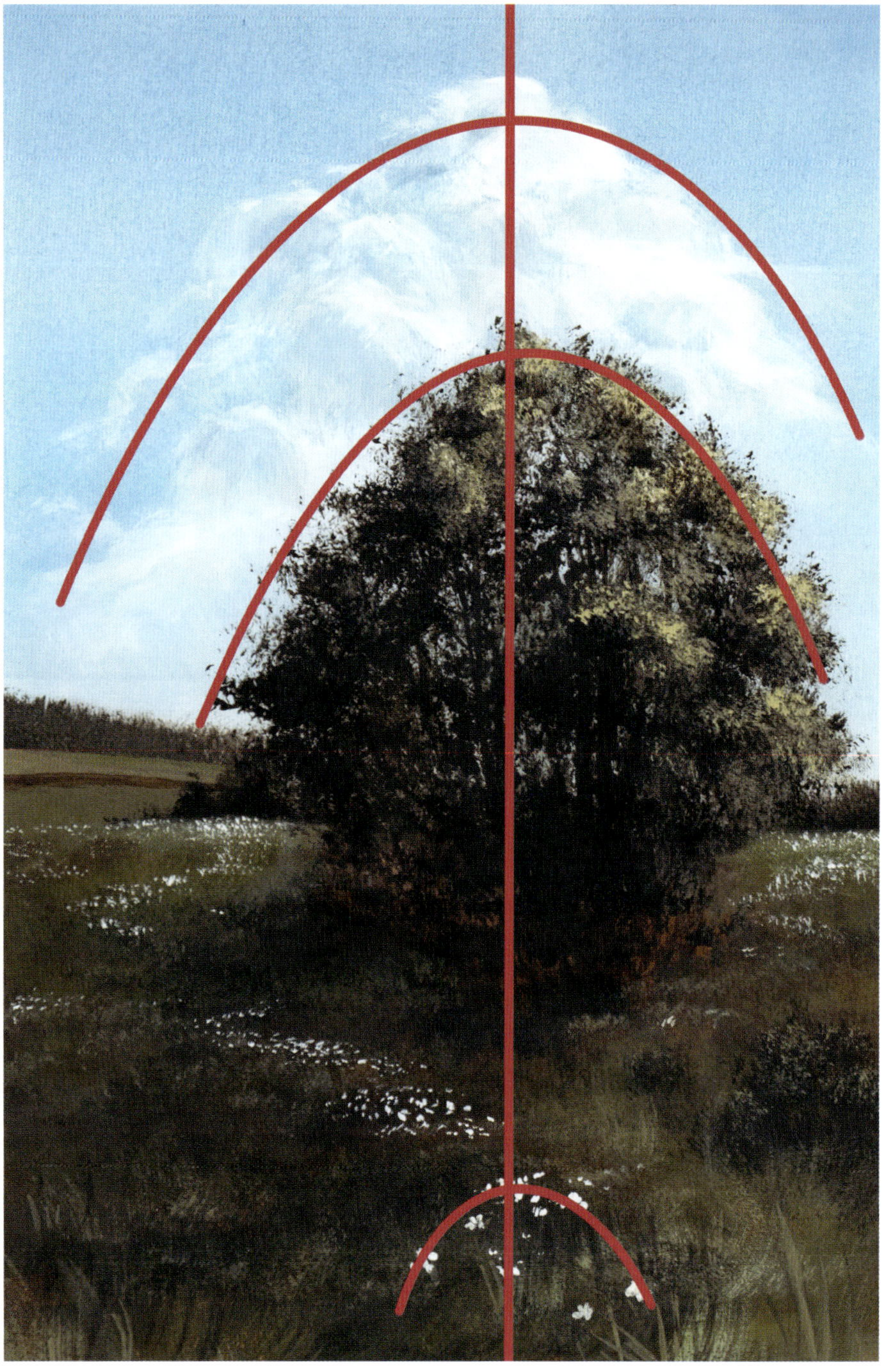

RHYTHMUS

Durch sich wiederholende Anordnungen im Bild entsteht ein visueller Rhythmus, der das Bild interessant macht.

Hier habe ich die Kuppelform der Wolke im Baum und in der Anordnung der Blüten im unteren Bildbereich wiederholt. Wie du siehst, kann ein visueller Rhythmus wie im Fall der Blüten auch sehr subtil umgesetzt werden.

BLICKFÜHRENDE LINIEN

MIT VERSCHIEDENEN METHODEN KANNST DU ENTSCHEIDENDEN EINFLUSS DARAUF NEHMEN, WIE SICH DER BLICK DER BETRACHTENDEN DURCH DEIN BILD BEWEGEN SOLL. DIE BLICKFÜHRENDEN LINIEN BEGINNEN DABEI IMMER AM BILDRAND UND FÜHREN DEN BLICK ZU EINER BESTIMMTEN STELLE IM BILD.

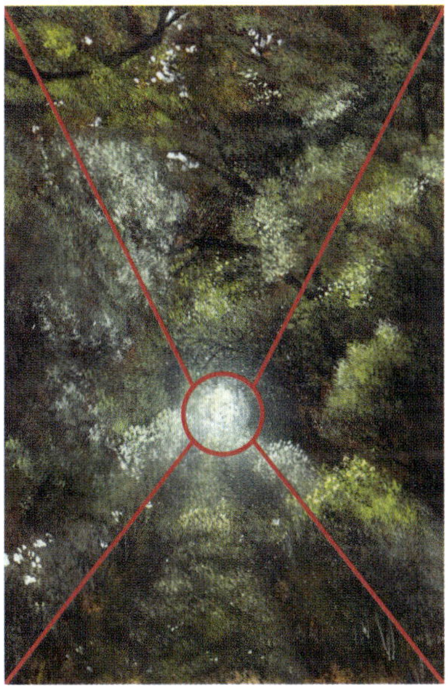

Hier führen die Linien zur hellsten Stelle am Ende des Waldwegs. Im unteren Bildteil werden die Linien durch den Wegrand definiert. Im oberen Bildbereich ist die Linienführung subtiler: Hier führt die Anordnung der Highlights auf dem Blattwerk diagonal zum Motivmittelpunkt.

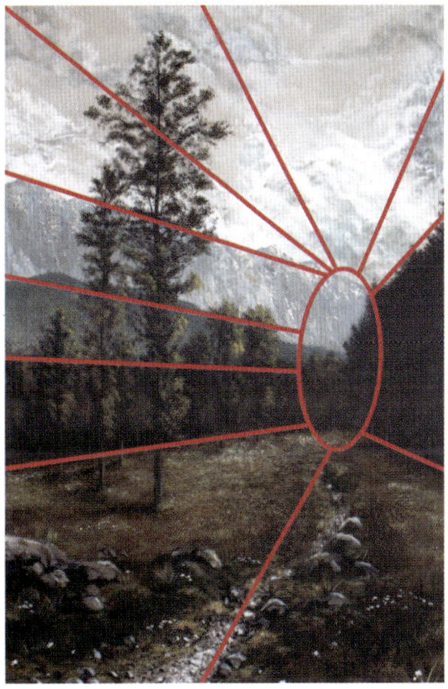

Bei diesem Motiv wollte ich erreichen, dass der Blick bis zum hintersten Bereich des Bildes durch die Landschaft fliegt, sodass eine Sogwirkung in das Bild hinein entsteht.

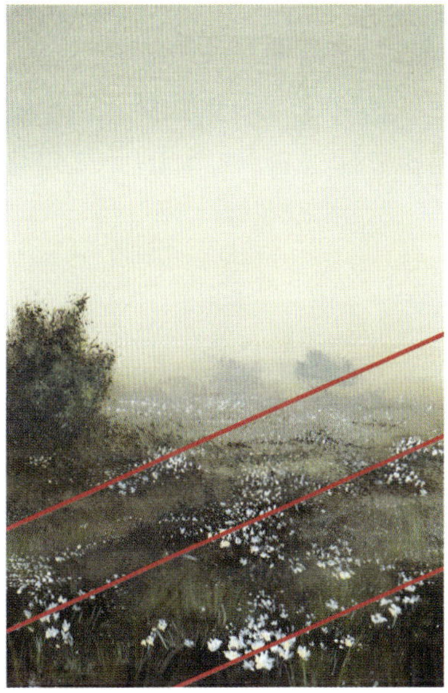

Die Blumeninseln sind hier in einem diagonalen Verlauf angeordnet, sodass die Betrachtenden mit dem Blick von einer Linie zur nächsten durchs Bild springen.

INSPIRATIONEN FINDEN

SEITDEM ICH MIT DEM MALEN VON LANDSCHAFTEN BEGONNEN HABE, NEHME ICH MEINE UMGEBUNG VIEL INTENSIVER WAHR. ICH BIN BEGEISTERT VON KONTRASTREICHEN LICHT- UND SCHATTENSITUATIONEN UND FINDE ES FASZINIEREND, WIE UNTERSCHIEDLICH GRÜNTÖNE JE NACH LICHTEINFALL UND TAGESZEIT WIRKEN.

Bei meinen Spaziergängen mache ich oft Handy-Fotos, um für mich spannende Motive festzuhalten. Die Fotoqualität von Smartphones ist mittlerweile so gut, dass man die entstandenen Fotos wunderbar als Grundlage für ein neues Landschaftsbild nutzen kann. Natürlich kannst du auch Bilder aus dem Internet als Referenz und zur Inspiration suchen. Unterschätze allerdings den Vorteil nicht, selbst an dem Ort, zu dem Zeitpunkt gewesen zu sein, als das Foto entstand.

Kameras neigen dazu, Kontraste zu verändern und Farben nicht realitätsnah darzustellen. Zudem gehen bei Fotos kleinste Farbabstufungen verloren. Wenn du das Foto selbst schießt, hast du auch noch deine Erinnerung, wie es in der Realität dort aussah.
Wenn du das nächste Mal draußen bist, versuche darauf zu achten, wie Dinge aussehen. So banal es klingt, aber wir neigen dazu zu malen, was wir wissen und nicht das, was wir tatsächlich sehen.

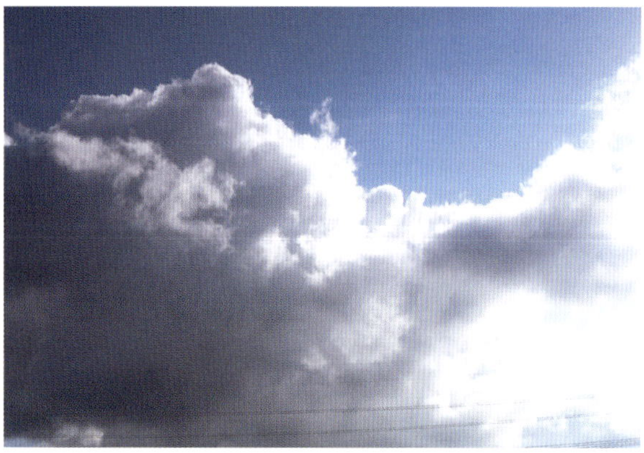

Eine Wolke ist nicht einfach nur weiß, sie besteht aus vielen verschiedensten Farbnuancen und farblichen Abstufungen.

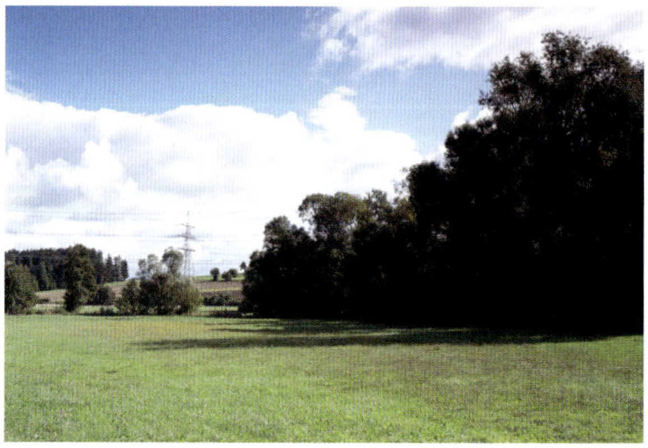

Eine Wiese besteht zwar aus vielen einzelnen Gräsern und Pflanzen, ist aber optisch eine strukturierte Oberfläche. Deshalb ist es auch nicht notwendig, jeden einzelnen Grashalm darzustellen.

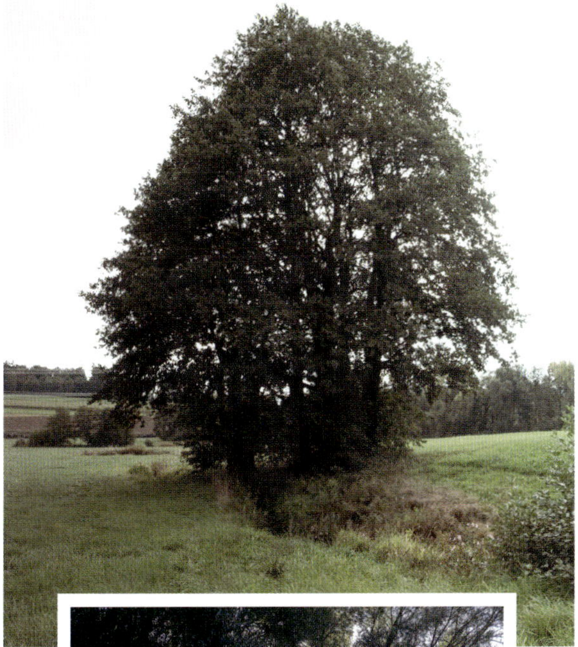

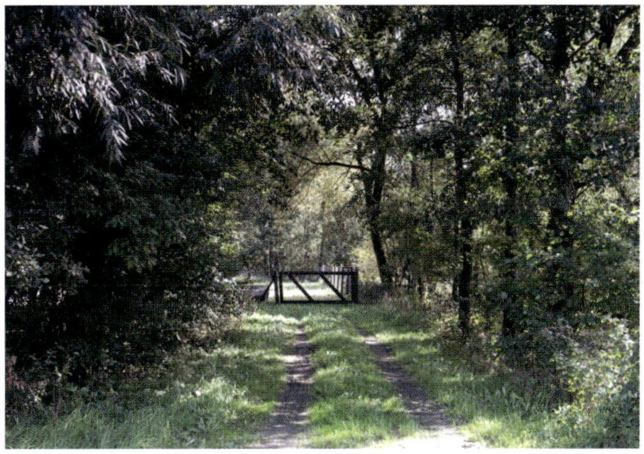

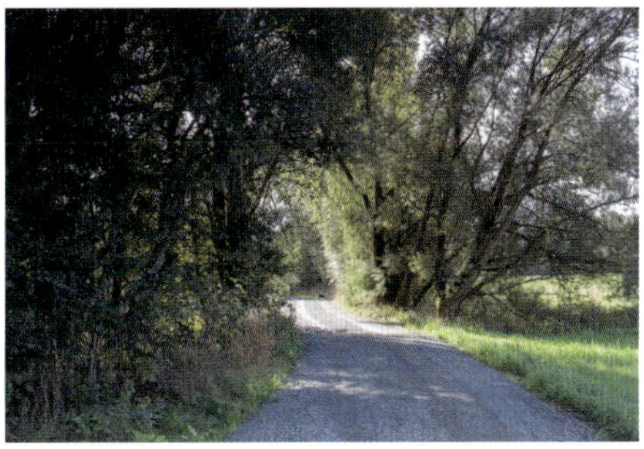

Wenn die Sonne durch Blattwerk scheint, entstehen Lichtflecken auf dem Boden. Studiere beim nächsten Mal in der Natur den farbigen Unterschied der Lichtflecken zu den Schattenbereichen. Der Schatten setzt sich oft aus einer Mischung aus Violett- oder Blautönen zusammen, statt einfach nur eine graue Fläche zu sein.

Ein Baum sieht auch nicht aus wie ein Brokkoli, er hat vielfältige Erscheinungsformen. Mit viel und wenig Blattwerk, mit Verästelungen. Er steht alleine oder in Gruppen.

ANGST VOR DEM WEISSEN BLATT PAPIER?

Kennst du das auch? Man möchte gern mit dem Malen loslegen, sitzt aber mit einem gewissen Respekt vor dem leeren Malgrund. Hier habe ich ein paar Tipps für dich, falls es dir manchmal auch so geht:

- Bereite dich vor: Suche ein Referenzfoto und überlege dir im Vorhinein gut, wie du an das Bild herangehen möchtest. Mit einem Plan ist die Hürde des Anfangens viel kleiner.
- Grundiere deine Bilder und skizziere die Szenerie grob und locker vor. Es muss gar nicht ordentlich oder final sein. Wenn sich schon mal etwas auf dem Malgrund befindet, fallen die weiteren Malschritte viel leichter.
- Wärme dich malerisch auf – male zunächst etwas, das dir liegt, bevor du dich an etwas Neues wagst.

TIPP

Bei den meisten Handys und Kameras kannst du beim Fotografieren eine Rasteransicht einstellen. Mit deren Hilfe kannst du das Motiv direkt an einem 3x3-Raster ausrichten und die Komposition für ein späteres Landschaftsgemälde schon mal grob festlegen.

PLEINAIR MALEN – MEIN MATERIAL

DIE UMGEBUNG WAHRZUNEHMEN UND DAS RICHTIGE SEHEN ZU LERNEN, FUNKTIONIERT MEINER MEINUNG NACH AM BESTEN BEIM MALEN NACH DEM MODELL. DESHALB GEHE ICH GERN RAUS IN DIE NATUR UND MALE VOR ORT. AUF DEN FOLGENDEN SEITEN STELLE ICH DIR MEIN VORGEHEN UND MEINE MATERIALIEN FÜR EIN SOLCHES VORHABEN VOR.

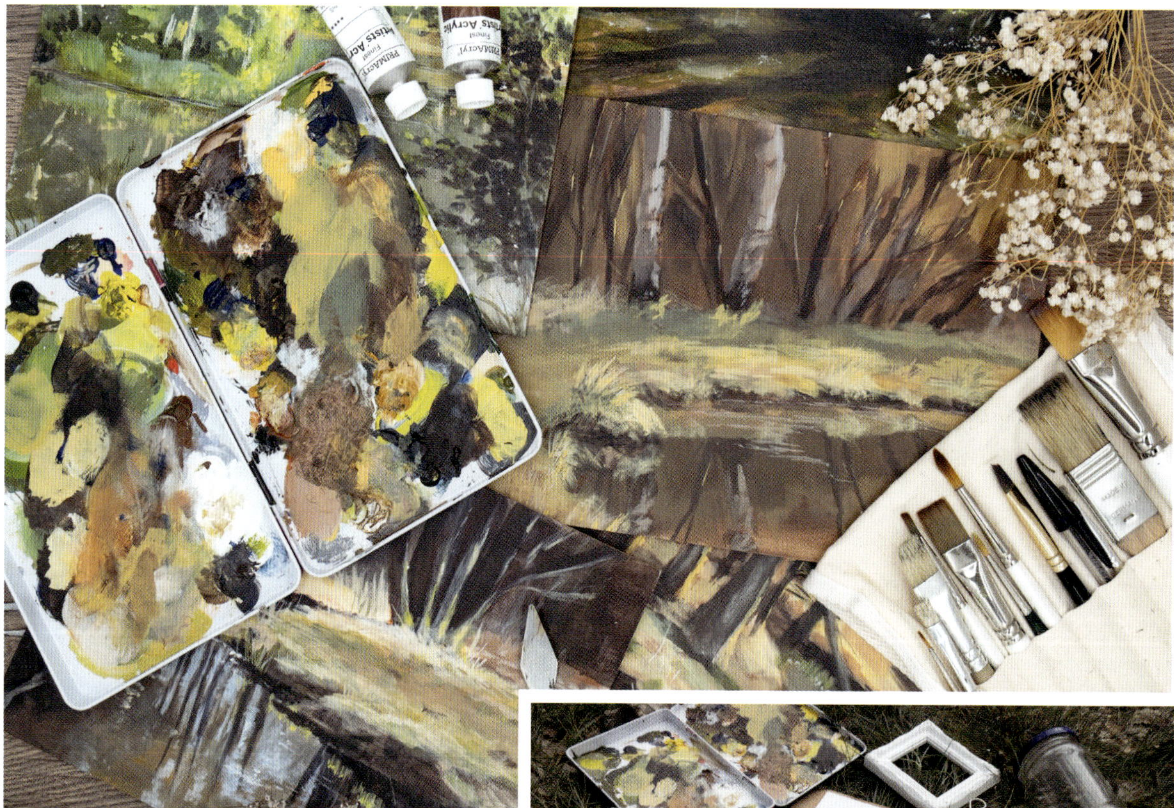

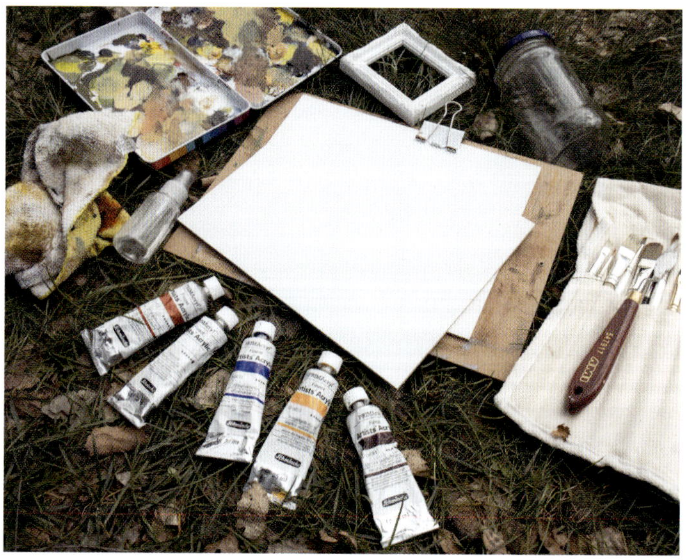

MATERIAL

MEISTENS LIEGEN IN MEINEM PLEINAIR-KIT:

- Ultramarinblau oder Preußischblau
- Karminrot oder Sienna gebrannt
- Neapelgelb dunkel oder Neapelgelb hell
- Umbra gebrannt
- Titanweiß

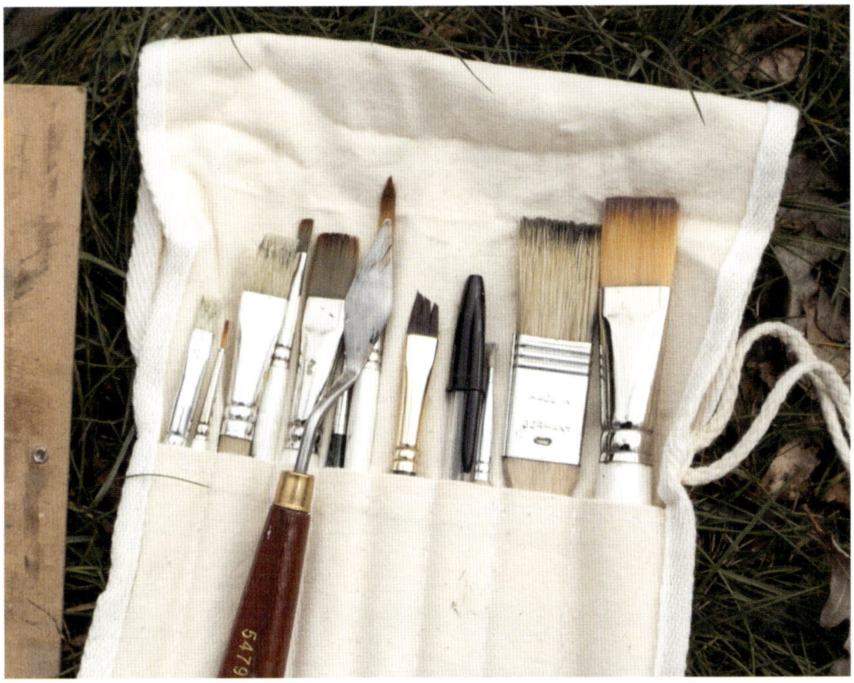

Ich nehme kurzstielige Pinsel in einer kleinen Pinselrolle mit, die wenig Platz beansprucht. Ein kleines Palettmesser zum Farbenmischen ist ebenfalls mit von der Partie.

Am häufigsten verwende ich folgende Pinsel:

- Flachpinsel Größe 16, 24
- Borstenpinsel Größe 14, 25
- Schrägpinsel Größe 4
- Ich habe auch immer ein paar Rundpinsel dabei, auch wenn diese selten zum Einsatz kommen.

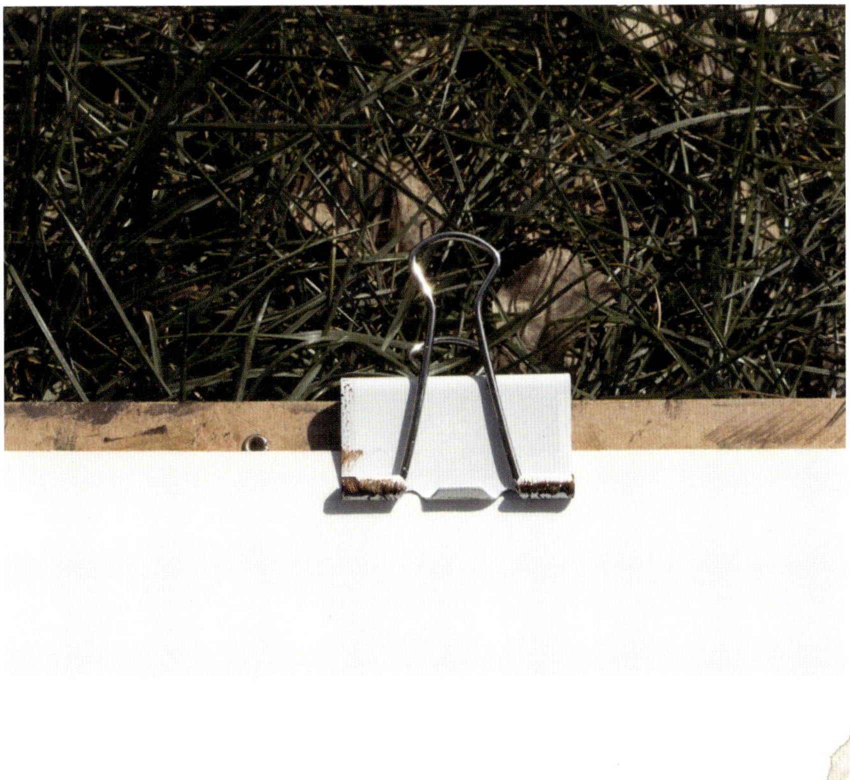

Ich male meistens im Sitzen. Als Malgrund nehme ich am liebsten kleinformatige HDF-Malplatten im Format 24 x 18 cm mit. Ich klemme sie mithilfe einer Foldback-Klammer an eine dünne MDF-Platte.

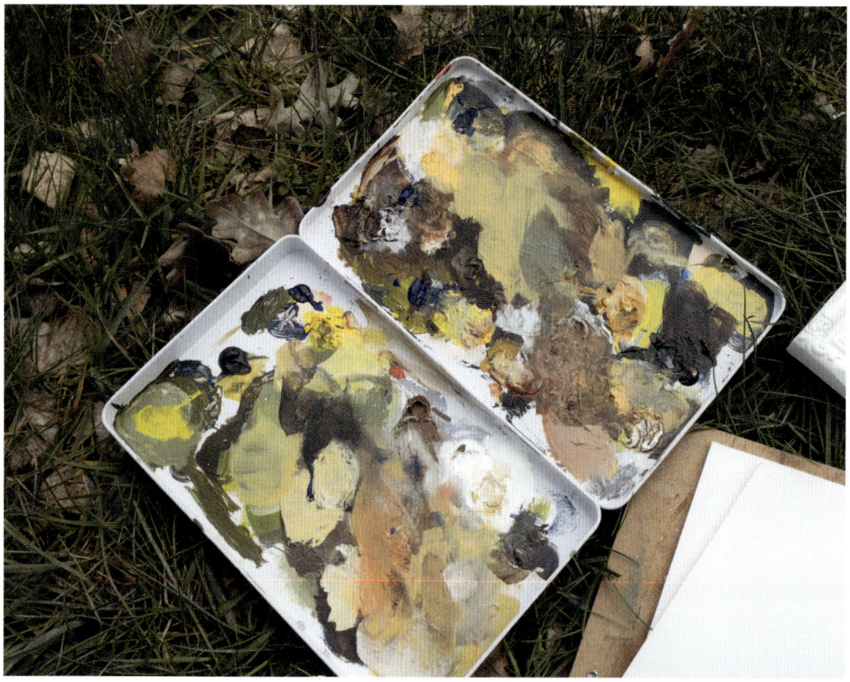

Als Mischpalette nutze ich eine alte, aufklappbare Blechdose. Ich kann in ihrem Inneren die Farben mischen und die Palette zum Transportieren einfach verschließen.

TIPP

Die Grundplatte, auf der ich meine Malplatte befestige, ist die Rückseite eines alten Bilderrahmens und meine Mischpalette war mal eine Blechdose für Buntstifte.

Ein alter Mini-Bilderrahmen dient mir als Viewfinder. Er hilft mir dabei, geeignete Motivausschnitte zu finden.

Zusätzlich habe ich immer einen alten Lappen dabei, um Pinsel daran abzustreifen und abzutrocknen, ein Schraubglas, in welches ich Wasser fülle und eine Sprühflasche, um meine Farbpalette feucht zu halten.

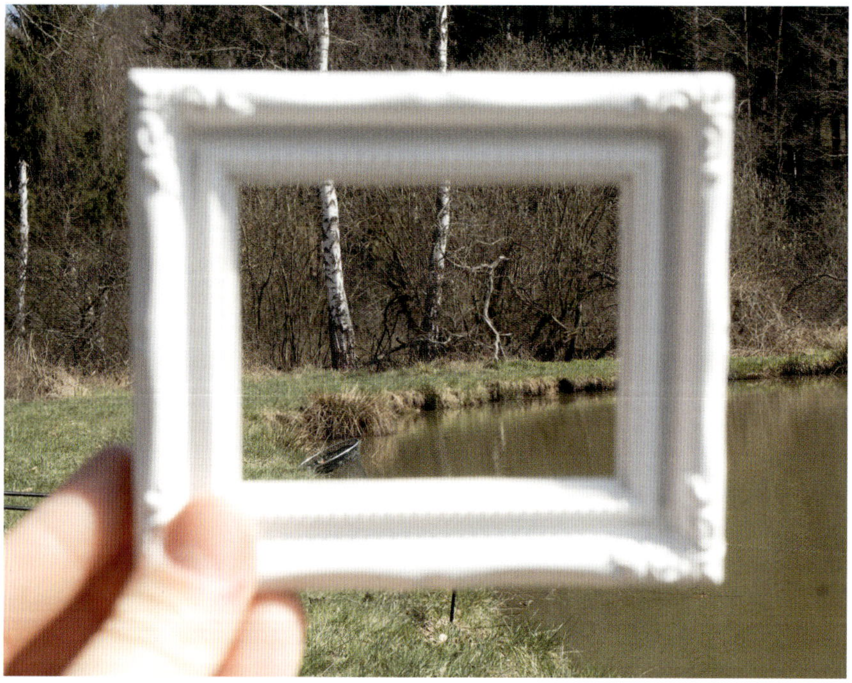

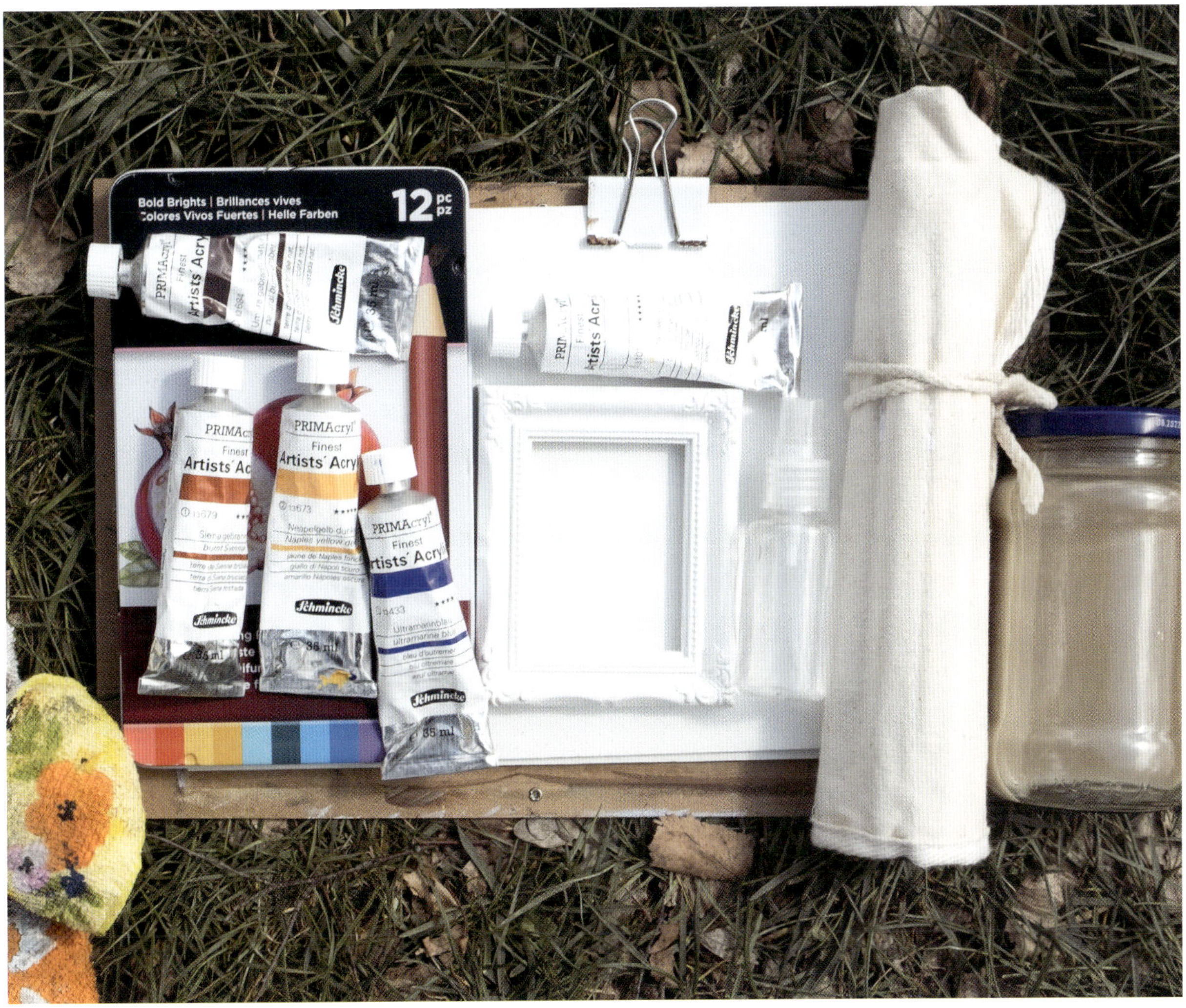

Diese Sachen passen alle in einen kleinen Rucksack oder eine Tasche und ich kann sie bequem mitnehmen.

Achtung: Schmutziges Farbwasser unbedingt wieder mit nach Hause nehmen und fachgerecht entsorgen! Es einfach in die Natur zu schütten schadet der Umwelt.

TIPP

Wenn du draußen malen möchtest und es geregnet hat, nimm dir eine wasserfeste Sitzunterlage mit, damit du es dir überall gemütlich machen kannst. Es reicht eine alte Plastiktüte.

PLEINAIR MALEN – MEIN ARBEITSPROZESS

WENN DU MAL EINEN TAG DRAUSSEN GEMALT HAST, WIRST DU FESTSTELLEN, DASS MAN ZÜGIG ARBEITEN MUSS, DA SICH DIE NATÜRLICHEN LICHTVERHÄLTNISSE SCHNELL ÄNDERN.

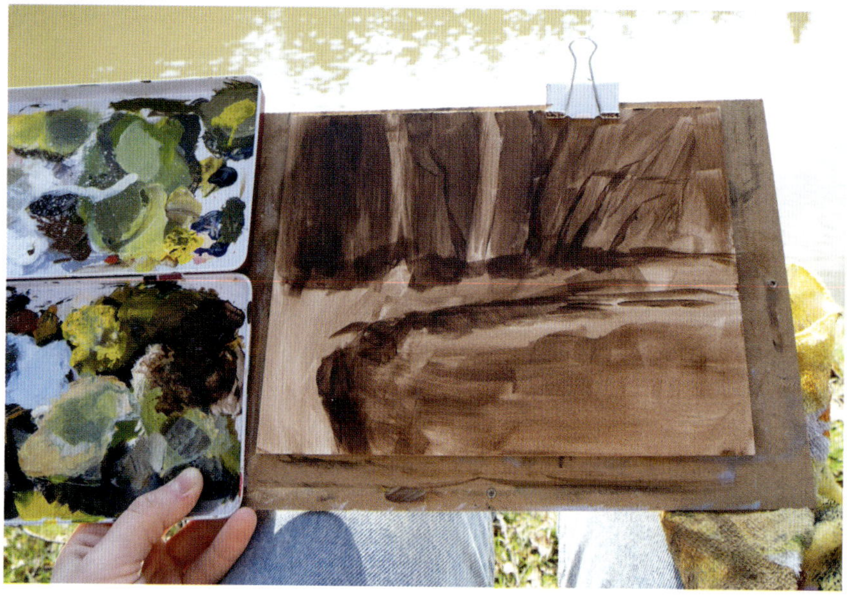

Nachdem ich mich für ein Motiv entschieden habe, skizziere ich die Szenerie mit Umbra gebrannt grob vor.

Anschließend setze ich grob erste Farben ins Bild. Dabei versuche ich, die Farbmischtöne so zu treffen, wie ich sie von meinem Motiv wahrnehme.

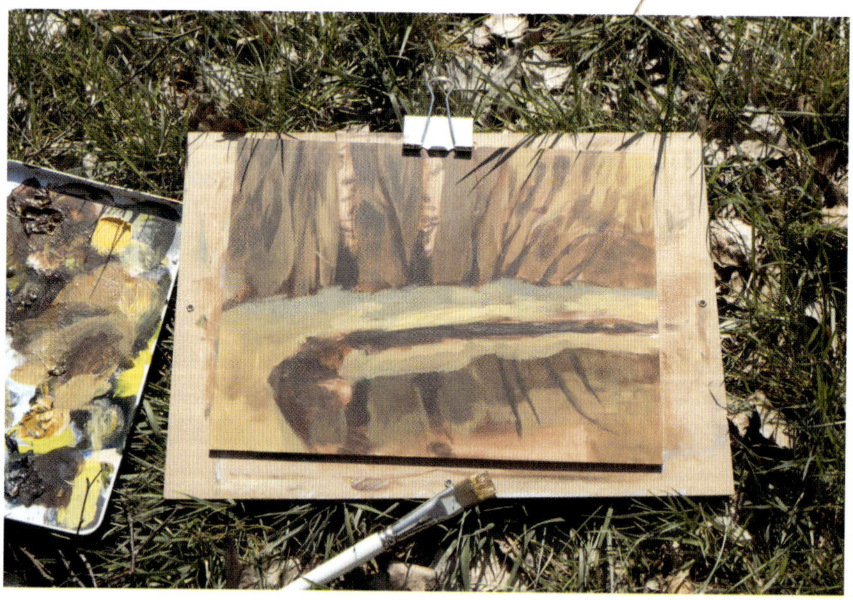

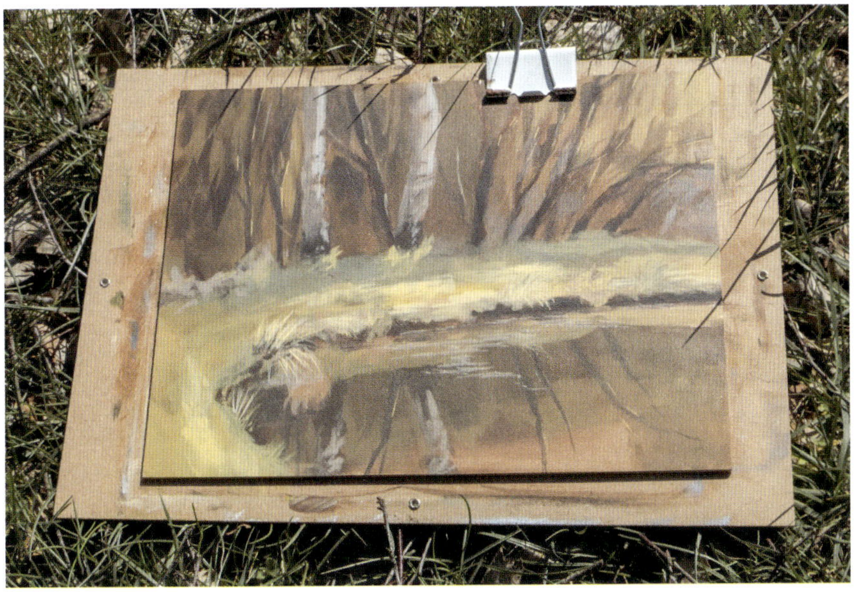

Dann folgt die Arbeit an den Details.

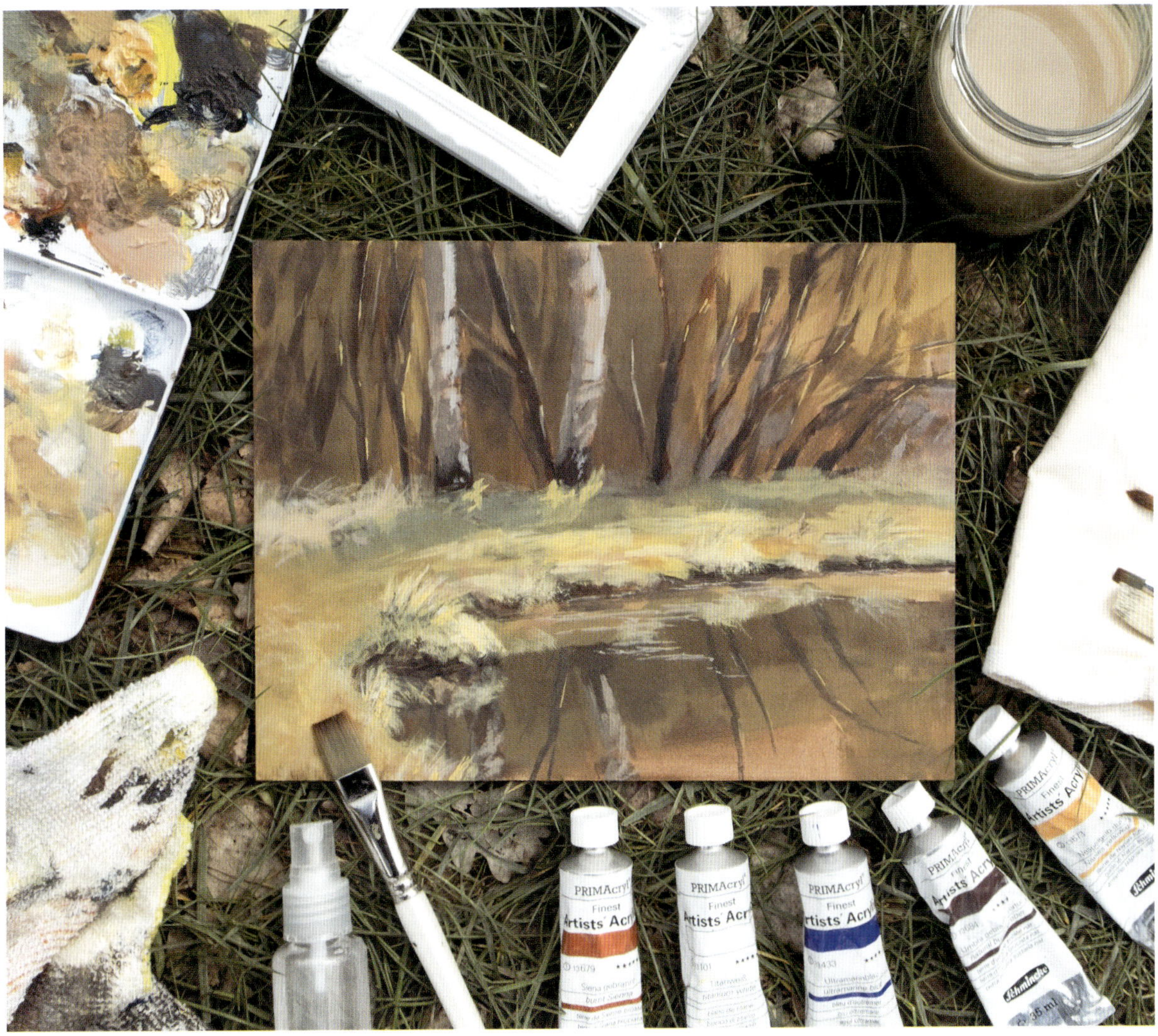

Zum Schluss setze ich Highlights.

PLEINAIR-BILD UND FOTO IM VERGLEICH

AN DIESEN BEISPIELEN KANNST DU SEHEN, WESHALB ES MIR WICHTIG IST, NICHT NUR NACH REFERENZFOTOS ZU MALEN, SONDERN AUCH VOR ORT. KAMERAS NEIGEN DAZU, KONTRASTE ZU VERÄNDERN UND AUCH BEI DER FARBWIEDERGABE LIEGEN SIE NICHT IMMER GANZ NAH AN DER REALITÄT. VERLASSE DICH DESHALB NICHT AUSSCHLIESSLICH AUF EIN REFERENZFOTO, SONDERN AUCH AUF DEINE AUGEN UND DEINE ERINNERUNG, WENN DU EIN MOTIV ZUHAUSE MALEN MÖCHTEST.

Du siehst im Vergleich zum Referenzfoto, dass die Farben meiner Skizze viel wärmer und die Kontraste nicht ganz so hart sind. Die Kamera hat die Farben der Umgebung viel grüner eingefangen, als sie vor Ort tatsächlich waren. Ich erhebe bei meiner Pleinair-Malerei nicht den Anspruch, fertige Landschaftsgemälde zu erstellen und auszuarbeiten. Vielmehr sind es kleine Studien, die mir für meine nächsten größeren Werke als Gedankenstütze dienen.

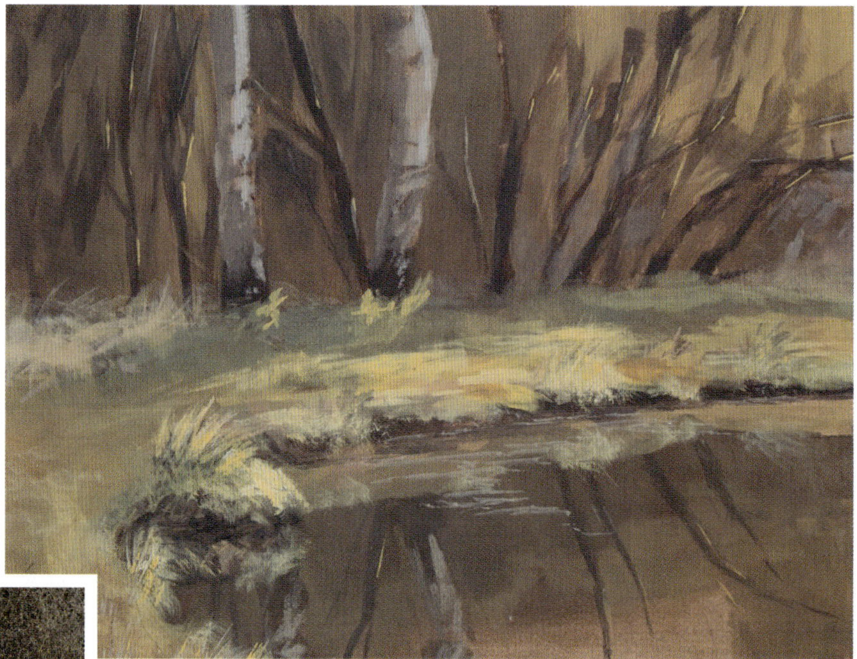

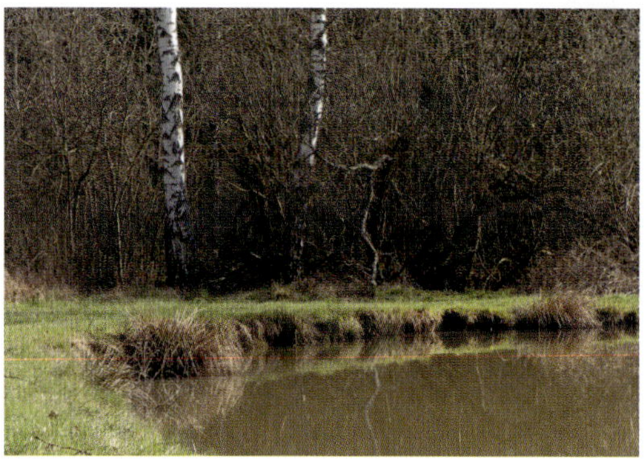

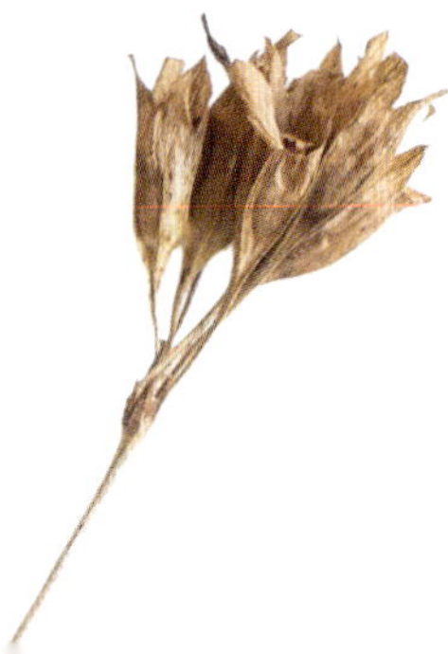

Die folgenden Motive habe ich draußen zu unterschiedlichen Tageszeiten gemalt. Dabei waren der Stand der Sonne, die Jahreszeit und der Grad der Bewölkung entscheidend für die Farbgebung.

Die beiden oberen Bilder entstanden im März während eines sonnigen Nachmittags. Die Bäume trugen noch keine Blätter und der Boden war noch vom Winter gezeichnet.

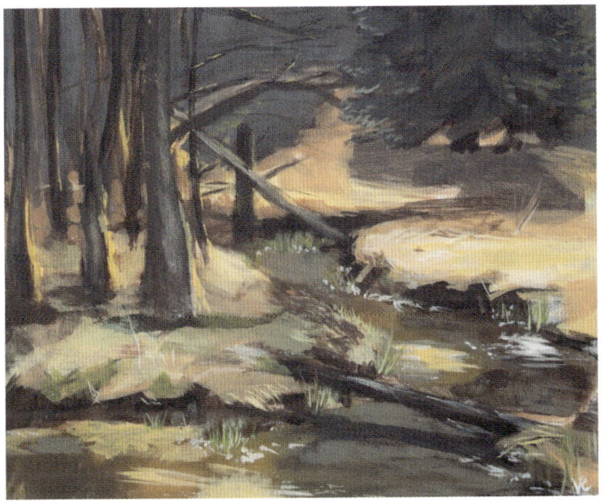

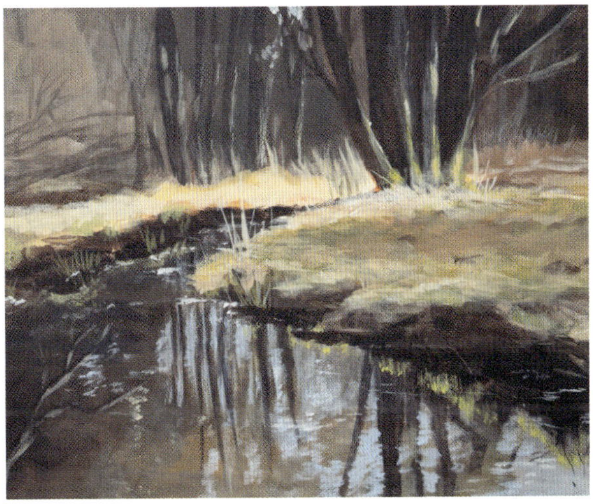

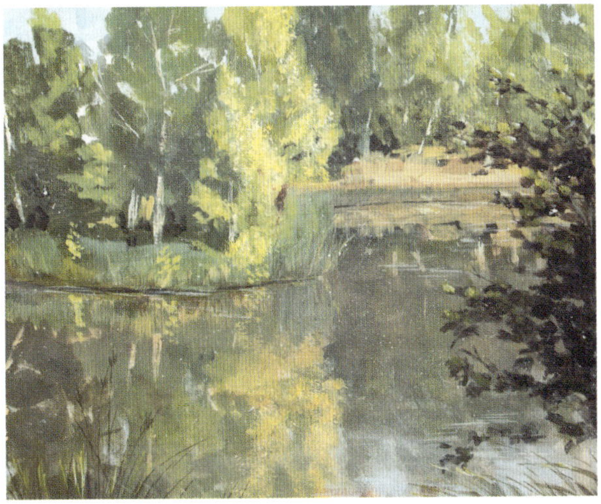

Dieses Bild entstand im Juli in den frühen Morgenstunden. In der Nacht zuvor hatte es geregnet, daher erschien alles in einem satten Grün. Die tiefstehende Sonne verteilt ein weiches Licht.

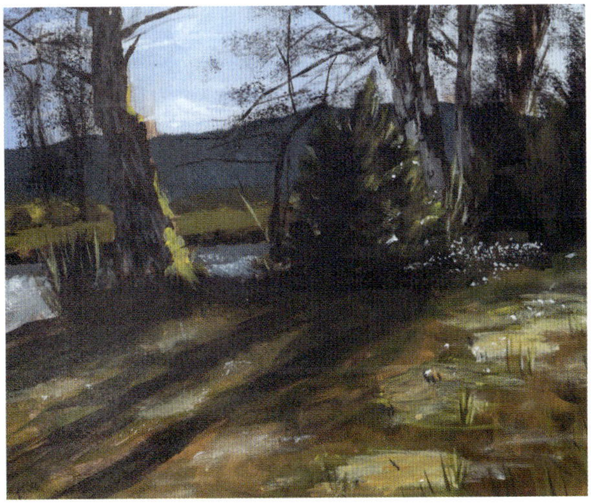

Dieses Bild entstand an einem sehr sonnigen Apriltag zur Nachmittagszeit. Beachte den harten Schattenwurf.

DEN EIGENEN STIL ENTWICKELN

DIE FRAGE, WIE MAN EINEN EIGENEN MALSTIL ENTWICKELT, WURDE MIR SCHON HÄUFIGER GESTELLT. DABEI GEHT ES VOR ALLEM DARUM, WIE MAN ES SCHAFFT, DASS DIE EIGENEN WERKE EINEN WIEDERERKENNUNGSWERT HABEN.

Die Frage stellt sich, ob es überhaupt notwendig ist, sich mit aller Macht darauf zu konzentrieren, einen eigenen Stil zu entwickeln. Denn ich denke, das passiert automatisch im Laufe der eigenen Malpraxis. Es ist vergleichbar mit deiner eigenen Handschrift: Zunächst lernst du, wie man die einzelnen Buchstaben schreibt. Dann wendest du sie irgendwann beim Schreiben an, ohne drüber nachzudenken, und entwickelst ein individuelles Schriftbild.

Ganz ähnlich entwickelt sich auch beim Malen mit deinen individuellen Vorlieben der individuelle Stil. Abhängig zum Beispiel davon, welche Werkzeuge du am liebsten verwendest und wie du sie einsetzt. Oder auch, mit welchen Farben du vorrangig arbeitest – bewegst du dich in einer entsättigten Farbwelt oder lieber in einer sehr farbstarken? Zu welchen Farbfamilien und Nuancen greifst du am häufigsten?

Die folgenden drei Bilder unterscheiden sich in ihrem Aufwand an Details und der Menge an verschiedenen Pinseln, die zum Einsatz kamen. Trotzdem tragen alle drei eine ähnliche Handschrift, weil sie in Bezug auf ihre Farbwelt, den Bildaufbau und das Format mit denselben Vorlieben gemalt wurden.

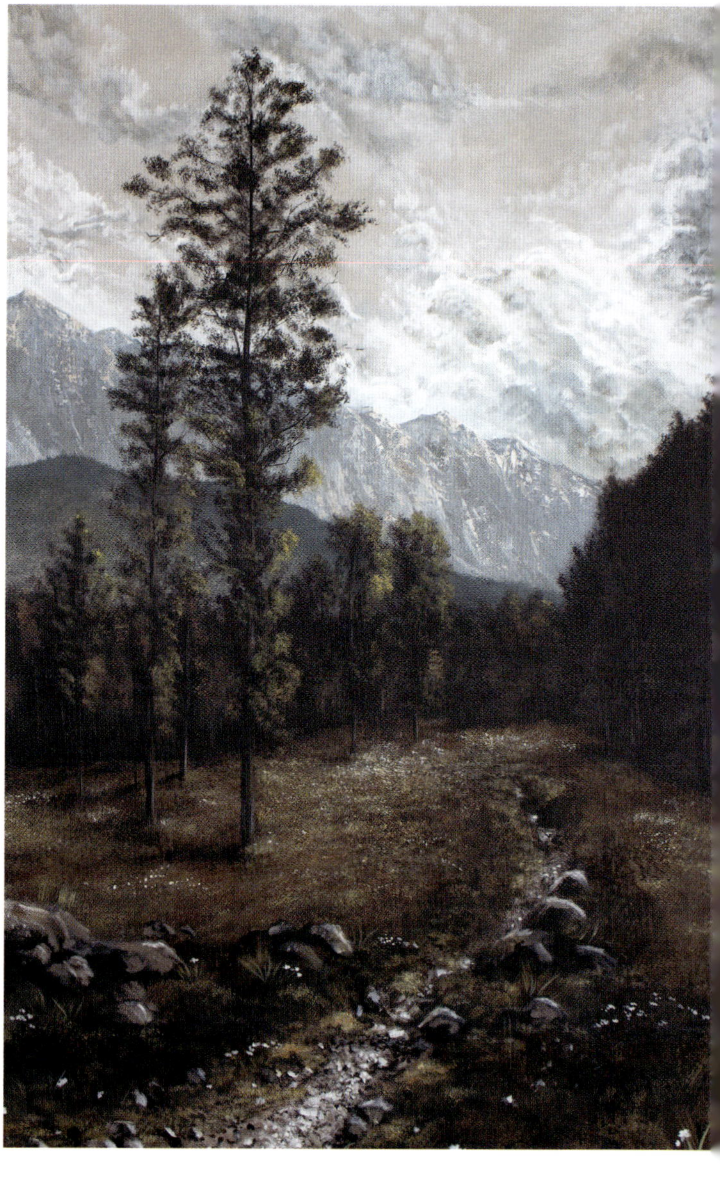

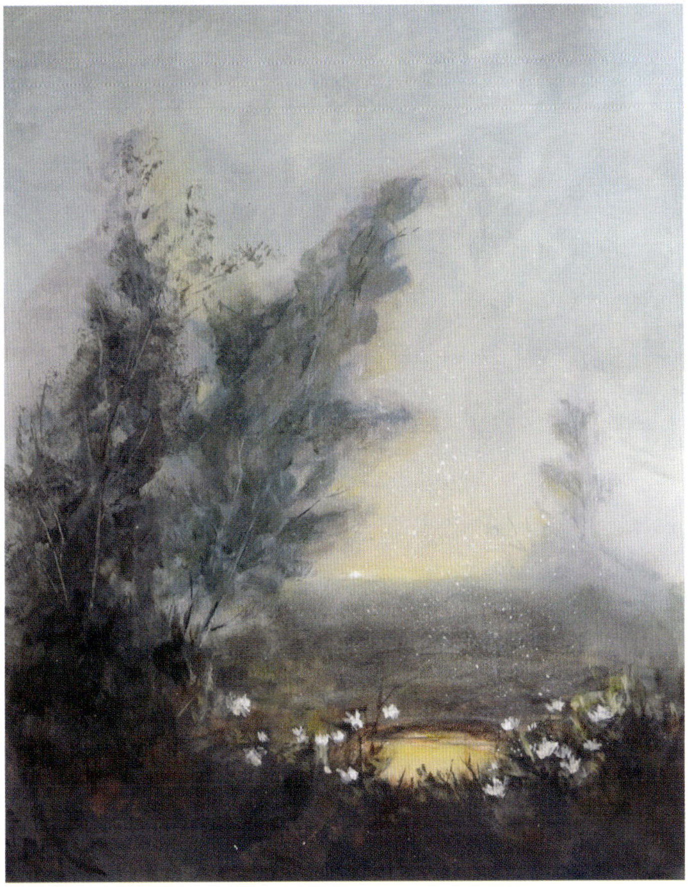

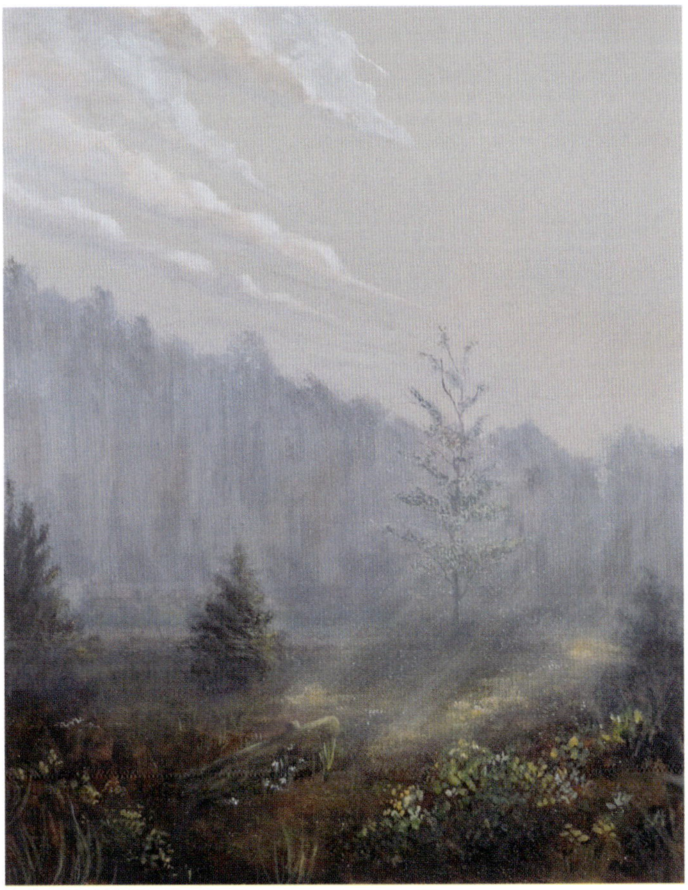

ZUM SCHLUSS

möchte ich dir Mut machen, dich auf eine malerische Reise in das so vielfältige und wunderbare Thema Landschaftsmalerei zu begeben. Es eröffnet dir die Möglichkeit, deine Umgebung intensiver wahrzunehmen und sie damit mehr zu schätzen. Ich hoffe, du konntest in diesem Buch Inspirationen finden und wirst nun eigene Traumlandschaften festhalten. Mit den Elementen Wolken, Wiese und Bäume sowie mit atmosphärischen Stilmitteln kannst du eine Vielzahl an Landschaftsmotiven erschaffen und deiner Kreativität freien Lauf lassen.

Wenn du einmal keine Bildidee hast, nimm irgendein Landschaftsfoto, das du in deinem Handy findest, oder die Aussicht aus deinem Fenster und male sie. Mein Motto: Mit ein paar Blümchen, fliegenden Blütenpollen oder Nebelschwaden kann jede noch so vermeintlich langweilige Landschaft zu einer magischen Traumlandschaft werden.

DANKESCHÖN

Ich möchte mich zu allererst bei meinem Partner Johannes bedanken, der mir bei meinen Vorhaben und Projekten immer mit Rat und Tat beisteht.
Ein großes Dankeschön an den Frechverlag für die Möglichkeit, dieses Buch zu veröffentlichen. Ein besonderer Dank an Hannelore Irmer-Romeo, dass du mich bei diesem Projekt begleitet hast.
Weiterer Dank gilt meinen Eltern, die mich in meiner Kreativität immer unterstützt haben.
Und ein Dankeschön an alle Leser:innen, die hoffentlich Freude an dem Buch haben und etwas daraus mitnehmen konnten.

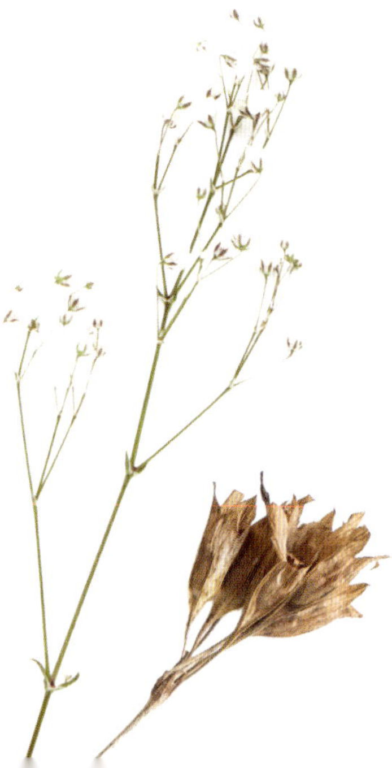

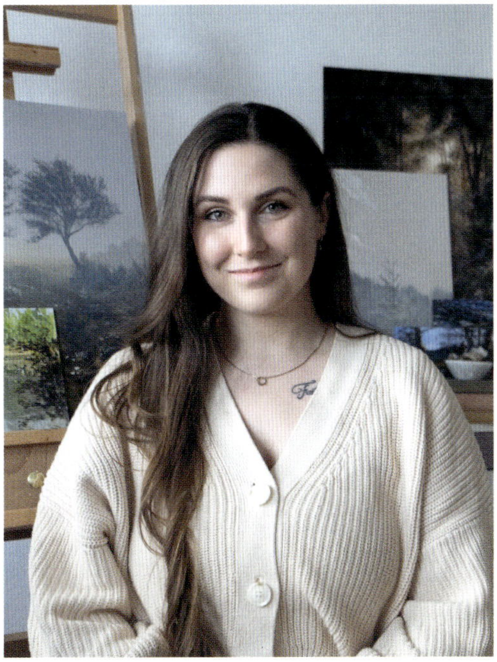

VITA

Verena Ruhland machte eine Ausbildung zur Textil- und Modeschneiderin und studierte anschließend Textildesign. Sie zeichnet schon ihr Leben lang vorrangig Menschen und Tiere, im Frühjahr 2021 entdeckte sie die Acrylmalerei und die Landschaftsmalerei für sich. Seitdem teilt sie ihr künstlerisches Schaffen in den sozialen Medien. Inzwischen verkauft sie ihre Landschaftsmotive sowohl als Original als auch in Form von Drucken.

Instagram @verena ruh
Youtube: @verena ruh
ruhlandverena.business@gmx.net

Verena

Buchempfehlungen für Dich

Noch mehr Kreativ-Bücher zum Thema gesucht?

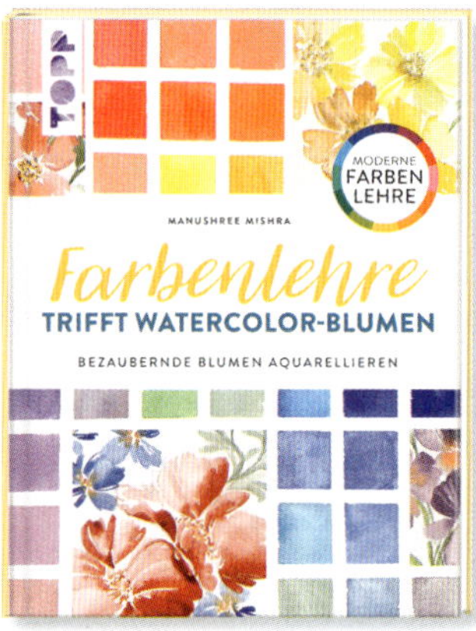

ISBN 978-3-7724-28038-3

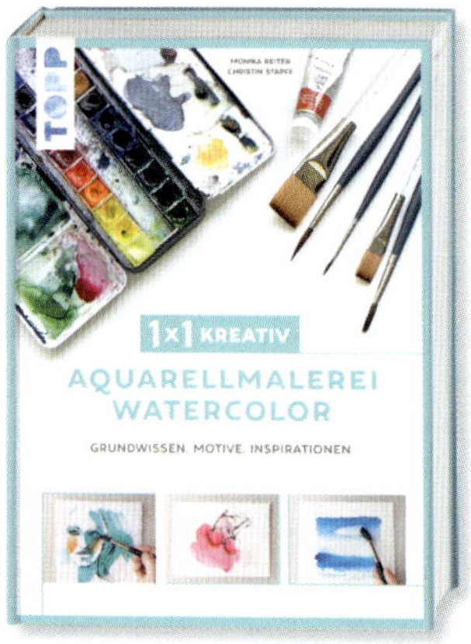

ISBN 978-3-7724-6878-0

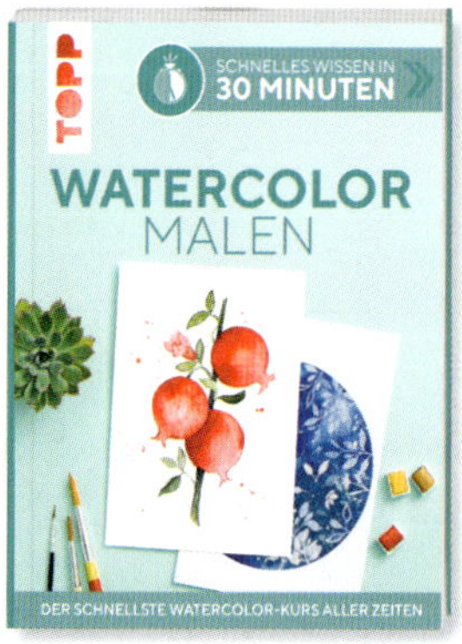

ISBN 978-3-7724-6874-2

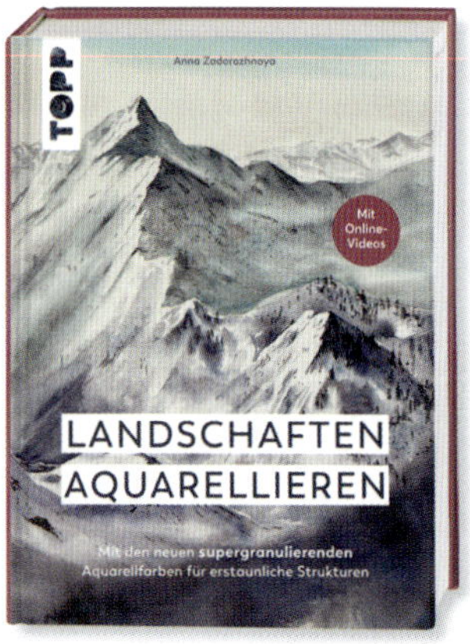

ISBN 978-3-7724-28037-6

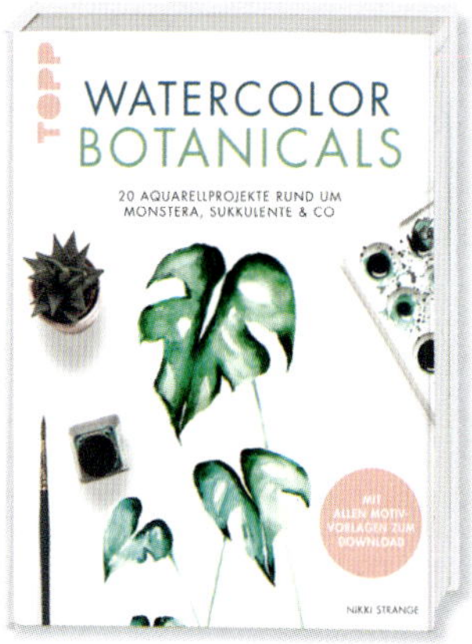

ISBN 978-3-7724-8368-4

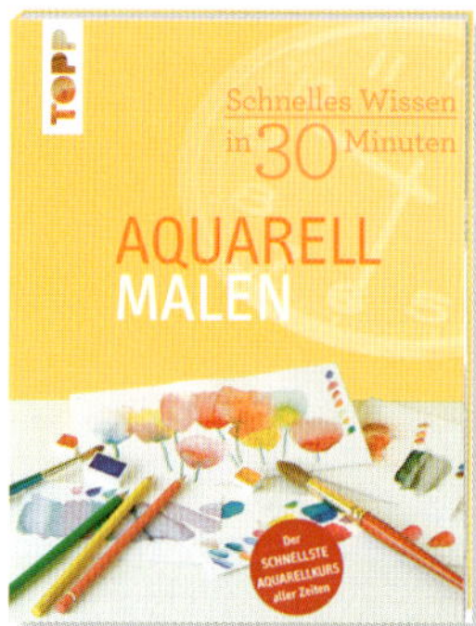

ISBN 978-3-7724-6985-5

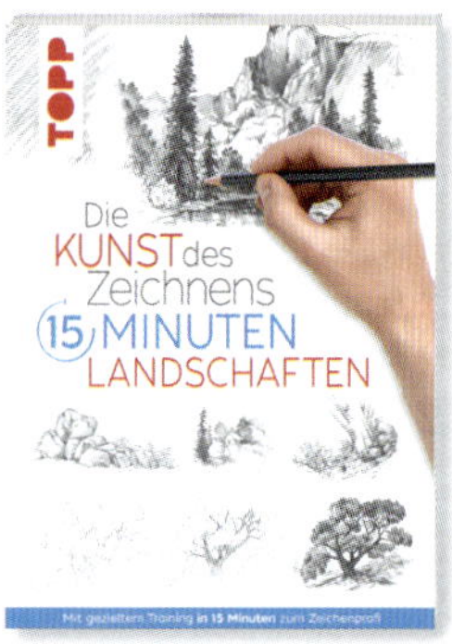

ISBN 978-3-7724-4773-0

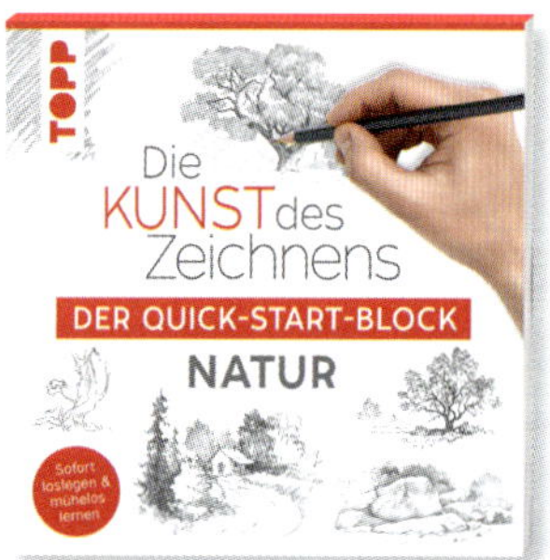

ISBN 978-3-7724-28035-2

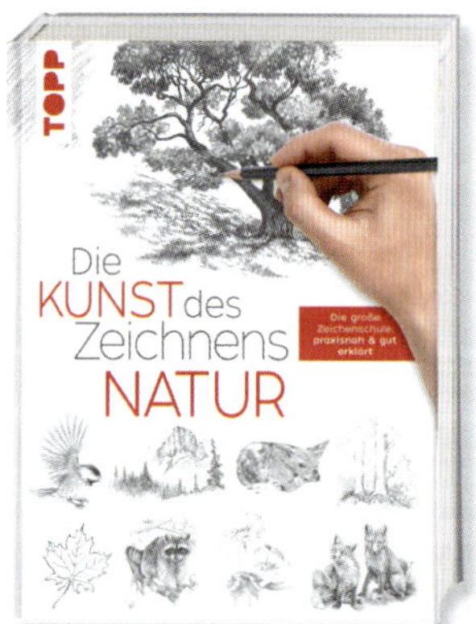

ISBN 978-3-7724-4753-2

Viele weitere Kreativ-Bücher findest du auf www.TOPP-kreativ.de

#TOPPprojekt

Die eigene Kreativität zeigen: TOPPprojekt mit anderen Kreativen teilen und Teil der Gemeinschaft werden.

DIY-begeistert und auf Instagram? Dann unbedingt mitmachen! Hier gibt's Tipps und Feedback zu den eigenen Projekten. Außerdem verlosen wir jeden Monat ein Überraschungspaket. Um am Gewinnspiel teilzunehmen, einfach ein Bild vom Kreativ-Projekt aus unseren Büchern mit #TOPPprojekt posten und unserem Account @frechverlag folgen. Mehr Infos auf TOPP-kreativ.de/TOPPprojekt

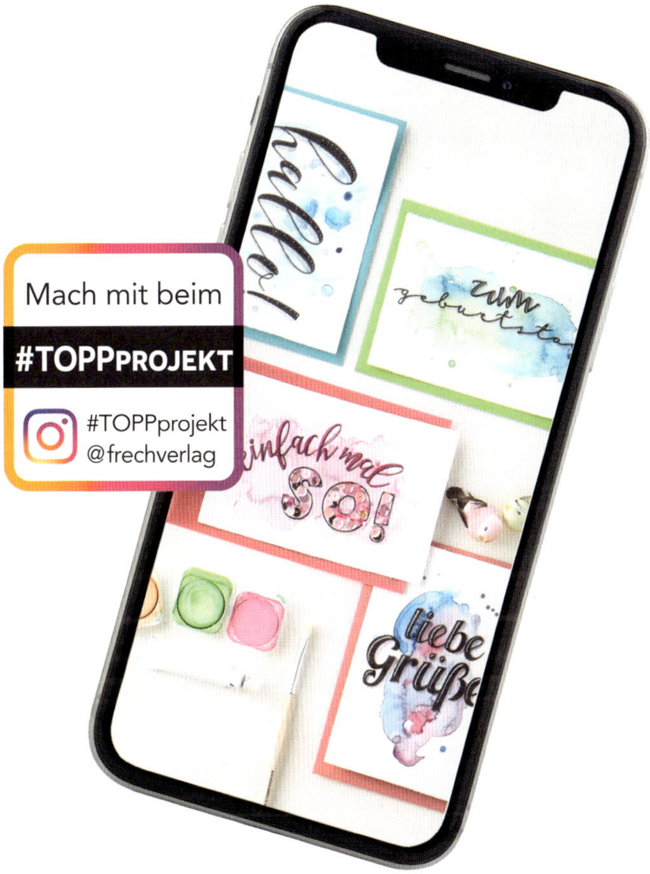

Website
Auf TOPP-kreativ.de kannst du ein riesiges Angebot von über 1.000 Kreativbüchern, Sets & mehr entdecken.

Newsletter
Gleich anmelden unter: TOPP-kreativ.de/newsletter und immer als Erstes von unseren Neuheiten und Sonderaktionen erfahren.

Instagram
@frechverlag

Pinterest
pinterest.com/frechverlag

Facebook
facebook.com/frechverlag

DigiBib
Hier findest du zusätzlich zu vielen unserer Bücher digitale Extras, wie Video-Tutorials, Plotter-Dateien, Vorlagen, Übungsblätter & vieles mehr. Einfach im Impressum deines TOPP-Buchs den Freischalte-Code nachschlagen und exklusive Inhalte freischalten. TOPP-kreativ.de/digibib

Youtube
youtube.com/frechverlag

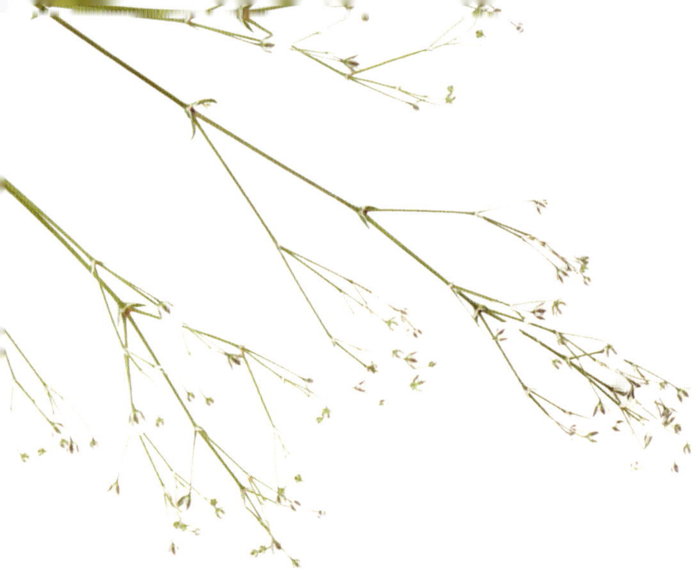

IMPRESSUM

FOTOS: Verena Ruhland
PRODUKMANAGEMENT UND KONZEPTION: Hannelore Irmer-Romeo
REDAKTION UND LEKTORAT: Betz Lektorat + Redaktion, Tübingen
COVERGESTALTUNG: Eva Hook
SATZ: DSR Werbeagentur Rypka GmbH, Dobl/Graz, www.rypka.at
DRUCK UND BINDUNG: DZS Grafik, Slowenien

1. Auflage 2023

MIX
Papier | Fördert gute Waldnutzung
FSC® C106600

Penguin Random House
Verlagsgruppe FSC® N001967

ISBN 978-3-7358-8080-2 • Best.-Nr. 28080